仲裁员违反职业道德责任问题研究

殷 峻——著

SPM 南方传媒 | 广东人民出版社
·广州·

图书在版编目（CIP）数据

仲裁员违反职业道德责任问题研究 / 殷峻著. 广州 : 广东人民出版社, 2025. 5. -- ISBN 978-7-218-18219-3

Ⅰ. D926.17

中国国家版本馆CIP数据核字第2025MX4620号

ZHONGCAIYUAN WEIFAN ZHIYE DAODE ZEREN WENTI YANJIU
仲裁员违反职业道德责任问题研究

殷　峻　著

出 版 人：肖风华

责任编辑：李　敏　罗　丹
封面设计：仙　境
责任技编：吴彦斌　赖远军

出版发行：广东人民出版社
地　　址：广州市越秀区大沙头四马路 10 号（邮政编码：510199）
电　　话：（020）85716809（总编室）
传　　真：（020）83289585
网　　址：https://www. gdpph. com
印　　刷：广州市豪威彩色印务有限公司
开　　本：787 毫米 ×1092 毫米　1/16
印　　张：21　　　字　　数：270 千
版　　次：2025 年 5 月第 1 版
印　　次：2025 年 5 月第 1 次印刷
定　　价：78.00 元

如发现印装质量问题，影响阅读，请与出版社（020-85716849）联系调换。

售书热线：（020）87716172

本书的出版得到广东省哲学社会科学规划2022年度“习近平法治思想研究”委托项目“统筹国内法治和涉外法治，完善我海外利益法治保障体系”（GD22TW04-02）和广东省法学会涉外法治人才培养项目（GPCGD22D133FD032F）的资助。

目 录

摘　要

近年来，仲裁员职业道德问题是仲裁界关注的热点问题。仲裁员是仲裁程序中的核心角色，拥有良好职业道德的仲裁员是确保仲裁程序公正顺利进行的必备要素，仲裁员违反职业道德则会侵害案件当事人的利益，损害仲裁员职业共同体的声誉，降低仲裁机制在社会中的评价。如何合理有效界定仲裁员职业道德的内涵，并辅以仲裁员职业道德责任追究制度，成为确保仲裁员遵守职业道德的关键。

目前，关于仲裁员职业道德的规范性文件主要包括国内立法、仲裁机构发布的仲裁员守则及仲裁行业协会规则，这些规范性文件通过明确规定仲裁员职业道德的事项与内容，逐步实现了仲裁员职业道德的规则化。但这些规范性文件对仲裁员职业道德的规定并不一致，这导致学界对仲裁员职业道德具体内容的界定不一。同时，绝大多数规范性文件对仲裁员违反职业道德后的责任追究制度设计过于简单，未能建立起完善的仲裁员职业道德责任追究机制，这导致仲裁员违反职业道德的情况发生后，仲裁机构或行业协会无法有效地追究其相应的职业道德责任，降低了职业道德规则对仲裁员的威慑力和约束力。

此外，国内学界对仲裁员职业道德规则体系构建、仲裁员职业道德责任体系构建、国际仲裁软法适用等问题的研究成果较少，我国仲裁法对仲裁员的职业道德规定得并不完善，仲裁机构出台的行业规则也存在设计缺陷，司法实践中不少法官对仲裁员是否违反职业道德规则缺乏充分说理。故此，本书以仲裁员违反职业道德中的责任问题为研究对象，采用比较分析、跨学科分析以及实证分析等研究方法，试图从理论和实践的角度分析回答以上问题。本书共计五章。

第一章阐释仲裁员职业道德的基本内涵。首先，结合社会学、伦理学，对“伦理”“道德”“职业道德”“法律职业道德”“行业纪律”“法律规则”等基础概念进行说明和区分；其次，通过考察仲裁员职业道德的理论渊源，阐释仲裁员职业道德界定的理论依据，着重分析功能主义学说对仲裁员职业道德的影响；再次，通过归纳涉及仲裁员职业道德的规范性文件，考察仲裁员职业道德界定的现实依据，提出“仲裁员职业道德规则化”这一概念，即国内立法和行业规则明确规定仲裁员的职业道德，用规范性文件将抽象的职业道德转变为可实操的职业道德规则的过程；最后，通过结合理论和现实依据，对仲裁员职业道德进行重新界定。具体而言，将仲裁员职业道德界定为：仲裁员在执业过程中，面向当事人、社会大众和仲裁员法律职业共同体时，应当遵守的职业道德规则及具备的品格品质。按照规则规定方法分类，将仲裁员职业道德规则划分为直接规定规则和间接规定规则。根据行为模式进行分类，将仲裁员职业道德规则划分为命令性规则、禁止性规则和授权性规则，为下文探讨仲裁员职业道德具体内容问题提供理论前提。

第二章分析仲裁员职业道德的法律渊源并界定仲裁员职业道德的具体内容。首先，分别分析了国际公约、国内立法、仲裁规则、仲裁员守则和仲裁协会规则对仲裁员职业道德的规定，对26个国家和地区立法、17份境外仲裁机构仲裁规则、17份中国大陆仲裁机构仲裁规则、9份境外仲裁机构仲裁员守则、55份中国大陆仲裁机构仲裁员守则进行全面整理和统计。其次，结合第一章对仲裁员职业道德的界定，对仲裁员职业道德的具体内容进行界定和分类。根据仲裁员职业道德的学理界定和规范性文件采纳的情况，将仲裁员的职业道德分为严格的职业道德（包括公正性和独立性）、较为严格的职业道德（包括勤勉、高效和保密）和普通的职业道德（包括保持良好信用记录、按照协议仲裁、谨慎、遵守经济性原则、依照法律裁决、如实自我宣传），并对不属于仲裁员职业道德具体内容的事项予以排除，为下文探讨仲裁员职业道德责任制度提供分析基础。

第三章界定仲裁员职业道德责任并阐明仲裁员职业道德责任追究制度。首先，根据第二章对仲裁员职业道德的分类，相应地将仲裁员的职业道德责任进行分类和界定，将仲裁员职业道德责任划分为程序法律责任和行业规则责任。前者又称严格的职业道德责任，追究方式包括撤换仲裁员和撤销仲裁裁决，后者又称一般的职业道德责任，追究方式包括诫勉警告、行业批评通告、中止办案资格、解聘仲裁员、行业禁止通告等；并提出仲裁员职业道德责任五个方面的构成要件，区分了仲裁员职业道德责任和道德、民事、刑事、纪律、行政性责任等其他责任。其次，明确提出仲裁员职业道德责任追究应当遵循的五大原则，即保护当事人利益、维护仲裁员职业共同体声誉、促进仲裁事业发展、追责措施符合比例与防止追责主体滥用职权。通过比较分析国内外仲裁机构的规范性文件，归纳总结仲裁员职业道德责任追究形式，一般包括诫勉警告、行业批评通告、中止办案资格、解聘仲裁员、行业禁止通告等，从而明确有权追究仲裁员职业道德责任的主体，即仲裁机构内设的仲裁员职业道德委员会和全国性的仲裁协会内设的仲裁员职业道德委员会。最后，参考借鉴国外经验及其他行业现有规定，设计仲裁员职业道德责任的追究程序，为完善仲裁员职业道德责任追究制度提供参考。

第四章分析我国仲裁员职业道德责任制度的现状。首先，考察我国仲裁员职业道德规则体系，从仲裁立法和仲裁机构行业规则两个方面揭示了其中存在的问题，具体包括我国仲裁法对仲裁员职业道德缺乏系统规定，缺乏全国性仲裁员职业道德守则。其次，考察我国仲裁员职业道德责任追究制度，从仲裁机构和司法行政机关两个层次进行归纳总结，结合仲裁机构制定的仲裁员职业道德责任追究规则，整理分析了73份我国法院作出的关涉仲裁员职业道德问题的裁定书，揭示了我国在仲裁员职业道德责任制度领域存在的现实问题，包括仲裁员职业道德责任追究方式设定不全面、缺乏责任追究程序具体设计、法官在裁决书中未规范引用仲裁规则、裁判分析说理不充分及行业协会监督处罚程序不完善。

第五章提出我国仲裁员职业道德责任制度的完善建议。分为构建仲裁员职业道德规则体系与完善仲裁员职业道德责任追究制度两大部分。构建仲裁员职业道德规则体系需从两方面入手：一是国内法方面，可在仲裁法中将勤勉、效率和保密升格为严格的职业道德；二是行业规则方面，建议由中国仲裁协会制定全国性的仲裁员守则，积极参与国际仲裁员职业道德规则体系构建。完善仲裁员职业道德责任追究制度则需关注行业机构与司法行政机关两个层面。行业机构层面，建议由全国性的仲裁协会制定仲裁员职业道德责任追究规则，全国性的仲裁协会及各地仲裁机构设立职业道德委员会，仲裁机构仲裁规则的制定应当借鉴国际仲裁软法成果；司法行政机关层面，法官应当在裁定书中加强说理，在裁判中正确引用仲裁规则，行政机关需在法定范围内行使监督职责。

关键词：仲裁员职业道德；仲裁员职业道德责任；职业道德责任追究；独立性；公正性

ABSTRACT

In recent years, the issue of arbitrators'professional ethical liability has become a heated topic of concern in the arbitration community. The arbitrator is the core role in the arbitral proceeding and the one with favourable professional ethics is an essential element to ensure the fairness and success of the arbitration process. If an arbitrator violates professional ethics, it would harm the interests of the parties to the case, damage the reputation of the arbitrators'legal professional community, and reduce the evaluation of the arbitration mechanism in society. How to reasonably define the connotation of the professional ethics of arbitrators and supply the accountability mechanism of arbitrators'professional ethics become the key to ensuring that arbitrators abide by professional ethics.

At present, the normative documents that stipulate the arbitrators' professional ethics mainly include domestic legislation, the rules of arbitrators issued by arbitration institutions and industrial association rules. By stipulating the specific contents of arbitrators'professional ethics, the normative documents have achieved the Codification of Arbitrators'Professional Ethics. However, these normative documents have inconsistent regulations on the professional ethics of arbitrators, which leads to different views on the definition of the specific content of the professional ethics of arbitrators in academics. Meanwhile, most of the normative documents seem to have a simplistic design of the accountability system for arbitrators who violate professional ethics and fail to establish a perfect accountability mechanism for arbitrators'professional ethics. And industrial associations cannot effectively pursue their corresponding professional ethics responsibilities, which would reduce and impair the deterrent and binding effect of arbitrators'professional ethics.

In addition, the issues such as the construction of the regulation system of arbitrators'professional ethics, the construction of the system of arbitrators'professional ethical liability, and the application of international arbitration soft law have not been highlighted in China. The arbitration law seems to be defective and the normative documents issued by arbitral institutions are also flawed in China. In judicial judgments, many judges lack sufficient reasoning about whether the arbitrator violates professional ethical regulations. Therefore, this book takes the liability issues of violation against arbitrators'professional ethics as the research object and adopts the methods of comparative analysis, interdisciplinary analysis, and empirical analysis to analyze and answer the above questions from the perspective of theory and practice. This book contains five chapters in total.

Chapter I clarifies the basic connotation of arbitrators'professional ethics. Initially, combined with the knowledge of sociology and ethics, the basic concepts such as ethics, morality, professional ethics, legal professional ethics, industrial discipline and legal rules are explained and distinguished. Secondly, by examining the theoretical origins of arbitrators'professional ethics, this chapter investigates the theoretical basis of the definition of arbitrators'professional ethics and analyzes the influence of Functionalism theory on arbitrators'professional ethics. Thirdly, by summarizing the normative documents concerning arbitrators'professional ethics, it examines the practical basis for the definition of arbitrators' professional ethics and proposes the concept of the Codification of arbitrators' professional ethics which means domestic legislation and industrial rules clearly define the arbitrators'professional ethics. And it is the process of normative documents transforming abstract professional ethics into practical professional ethics rules. Lastly, by combining theoretical and realistic basis, this chapter defines the concept of arbitrators'professional ethics. Specifically, the arbitrators'professional ethics could be defined as the professional ethics rules and character qualities that arbitrators should abide by when facing the parties, the public and the arbitrators'legal professional community in the process of practising arbitrators. According to the method of classification regarding rules, the arbitrators'professional ethics rules could be clarified into direct rules and indirect rules. Pursuant to the classification of behaviour patterns, the arbitrators'professional ethics rules could be clarified into imperative rules, prohibitive rules and authorization rules, which provide a theoretical premise for the following discussion of the specific content of the arbitrators'professional ethics.

Chapter II evaluates the sources of arbitrators'professional ethics and analyzes the meaning of the specific contents of arbitrators'professional ethics. Firstly, it analyzes the arbitrators'professional ethics in international conventions, domestic legislation, arbitration rules, codes of arbitrators and arbitration association rules. Through collecting domestic legislation of 26 countries or regions, 17 arbitration rules of foreign arbitral institutions, 17 arbitration rules of Chinese arbitral institutions, 9 arbitrators'ethical rules of foreign arbitral institutions and 55 arbitrators'ethical rules of Chinese arbitral institutions, regarding provisions of arbitrators'professional ethics, this chapter sorts and figures out the contents of arbitrators'professional ethics. Secondly, based on the definition of arbitrators'professional ethics in Chapter I, the specific content of arbitrators'professional ethics is defined and classified. According to the academic definition of arbitrators'professional ethics and the adoption of normative documents, arbitrators'professional ethics could be clarified into strict professional ethics (including impartiality and independence), stricter professional ethics (including diligence, efficiency and confidentiality) and general professional ethics (including maintaining a good credit record, arbitrating in accordance with agreements, prudence, abiding by economic principles, arbitrating in accordance with laws and truthful self-display). And it also excludes the matters that do not belong to the specific content of arbitrators'professional ethics. Thus, it provides an analytical basis for the following discussion of the system of arbitrators'professional ethical liability.

Chapter III defines arbitrators'professional ethical liability and clarifies the accountability system of arbitrators'ethical liability. Firstly, according to the clarification of arbitrators'professional ethics in Chapter II, this chapter clarifies and defines the arbitrators'professional ethical liability. The arbitrators'professional ethical liability could be clarified into procedural legal liability and industrial rules liability. The former is also known as strict professional ethics liability, and the methods of accountability include the removal and replacement of arbitrators and the revocation of arbitral awards. The latter is also known as general professional ethics liability, including admonitions and warnings, industry criticism notices, suspension of arbitrating qualifications, dismissal, industry prohibition notices, etc. Then this chapter proposes the five elements of the arbitrators'professional ethical liability and distinguishes the arbitrators'professional ethical liability and other liabilities, such as moral, civil, criminal, disciplinary and administrative ones. Secondly, it illustrates five principles of the accountability of arbitrators'professional ethical liability, namely protecting the interests of the parties, maintaining the reputation of the arbitrators'professional community, promoting the development of the arbitration, the proportionality of accountability measures, and preventing the accountability subject from abusing powers. By comparing and analyzing the normative documents of domestic and foreign arbitration institutions, the accountability measures of arbitrators'professional ethical liability are summarized, generally including admonitions and warnings, industry criticism notices, suspension of arbitrating qualifications, dismissal, industry prohibition notices, etc. Furthermore, this chapter clarified the subject of who has the power to take accountability measures of arbitrators' professional ethical liability, namely the arbitrator professional ethics committee within the arbitration institution and the arbitrator professional ethics committee within the national arbitration association. Lastly, by referring to the foreign experience and the existing sanctionary rules of similar professionals, the accountability procedure of arbitrators'professional ethical liability is designed to provide a reference for improving the accountability system of arbitrators'professional ethical liability.

Chapter IV analyzes the status quo of the system of arbitrators' professional ethics in China. Firstly, it investigates the regulation system of arbitrators'professional ethics in China and discloses the imperfection in domestic law and arbitration institutions'rules, including the lack of systematic provisions on arbitrators'professional ethics in the arbitration law and the lack of a national code of arbitrators'professional ethics. Secondly, it investigates the accountability system of arbitrators'professional ethical liability and discloses the imperfection from two aspects, namely arbitration institutions, and judicial and administrative departments. And it summarizes 73 judicial judgments from Chinese courts to reveal the practical problems in the field of arbitrators'ethics in China. The problems contain the incomplete set of the accountability measures of arbitrators'professional ethics, the lack of specific design of accountability procedures, judges'failure to refer to arbitration rules in the judgment, the insufficient analysis of the judgment and the imperfect supervision and punishment procedures of industry associations.

Chapter V provides suggestions for improving the system of arbitrators' professional ethics in China. It is mainly divided into two parts, namely constructing the system of arbitrators'professional ethics rules and perfecting the accountability system of arbitrators'professional ethics. The construction of the system of arbitrators'professional ethics rules should be promoted from two aspects. The first one is domestic law, which could upgrade the diligence, efficiency and confidentiality into the strict professional ethics in arbitration law. The second part is the industry rules, and it is suggested to establish the China Arbitration Association, issue a national arbitrator code, and actively participate in the advancement of the international arbitrator professional ethics rule system. In addition, to perfect the accountability system of arbitrators' professional ethics should focus on two levels of industrial organizations and judicial and administrative authorities. At the level of industrial organizations, it is suggested that national arbitration associations should promulgate rules of accountability for arbitrators'professional ethics, national arbitration associations and local arbitration institutions should set up professional ethics committees, and arbitration institutions shall draw on the achievements of international arbitration soft law in promulgating arbitration rules. At the level of judicial and administrative authorities, judges should strengthen reasoning in the written decision and correctly cite arbitration rules in the judgment. And the administrative authorities should exercise supervision duties within the legal scope.

Keywords: Arbitrators'Professional Ethics; Arbitrators'Professional Ethical Liability; Accountability of Professional Ethical Liability; Independence; Impartiality

导　论

遵照严肃谨慎、严格正义与恰当仁慈的规则行事的人，可以被称为德性完美的人。

——亚当·斯密《道德情操论》[①]

一、仲裁员违反职业道德责任问题的选题背景和意义

（一）选题背景

近年来，为助力打造高水平对外开放新格局，我国高度重视提升仲裁公信力和国际影响力，力争建设面向全球的国际仲裁中心和替代性争端解决平台。2019年4月16日，中共中央办公厅、国务院办公厅印发的《关于完善仲裁制度提高仲裁公信力的若干意见》指出，要"完善仲裁制度、提高仲裁公信力，坚定不移走中国特色社会主义仲裁发展道路"，"加强委员会建设，改革完善内部治理结构和管理机制，改进仲裁员选聘和管理"。[②]仲裁作为替代性争端解决机制是统筹推进国内法治和涉外法治的关键制度，仲裁员则是仲裁中的关键角色。著名法国仲裁专家Jean Flavien Lalive表示，唯有好的仲裁员方能带来好的仲裁（法文：Tant vaut l'arbitre, tant vaut l'arbitrage；英文：Arbitration is only as good as its arbitrators）。[③]仲裁案件审理的质量很大程度上取决于仲裁员

① Adam Smith, *The Theory of Moral Sentiments* (Oxford: Oxford University Press, 1976), p.237.

② 新华社：《中共中央办公厅、国务院办公厅印发〈关于完善仲裁制度提高仲裁公信力的若干意见〉》，中国政府网，http://www.gov.cn/zhengce/2019-04/16/content_5383424.htm，访问日期：2022年11月30日。

③ René Jean Dupuy (ed.), *Mélanges en l'honneur de Nicolas Valticos*：*Droit et Justice* (Paris: Édition A. Pedone, 1999) , p. 354.

的专业素质，包括仲裁员的知识储备、法律运用能力、裁判经验以及职业道德素养等因素。

仲裁员是推动仲裁程序前进的指挥者与协调者，拥有较高职业道德水平的仲裁员是推动仲裁顺利展开和公平、公正解决纠纷的有效保证。仲裁员违反职业道德往往会影响仲裁程序的有序进行，造成仲裁程序陷入停滞或僵局，破坏仲裁的程序正义，甚至影响仲裁案件的实质正义，最终导致仲裁裁决无法作出或被司法机关予以撤销。这将严重侵害仲裁程序当事人的利益，不仅影响了实体争议的公平公正处理，减损仲裁员职业共同体的威信与声誉，也会给仲裁事业的发展带来负面影响，阻碍仲裁制度的生存与发展。我国学者王耀国表示："仲裁是企业解决民事纠纷的重要方式之一，仲裁制度对建立中国改革开放的法治营商环境、企业走出去以及企业的经营发展至关重要，仲裁公信力是仲裁制度的基石，也是仲裁的生命力。"①中国国际法学会会长黄进表示："所谓仲裁者，非谓有仲裁大楼之谓也，有高素质仲裁员之谓也。无论对一个具体案件而言，还是对一个仲裁机构而言，高素质的仲裁员至关重要，因为没有高素质的仲裁员，就没有高质量和高水平的仲裁，办案质量和水平就上不去，就难以实现公平正义，当然就不可能提高仲裁公信力。"②

近年来，仲裁员违反职业道德责任问题成为仲裁理论界和实务界较为关注的问题。国内外仲裁学术界对仲裁员民事责任、刑事责任、责任的豁免等问题的研究比较深入，而对仲裁员职业道德责任的研究存在不少空白，对仲裁员违反职业道德是否应当追究其职业道德责任、如何追

① 《仲裁公信力是仲裁的生命力》，法治网，http://www.legaldaily.com.cn/Company/content/2022-09/08/content_8779562.html，访问日期：2022年11月30日。

② 黄进：《仲裁公信力建设的要件与仲裁公信力评估的意义》，法治网，http://www.legaldaily.com.cn/Arbitration/content/2022-03/11/content_8686160.html，最后访问日期：2022年11月30日。

究等问题并没有统一的认识，且对“仲裁员的职业道德”“仲裁员的职业道德责任”等概念的界定也莫衷一是，欠缺对仲裁员违反职业道德的责任追究问题的讨论。

实践中，国内立法和仲裁行业规则对仲裁员职业道德和仲裁员职业道德责任的规定存在争议。不同国家的国内立法对于仲裁员职业道德事项与内容的规定不甚相同，这些差异引发了不少值得讨论的问题。例如，究竟什么样的职业道德应当从普通的职业道德义务上升为程序性法律义务，违反不同类型的职业道德应当采取何种程度的处罚措施，承担何种程度不利后果，法律责任与仲裁员职业道德责任应该如何区分等。而在行业规则层面，不少仲裁规则、仲裁员守则、行业协会规则对仲裁员具体的执业条件和行为规范作出一系列规定，指引着仲裁员在仲裁庭内外的行为，但普遍缺乏对仲裁员违反职业道德所引起的后果或相应惩处方式的规定，更没有对仲裁员职业道德责任追究制度进行详细规定和系统设计。同时，仲裁员职业道德责任追究制度又涉及若干子问题。例如，追责的原则是什么，哪些主体有权追责，如何有效约束追责主体，责任追究的具体方式或措施是什么，责任追究的程序应当如何设计等。对这些问题的回答有助于构建完善的仲裁员职业道德责任追究制度，确保仲裁员遵守职业道德，切实规范仲裁员执业行为与仲裁行业秩序，提升仲裁公信力和影响力。

（二）选题意义

仲裁实践中出现的问题将映射在仲裁理论中，而仲裁理论的发展也将对仲裁实践提供指引。对仲裁员违反职业道德责任问题进行研究在理论和实践层面都具有重要意义。

1. 理论意义

第一，扩展仲裁员职业道德问题的研究领域。国内学者一般将仲裁员的责任分为民事责任、刑事责任和纪律责任，本书试图突破这种分类的限制，通过结合伦理学和社会学的相关知识，参考美国著名法理学家朗·L. 富勒（Lon L. Fuller）关于职业道德的功能主义学说和宾夕法尼亚州立大学国际仲裁及职业道德问题研究专家凯瑟琳·罗杰斯（Catherine Rogers）教授提出的功能理论，为仲裁员职业道德的界定提供理论依据，并提出仲裁员职业道德的三个“面向”，以此作为分析依据，对仲裁员职业道德规则中的事项与内容进行分析和评价，确定其是否属于真正意义上的仲裁员职业道德，以及应当归属于何种类型的仲裁员职业道德。本书进一步对仲裁员职业道德责任的内涵作出界定，对具体的仲裁员职业道德进行分类，并将仲裁员的职业道德责任与仲裁员的道德责任、民事责任、刑事责任、纪律责任等责任作出区分，从而拓展我国仲裁员职业道德问题的研究领域。

第二，丰富和完善仲裁员职业道德制度研究体系。外国学者关于仲裁员责任的研究成果较为丰富，理论构建也较为完善，而我国学者对于仲裁员责任的研究还不够深入——国内学者研究的重点大多集中在仲裁员的民事责任、刑事责任、责任豁免等问题上，而鲜有学者对仲裁员职业道德和仲裁员职业道德责任进行系统研究，某些基础性问题尚有待探究和阐明。比较分析国外的研究成果，有助于厘清仲裁员职业道德责任问题中的基础理论与基本概念，有利于我国丰富仲裁员职业道德责任研究体系，为形成中国式仲裁员职业道德理论提供参考。

2. 实践意义

第一，为我国构建仲裁员职业道德规则体系提供建议。目前，我国现行法律并没有对仲裁员的职业道德和职业道德责任进行明确界定，国内仲裁机构制定了大量的仲裁规则和仲裁员守则等规范性文件，但文件的质量并不算高，在实践中往往忽视对仲裁员职业道德的有效约束。通过甄别和借鉴国外的立法与司法实践，构建我国的仲裁员职业道德规则体系是十分必要的，对提升我国仲裁员的公信力有所裨益。在比较分析国外有益经验的基础上，为我国仲裁法相关章节修订及制定全国性的仲裁员守则提出相关建议。

第二，为我国构建仲裁员职业道德责任追究制度提供建议。目前，我国仲裁机构制定的仲裁员守则、仲裁员管理办法、仲裁员纪律规则等规范性文件较为零散，尤其在仲裁员职业道德责任追究制度方面，缺乏较为系统、全面、明确的规定。通过参考和借鉴外国仲裁协会及我国律师协会的实践经验，提出构建我国仲裁员职业道德责任追究制度的基本思路，进一步规范仲裁员的职业道德及执业行为，提升仲裁员职业道德的法律化水平。

二、仲裁员违反职业道德责任问题文献综述

（一）国内研究状况

总体而言，国内对于仲裁员违反职业道德责任问题的研究成果较少。从近年来国内出版的专著、期刊和硕、博士学位论文来看，我国学者在仲裁员民事责任、仲裁员职业责任保险制度、仲裁员刑事责任、仲裁员的独立性等问题上研究成果比较丰富，国内学者介绍了许多国外仲裁研究和实践中有益经验，关于国际仲裁的比较研究成果颇丰。但是，仲裁员职业道德责任问题在我国学术界和实务界的关注度并不算高，研究成果还不多。

经查询，在中国知网、万方、普维等多种数据库中，与仲裁员职业道德责任直接相关的著作3本、学术论文5篇，与仲裁员职业道德责任间接相关的文章共计60余篇。这些文本主要以“仲裁员法律责任”“仲裁员民事责任”“仲裁员的独立性与公正性”“仲裁员披露义务”“仲裁员回避制度”“仲裁员选任制度”等为主题，或论述了仲裁员职业道德责任的某一方面，或在论述仲裁员的民事责任、刑事责任的同时，顺带讨论了职业道德责任或纪律责任。

从仲裁行业的发展现状看，我国的仲裁行业具有“起步晚”“发展快”两个特点。中国国际经济贸易仲裁委员会2022年9月发布的《中国国际商事仲裁年度报告（2021—2022）》显示，2021年，全国270家仲裁委员会共受理案件415889件，全国仲裁案件标的总额为8593亿元，比2020年上升1406亿元，同比上升19.6%。其中，中国国际经济贸易仲裁委员会2021年受理案件4071件，同比增长12.61%，受案量实现近3年连续增长。涉及93个国家和地区的涉外、涉我国港澳台地区案件共636件（包括双方均为境外当事人的国际案件61件），涉“一带一路”案件136件（涵盖36个“一带一路”国家和地区）。受理仲裁案件涉案标的额达1232.1亿元人民币，连续4年破千亿元大关，同比增长9.88%。上亿元标的额争议案件共计182件，其中10亿元标的额以上案件16件。案件的国际化程度显著增强，涉外案件数量大幅增加，当事人选择适用国际公约和域外法律情况增多，包括《联合国国际货物销售合同公约》以及中国香港特别行政区、荷兰、希腊、菲律宾、英国等国家和地区法律。[①]但不可否认的是，我国仲裁制度起步比西方发达国家晚了许多，我国仲裁机构在仲裁员职业道德规范性文件的起草上有所欠缺，对仲裁员相关制度的研究也缺乏实践的积淀，这导致我国学界对仲裁员职业道德责任问题的探讨并不充分。

综合考察目前国内的研究成果，在对仲裁员职业道德责任问题研究中出现了以下几个方面的问题：

1. 对仲裁员职业道德的界定缺乏较强的说理过程，对仲裁员职业道德责任的追究形式和追究程序缺乏深入的探讨。

对仲裁员职业道德的具体内容进行准确的界定是研究仲裁员职业道德责任问题的前提和基础，我国学者对该问题有了一定的研究，目前共

---

① 江南：《〈中国国际商事仲裁年度报告（2021—2022）〉发布》，中国贸易新闻网，https://www.chinatradenews.com.cn/content/202209/06/c148312.html，访问日期：2022年11月30日。

有5篇文章对仲裁员职业道德进行了界定。

张利兆的文章中从职业、道德、职业道德、法律职业道德、仲裁员等基础概念出发，结合仲裁的特性，对“仲裁员职业道德”进行了概念界定，并讨论了仲裁员职业道德建设的现状与存在的问题。[①]值得注意的是，张利兆将仲裁员职业道德分为“仲裁员基本的职业道德”和“仲裁员特殊的职业道德”，其中基本的职业道德包括：忠诚、公正、廉洁、勤勉，特殊的职业道德包括：独立、效率、保密、自律、亲和。作者表示，区分“基本”和“特殊”的关键点在于“仲裁的民间性”，仲裁既不同于司法、行政途径，也不同于人民调解委员会的调解和当事人的和解。但此种分类方法欠缺合理性，特别是“特殊的职业道德”中所包含的“自律”与“亲和”，这两项职业道德也可以同样适用于法官、检察官、行政机关中的执法人员和人民调解员，并非仲裁员所特有。另外，尽管作者在文中提到“法律职业具备严格的资格准入和惩戒制度”，但遗憾的是，文中并未对违反仲裁员职业道德的惩戒措施展开讨论，而仅仅是在文末探讨了仲裁员职业道德的养成。

此外，张立平的文章对首席仲裁员的职业道德进行了探讨，将首席仲裁员和民事诉讼中的审判长进行比较，指出首席仲裁员职责的特殊性，包括：1. 首席仲裁员在保障案件合法公正处理方面的职责更重；2. 在仲裁中，民主集中制的适用是不完全的，仲裁庭的责任又更多地落在首席仲裁员的肩上，比民事审判中审判长的责任更加重大。[②]作者也对比了边裁和首席仲裁员的职能，罗列了7项特殊责任，包括：1. 对所承办案件承担首要责任；2. 妥善处理与仲裁庭其他仲裁员关系的责任；3. 全面熟悉和了解案情的责任；4. 正确制定仲裁方案的责任；5. 及时化解争议的责任；6. 及时裁决纠纷的责任；7. 认真制作裁决书的责

① 参见张利兆：《仲裁员职业道德探讨》，《北京仲裁》2012年第4期。

② 参见张立平：《论首席仲裁员之职业道德》，《北京仲裁》2006年第4期。

任。随后，作者总结了首席仲裁员职业道德的5项事项与内容，包括：崇尚正义，始终保持廉洁、公道正派，始终保持中立、诚实信任，严格自觉回避、专业小心，具有高度专业责任意识、民主谦逊，具有良好的亲和力。作者对于仲裁员职业道德的论述缺乏较强的说理性，仅仅对比了民事诉讼中的审判长和其他两名仲裁员，对首席仲裁员职业道德责任特殊性的论述缺乏理论支撑。同时，也没有对首席仲裁员应当遵守的一般职业道德责任和特殊职业道德责任进行细致区分。作者也没有讨论首席仲裁员职业道德责任追究的方式和程序。

此外，阮小茗的文章指出仲裁员的职业道德主要包括：1. 要有公正、廉洁的思想品格，平等对待双方当事人；2. 要有认真、严谨的工作态度；3. 要具备及时、高效的仲裁理念。[①]限于文章篇幅，作者并没有阐述仲裁员职业道德界定的依据，仅仅是表明了仲裁具有民间性，仲裁员受到特殊职业道德规则的约束。随后，作者对仲裁员职业道德进行他律的具体措施表明了观点，从仲裁机构内部、仲裁协会、当事人3个方面对仲裁员进行他律。在仲裁机构内部中实行优胜劣汰的考察机制，对不遵守职业道德仲裁员进行包括批评、通报或停业一段时间的处理。但作者仅仅是一笔带过，并没有继续论述该如何实施这些处理措施，以及仲裁员是否享有相应的异议权利。

另外，宋文娟的文章对职业道德、仲裁员的职业道德规则、仲裁员职业道德规则的作用等基本概念进行定义，进而论述了我国仲裁员道德规则体系建立的必要性，最后指出了我国仲裁员职业道德应当包括：1. 忠实诚信；2. 公平正义；3. 清正廉洁；4. 勤勉敬业。[②]文中提及了“仲裁员的素质和职业操守”，但没有对“职业道德”和“职业操

---

① 参见阮小茗：《仲裁员职业道德的他律》，《开封教育学院学报》2015年第7期。

② 参见宋文娟：《仲裁员职业道德规范体系的建构》，《法制与社会》2015年第4期（下）。

守”进行语义区分，容易造成概念混淆。同时，作者注意到我国仲裁机构仲裁员守则和仲裁员管理办法，并表示其中一些规定并不属于仲裁员职业道德规则，只能算是一般的工作规定或要求，但作者并没有继续论述该如何区分“仲裁员职业道德规则”和“一般的工作规定或要求”。此问题的根源在于，作者并没有科学地界定“仲裁员职业道德”，从而导致分类混乱。同样，作者并没有对仲裁员职业道德责任追究的方式和程序进行论述。

值得一提的是，周鑫霖的文章简要介绍了德国、日本、中国台湾地区关于仲裁员职业道德的规定，并罗列了《中华人民共和国仲裁法》（以下简称《仲裁法》）第13条的规定和《青岛仲裁委员会仲裁员行为规范》，进而总结了仲裁员职业道德的事项与内容，职业道德包括：1. 廉洁自律、勤勉敬业；2. 公正、独立；3. 忠诚、诚信；4. 效率；5. 仪表言行要得体；6. 保密。[①]作者仅仅罗列几个国家或地区的法律或仲裁规则就简单地得出结论，说服力欠佳。随后作者指出，仲裁机构有责任建立健全仲裁员职业道德培养制度，同时应当加强对仲裁员的监督管理力度，在保持仲裁员良好履行职业道德的基础上发挥其应有的作用。但并没有提出具体的措施，仅仅是口号式的建议，缺乏实操性。

以上5篇文章对仲裁员职业道德问题的研究较为简单，对仲裁员职业道德的分类缺乏较强的说理性，并没有完全厘清仲裁员的职业道德与其他几个相近概念的关系，没有对仲裁员和其他司法人员或准司法人员的职业道德进行区别，也未对仲裁员职业道德的事项与内容达成共识，并忽视了对国外和我国港台地区有益经验的考察。总之，我国目前在仲裁员职业道德界定方面的研究还有所欠缺，只有先明确仲裁员职业道德“是什么”，方能继续探讨“为什么”（仲裁员职业道德责任的具体要

---

① 参见周鑫霖：《主要大陆法系国家仲裁员职业道德》，《法制与社会》2015年第3期（中）。

求）和“怎么办”（如何追究仲裁员的职业道德责任）。

2. 对仲裁员职业道德事项与内容的研究不够全面。

我国学者对仲裁员职业道德事项与内容的讨论主要集中在仲裁员的“公正性和独立性”“仲裁员信息的披露”“仲裁员回避”等方面，对仲裁员其他职业道德事项与内容的研究不够全面。

就仲裁员的“独立性和公正性”进行讨论的文献有13种（其中包含1本著作和1篇博士论文）。刘晓红和冯硕指出，尊重仲裁的自主性，也应尊重仲裁机构的权力。从国际仲裁的发展趋势来看，随着仲裁的制度化演进，仲裁机构日益成为主导仲裁发展的核心力量。其也早已从过去简单的协助管理案件的角色，升级为具有一定权力的主体，尤其在规则制定、程序和人员管理以及裁决核阅等方面，具有相对独立的权力。[①]欧阳钦指出，应在《仲裁法》中作出总的原则性规定，并借鉴国际律师协会的经验，由国内各仲裁机构或仲裁员协会在相关守则和规范中为仲裁员的信息披露和回避义务提供明确指引。[②]张建和丁忆柔指出，我国仲裁法对仲裁员的资格条件作了相当具体明确的限定，除国家法律规定的仲裁员资格条件外，仲裁机构通常对本机构的仲裁员资格条件作了进一步规定。[③]李虎指出，应当恪守正确理念，强化制度建设，构建监督机制，增加管理透明度，实现机构管理和仲裁庭独立裁决的有机结合。[④]石先钰在著作《仲裁员职业道德建设研究》中阐述了仲裁员职业道德基本准则体系和保障制度，具体包括仲裁员职业道德的他律、自律、考评

① 参见刘晓红、冯硕：《对〈仲裁法〉修订的“三点”思考——以〈仲裁法（修订）（征求意见稿）〉为参照》，《上海政法学院学报（法治论丛）》2021年第5期。

② 参见欧阳钦：《论仲裁员的公正性与独立性——以仲裁员信息披露义务为视角》，《仲裁研究》2021年第1期。

③ 参见张建、丁忆柔：《仲裁员独立性与公正性问题研究——以ICSID仲裁规则为切入》，《行政科学论坛》2021年第12期。

④ 参见李虎：《试论仲裁机构管理和仲裁庭独立裁决的有机结合》，《商事仲裁与调解》2020年第1期。

制度、廉洁自律的实现及多元监督制度。[①]谈晨逸对第三方资助仲裁中仲裁员独立性问题展开论述，指出仲裁员公正独立的根本目的是防止其在审理纠纷时考虑实体问题之外的其他问题。那么，有损这一目的的情形不仅包括仲裁员和一方当事人间存在联系的情况，还包括仲裁员和与一方当事人有法律或事实上关系的第三方存在联系的情况。[②]马占军博士以《商事仲裁员独立性问题研究》为主题完成了博士学位论文，在认定商事仲裁员独立性的法律标准和保障方面进行了详细论述。[③]此外，张圣翠、张心泉也对仲裁员独立性和公正性保障机制的完善提出了建议，主张采取制定法和非制定法相结合的方式规范仲裁员的行为。[④]郭晓文通过比较分析中外仲裁机构的仲裁规则，对仲裁员的独立性和公正性进行了比较研究，提出我国仲裁机构存在较为严重的行政化趋势，并称有些情况是过渡性的，可以改造，关键在于人们选择的倾向。[⑤]另外，香港仲裁学者杨大明介绍了英国法下仲裁员独立与公正行事的责任，指出建议当事人如果对仲裁员的公正性有所怀疑，就应尽快采取行动。[⑥]丁夏、刘京莲以国际投资仲裁中的仲裁员为研究对象，强调了仲裁员公正性的内涵应当包括“身份要求”和“行为要求”，建议设立常设性国际投资仲裁机构以保证仲裁员的公正性和独立性。[⑦]孙洁在其硕士

---

① 参见石先钰：《仲裁员职业道德建设研究》，中国社会科学出版社2019年版。

② 参见谈晨逸：《第三方资助仲裁对仲裁员独立性的挑战与防范》，《国际商务研究》2019年第1期。

③ 参见马占军：《商事仲裁员独立性问题研究》，博士学位论文，西南政法大学，2015。后作为专著出版，马占军：《商事仲裁员独立性问题研究》，法律出版社2020年版。

④ 参见张圣翠、张心泉：《我国仲裁员独立性和公正性及其保障制度的完善》，《法学》2009年第7期。

⑤ 参见郭晓文：《商事仲裁中仲裁员的独立性》，《国际经济法论丛》1999年第2卷。

⑥ 参见杨大明、李民、傅容：《英国法下仲裁员独立与公正行事的责任——最新发展（节选）》，《中国海商法年刊》2001年第12卷。

⑦ 参见丁夏：《国际投资仲裁案件中“客观行为标准”的适用——以质疑仲裁员公正性为视角》，《国际经贸探索》2016年第32卷第3期。刘京莲：《国际投资仲裁正当性危机之仲裁员独立性研究》，《河北法学》2011年第29卷第9期。

学位论文中提出，以法律修正案建议稿和仲裁规则示范条款建议稿的形式，完善《仲裁法》和仲裁规则的相关规定。[①]

就仲裁员的“披露义务”进行讨论的文章仅有10篇，胡海容认为，斯德哥尔摩商会仲裁院在程序规则方面，已形成较为良好的兼顾效率与公平的体系；在实体规则方面，形成了“公正性”“独立性”和“合理怀疑”三要素组成的一般性规则，以及“整体考虑”“个案因素”和“最佳仲裁实践”组成的具体规则。我国应结合具体国情，适时公开附有理由的回避决定，并形成具有中国特色的仲裁员回避规则体系。[②]张傲霜指出，仲裁员披露有助于保证仲裁员独立性和公正性，在目前的实践中，仲裁员名册披露信息量不够，仲裁员名册披露标准不一致，《仲裁法》对仲裁员名册披露标准没有规定。[③]孙珺和王雨蓉认为，第三方资助国际仲裁在披露方面存在的问题，主要体现在为仲裁员披露义务存在的问题，例如，既有规则对披露主体的规定与实践的脱节、与仲裁保密性的冲突等，以及受资助方披露义务存在的问题，又例如，披露范围与时间等的不确定性、与第三方资助协议保密性的冲突等。[④]陈婕和刘天姿指出，通过合理的信息披露手段能够有效地解决第三方引入所造成的利益冲突等问题，使仲裁的公正性和保密性达到平衡。为此需要将披露的主体扩大到受资助者，并在强制性披露第三方资助者的存在及身份的基础上，由仲裁员依照客观标准对资助协议具体内容的披露与否进行裁定。[⑤]杜焕芳和李贤森指出，仲裁员信息披露实践中应当把握两个要

---

① 参见孙洁：《论国际商事仲裁中仲裁员的独立性和公正性》，硕士学位论文，中国青年政治学院，2015。

② 参见胡海容：《斯德哥尔摩商会仲裁院仲裁员回避规则的实证分析及其启示——以1995—2019的实践为分析视角》，《商事仲裁与调解》2022年第2期。

③ 参见张傲霜：《我国商事仲裁机构仲裁员名册信息披露标准研究》，《广西政法管理干部学院学报》2022年第4期。

④ 参见孙珺、王雨蓉：《第三方资助国际仲裁中仲裁员与受资助方披露义务之比较研究》，《商事仲裁与调解》2021年第4期。

⑤ 参见陈婕、刘天姿：《第三方资助仲裁之披露义务规则探析》，《海关与经贸研究》2021年第2期。

点与一个标准。两个要点是信息的及时披露与信息的准确披露，信息及时披露以保证信息的时效性与程序的顺畅性，信息准确披露以实现信息的真实性与沟通的有效性。一个标准即为“客观理性第三人”的判断标准，即如果相关事实会引起客观立场上通情达理的第三人的合理怀疑，则该事实就应当被纳入披露事项之中。[①]张洋指出，完善第三方资助国际仲裁之披露规则，应从制定仲裁规则和制定法律法规两条路径出发，并从披露的主体、对象、内容和时间4个方面进行具体构建。[②]周清华和程斌认为，第三方资助公司与受资助方之间的契约保密性阻碍了仲裁程序的其他参与人对仲裁员与第三方资助公司之间潜在利益冲突的认知，构建第三方资助下的仲裁员潜在利益冲突披露制度显得尤为重要。[③]王云提出，可以在有关司法解释中以非穷尽的方式列举仲裁员披露的具体情形，并可参照仲裁机构的仲裁员行为守则。胡琼强调了仲裁员披露义务的重要性，应当将披露义务纳入到仲裁员道德行为准则中去。[④]张圣翠认为应当借鉴发达国家或地区的经验，通过修订《仲裁法》的相关条款，对仲裁员的披露义务规则予以完善。[⑤]尽管这些研究成果对仲裁员职业道德事项与内容的阐述并不全面，但对本书的比较分析起到了参考作用。

3．对仲裁员责任的探讨主要集中于民事责任和刑事责任，对职业道德责任的探讨不够深入。

我国学者在仲裁员责任问题方面的研究成果更为丰富，共有50余篇论文专门探讨仲裁员的责任问题。就“仲裁员法律责任”或“仲裁员责

① 参见杜焕芳、李贤森：《仲裁员选任困境与解决路径——仲裁员与当事人法律关系的视角》，《武大国际法评论》2020年第2期。

② 参见张洋：《“一带一路”背景下第三方资助国际仲裁之披露规则》，《石河子大学学报（哲学社会科学版）》2020年第2期。

③ 参见周清华、程斌：《第三方资助下仲裁员潜在利益冲突披露的体系建构》，《中国海商法研究》2018年第4期。

④ 参见胡琼：《国际商事仲裁员披露义务研究》，硕士学位论文，湖南师范大学，2012。

⑤ 参见张圣翠：《论国际商事仲裁员披露义务规则》，《上海财经大学学报》2007年第9卷第3期。

任制度”进行讨论的文章有22篇（其中包括2篇博士论文）[①]；就“仲裁员的民事责任”进行讨论的文章有15篇[②]；就“仲裁员的刑事责任”进

---

① 参见李诗慧：《国际投资仲裁中仲裁员的独立性危机及其应对》，硕士学位论文，华南理工大学，2021。袁铭蔚：《互联网时代国际商事仲裁保密性研究》，硕士学位论文，华东政法大学，2021。李铁喜：《论商事仲裁员的责任及其在我国的制度完善》，《湖南工程学院学报（社会科学版）》2018年第2期。彭丽明：《仲裁员责任制度比较研究》，博士学位论文，武汉大学，2016（后作为专著出版，彭丽明：《仲裁员责任制度比较研究》，法律出版社2017年版）。刘威：《仲裁员法律责任制度问题研究》，硕士学位论文，兰州大学，2015。范铭超：《仲裁员责任法律制度研究——兼及我国仲裁员责任法律制度的反思与构建》，博士学位论文，华东政法大学，2012。苗蕾：《论仲裁员的责任》，硕士学位论文，苏州大学，2012。宁玲：《论仲裁员责任制度》，硕士学位论文，华东政法大学，2012。贺梅花：《国际商事仲裁员责任问题研究》，硕士学位论文，贵州大学，2009。李玉婷：《论仲裁员的法律责任》，硕士学位论文，中国政法大学，2011。袁芳：《论中国特色的仲裁员法律责任制度》，硕士学位论文，北京邮电大学，2010。王秀春：《论仲裁员制度的完善——以仲裁员的权利、义务为视角》，硕士学位论文，中国政法大学，2008。包文捷：《仲裁员责任制度探析》，硕士学位论文，华东政法大学，2008。黎藜：《仲裁员法律责任制度初探》，硕士学位论文，湘潭大学，2008。刘晓红：《确定仲裁员责任制度的法理思考——兼评述中国仲裁员责任制度》，《华东政法大学学报》2007年第5期。王芳：《国际商事仲裁中仲裁员的法律责任研究》，硕士学位论文，大连海事大学，2007。宋汉林：《论仲裁员的法律责任》，《甘肃联合大学学报（社会科学版）》2007年第23卷第1期。郭楠：《论仲裁员的权力和责任》，硕士学位论文，中国政法大学，2007。尹灿：《论仲裁员责任》，硕士学位论文，华东政法大学，2007。徐前权：《仲裁员法律责任之检讨（下）——兼评“枉法仲裁罪”》，《仲裁研究》2007年第1期。徐前权：《仲裁员法律责任之检讨(上)——兼评“枉法仲裁罪”》，《仲裁研究》2006年第3期。萧凯：《从富士施乐仲裁案看仲裁员的操守与责任》，《法学》2006年第10期。

② 参见强蔷：《国际商事仲裁员民事责任问题研究》，硕士学位论文，安徽财经大学，2015。张晓瑞：《我国建立仲裁员有限民事责任制度的合理性探析》，《法大研究生》2014年第1期。赵海燕：《仲裁员民事责任制度研究》，硕士学位论文，复旦大学，2012。向子云：《试论仲裁员的民事责任》，《法制与社会》2012年第10期（下）。王燕红：《论中国仲裁员民事责任制度》，硕士学位论文，山西大学，2012。石现明：《略论我国仲裁员和仲裁机构民事责任制度的构建》，《理论与改革》2011年第4期。向琼芳：《完善我国仲裁员的民事责任制度》，硕士学位论文，华东政法学院，2007。陈楚阳：《仲裁员民事责任之探析》，硕士学位论文，中国政法大学，2011。韩平：《论仲裁员的民事责任》，《武汉大学学报（哲学社会科学版）》2011年第3期。文芳：《论仲裁员民事责任——试构建我国仲裁员责任体系》，《黑龙江省政法管理干部学院学报》2010年第6期。程宝山：《仲裁员的民事责任及其实现》，《公民与法》2010年第9期。石现明：《仲裁员民事责任绝对豁免批判》，《仲裁研究》2008年第3期。石现明：《仲裁员民事责任及其豁免之学理探析》，《理论与改革》2007年第2期。程木英：《谈仲裁员的民事责任豁免》，《沈阳工业大学学报》2001年第23卷增刊。刘卫翔：《评仲裁员的民事责任》，《环球法律评论》1993年第1期。

行研究的文章有12篇①。如前文所述，就“仲裁员的职业道德责任”进行研究的文章仅为5篇。值得一提的是，彭丽明提及了仲裁员须遵守的职业道德或职业纪律，但并未展开探讨两者的异同。而对于仲裁员的纪律和仲裁员纪律责任的阐述也不够清晰，仅对仲裁员的信息披露责任进行了讨论，而且，并未对仲裁员违反纪律责任之后的处理方式作出论述。有学者直言，我国仲裁立法是否设置了仲裁员的道德责任、行业责任等问题，学界几无论述，我国仲裁法对于仲裁员责任体系的设置比较含混，且责任体系也残缺不全。②相较于对仲裁员的民事责任和刑事责任的研究，我国学者对仲裁员职业道德责任问题的研究成果不多，研究深度不够。

4. 缺乏对仲裁员职业道德规则化的研究，对国际仲裁软法的探讨不够深入。

国际仲裁软法（International Arbitration Soft Law）是近年来国外仲裁界热议的话题，特别是在仲裁员职业道德规则方面，软法发挥了重要作用，也引起了不少争议。我国学界对仲裁中关于仲裁员职业道德软法问题的关注度并不算高。王吉文在讨论国际商事仲裁中的“仲裁

---

① 参见张行肖：《仲裁员刑事责任问题研究》，硕士学位论文，云南财经大学，2015。周茗：《论枉法仲裁罪》，硕士学位论文，吉林大学，2012。韩平：《“枉法仲裁罪”的学理质疑》，《深圳大学学报（人文社会科学版）》2011年第3期。黄晖：《论枉法仲裁罪之“枉法”性》，《四川大学学报(哲学社会科学版)》2010年第4期。赵维加：《商事仲裁员刑事责任研究》，《上海财经大学学报》2010年第3期。杨庆玲：《枉法仲裁行为刑事规制的正当性》，《大庆师范学院学报》2010年第1期。徐立：《枉法仲裁罪的立法正当性探讨》，《法学杂志》2009年第5期。罗国强：《枉法仲裁罪思辨——仲裁性质两分法与比较法下的考量》，《中国刑事法杂志》2009年第1期。韩永红：《关于枉法仲裁之思考：基于现实的视角》，《海南大学学报（人文社会科学版）》，2008年第2期。张静：《枉法仲裁罪的法律适用》，《江苏工业学院学报》2008年第1期。张静：《枉法仲裁罪的犯罪构成研究》，硕士学位论文，上海交通大学，2008。陈忠谦：《论枉法仲裁罪的设立当缓》，《仲裁研究》2006年第1期。

② 参见汪祖兴：《中国仲裁制度的境遇及改革要略》，法律出版社2010年版，第134页。

常客”问题时指出，对仲裁员的信息披露制度加以相应改革，要求仲裁员披露其先前被一方当事人选择的有关情况，显然有利于消除仲裁常客现象对国际商事仲裁可能带来的消极后果，进而指出了国际律师协会通过的《关于国际仲裁中利益冲突问题指南》中“橙色清单”的相关规定。[①]严红指出国际商事仲裁日益受到利益冲突问题的挑战，并简要介绍了《国际律师协会关于国际仲裁中利益冲突问题的指南》的事项与内容。[②]王徽以国际商事仲裁证据软法为研究对象，对我国国际商事仲裁证据制度提出了完善建议。[③]刘善美主要以《国际商事合同通则》为研究对象，探究了软法在国际商事仲裁中的应用。[④]可以看出，我国学界对仲裁软法的研究成果较少，对仲裁员职业道德软法的研究也不够深入。

在实践中，我国较为知名的仲裁机构均在规范性文件中对仲裁员的职业操守、行为做出了一般性规定。这些文件包括《仲裁员守则》《仲裁员行为规范》《仲裁员行为考察规定》等，但其中的内容有不少雷同之处，学者也没有对其进行系统整理和分析。

（二）国外研究状况

相对于国内的研究，外国学者对仲裁员职业道德责任问题进行了更为全面系统的研究，成果也更为丰富——与主题直接相关的著作5本，学术论文70余篇。相较于国内现有的研究，外国的相关研究更加系统、深入。

---

① 参见王吉文：《国际商事仲裁中的“仲裁常客”问题》，《西部法学评论》2018年第3期。

② 参见严红：《国际商事仲裁软法探究》，《社会科学战线》2016年第10期。

③ 参见王徽：《论我国国际商事仲裁证据制度的症结及完善——以国际商事仲裁证据“软法”为切入点》，《上海对外经贸大学学报》2018年第4期。

④ 参见刘善美：《软法在国际商事仲裁中的应用》，硕士学位论文，中国青年政治学院，2017。

1．对仲裁员职业道德的界定有较为系统的论证。

凯瑟琳·罗杰斯教授所著的《国际仲裁中的职业道德》（*Ethics in International Arbitration*）一书是全球范围内第一部专门针对国际商事仲裁员、国际投资仲裁员的职业道德问题进行系统研究的法学著作。① 此书分为两大部分，第一部分从现代国际仲裁的起源谈起，阐述了仲裁员职业道德的来源、仲裁员的职业道德责任、各国对仲裁员职业道德的规范、第三方资助仲裁等内容，对仲裁员职业道德进行较为清晰的界定；第二部分对仲裁员自律性文件作出了界定，并介绍了职业道德的诸多理论渊源，探讨了投资仲裁领域仲裁员如何保持公正，最后阐述了现如今国际仲裁员微妙的境遇，对仲裁员职业道德未来的发展提出了展望。

2．对仲裁员职业道德的事项与内容有较为全面、深入的研究，但对仲裁员的职业道德如何进行分类观点不一。

相比于关于仲裁员的其他问题，仲裁员职业道德的事项与内容一般是国外学者重点研究的部分，因此有不少成果。Ronán Feehily指出，法官所需的公正性标准不能等同于国际仲裁员所期望的标准，因为适用于法官的标准是为确定的、受到全面监管的特定国内环境而设计和适用的，而对仲裁员的期望标准则适用于主要由当事方的协议及其在具体案件中的期望所界定的国际环境，反映了仲裁的合意性质。②Lawrence Newman和Richard Hill主编了《国际仲裁领军仲裁员指南》（*The Leading*

① 参见Catherine A. Rogers, *Ethics in International Arbitration* (Oxford: Oxford University Press, 2014)。凯瑟琳·罗杰斯（Catherine Rogers）教授一直致力于仲裁员的职业道德问题研究，并担任英国伦敦大学玛丽皇后学院行业规则及职业道德研究所（Institute for Regulation and Ethics）联合所长一职，是仲裁员职业道德研究领域较为权威的学者。

② See Ronán Feehily, "Neutrality, Independence and Impartiality in International Commercial Arbitration, A Fine Balance in the Quest for Arbitral Justice", 7(1) *The Penn State Journal of Law & International Affairs* 109 (2019).

Arbitrators' Guide to International Arbitration）一书，该书收录了42篇论文，主要涉及国际仲裁中仲裁员的行为规范问题，其中3篇文章专门对仲裁员责任、职业道德进行讨论。[①]Pierre Karrer认为仲裁员和仲裁庭的责任豁免制度是不合理的，认真负责的仲裁员和仲裁机构无须担心也无需做出保证，但这仅仅存在于具有"友好仲裁"特征的法域。[②]Catherine Rogers和Jeffrey Jeng通过介绍仲裁员责任的法律原因及适用情况，总结了仲裁员实质的职业道德，包括：保持公正性和独立性；根据仲裁协议仲裁；适格和勤勉；保密；提出解决争议的方案。[③]Martin Hunter和Allan Philip也对仲裁员职业道德的内容做出了具体界定，包括：保持公正性和独立性；接受当事人指定后产生的责任；仲裁程序过程中的义务；保密；庭议、开会、审查时的义务；做出裁决的义务。[④]Karel Daele主编的《国际仲裁中仲裁员的异议与失格》（*Challenge and Disqualification of Arbitrators in International Arbitration*）一书，主要讨论了国际仲裁中仲裁员的异议和免职问题，对国际仲裁中可能导致仲裁员异议和免职的情况进行分类，逐一列举了因仲裁员独立性和公正性遭受异议和被免职的情形，较为全面地阐述了国际仲裁中仲裁员职业道德的事项与内容。[⑤]

---

① See Lawrence W. Newman & Richard D. Hill (eds.), *The Leading Arbitrators' Guide to International Arbitration* (3rd edn., Huntington: Juris Publishing, 2014).

② See Pierre A. Karrer, "Responsibility of Arbitrators and Arbitral Institutions", in Lawrence W. Newman & Richard D. Hill (eds.), *The Leading Arbitrators' Guide to International Arbitration* (3rd edn., Huntington: Juris Publishing, 2014).

③ See Catherine A. Rogers, Jeffrey C. Jeng, "The Ethics of International Arbitrators", in Lawrence W. Newman & Richard D. Hill (eds.), *The Leading Arbitrators' Guide to International Arbitration* (3rd edn., Huntington: Juris Publishing, 2014).

④ See Martin Hunter & Allan Philip, "The Duties of An Arbitrator", in Lawrence W. Newman & Richard D. Hill (eds.), *The Leading Arbitrators' Guide to International Arbitration* (3rd edn., Huntington: Juris Publishing, 2014).

⑤ See Karel Daele (ed.), *Challenge and Disqualification of Arbitrators in International Arbitration* (Alphen aan den Rijn: Kluwer Law International Press, 2012).

此外，在Domitille Baizeau和Frank Spoorenberg主编的《仲裁员倡议：何时、为何及如何使用？》（*The Arbitrators' Initiative: When, Why and How Should It Be Used?*）一书中，10位学者对仲裁员在仲裁的每个环节中的角色及容易遇到的问题进行了探讨，对不同环节中仲裁员的裁量权进行不同程度的限制，使仲裁员在遵守职业道德的前提下提高仲裁的效率，维护当事人权益。[①]Maria Cleis通过整理分析较新的ICSID案例，总结了判断国际投资仲裁员独立性和公正性的标准，并对现有的异议和免职机制提出了改进的建议。[②]

值得一提的是，Dario Alessi将仲裁员的职责按照行为的目的分为两个大类责任[③]。第一大类，是处理争议的职责，属于严格的职责，包括：尊重仲裁协议、作出仲裁裁决、递交仲裁裁决、修正裁决书错误、完成当事人指定的任务；第二大类，是公平公正裁决的职责，在造成错误将承担责任，包括：有时间参与仲裁、保持公正性和独立性、公平对待争议双方、依据法律裁决案件、公正地做出裁决、披露任何会引起公正性和独立性质疑的信息、依照法定程序被选聘为仲裁员并妥善履行代理义务。此种分类更具条理性，是系统研究仲裁员职业道德的新视角。

3．对仲裁员违反职业道德的责任追究方式、追究程序的探讨不够深入。

外国学者一般在讨论完仲裁员职业道德的事项与内容之后，会对违反仲裁员职业道德的责任追究方式问题进行简要论述，但分析并不

---

① See Domitille Baizeau & Frank Spoorenberg (eds.), *The Arbitrators' Initiative: When, Why and How Should It Be Used*? (Huntington: Juris Publishing, 2016).

② See Maria N. Cleis, *The Independence and Impartiality of ICSID Arbitrators: Current Case Law, Alternative Approaches, and Improvement Suggestions* (Leiden: Brill | Nijhoff, 2017).

③ See Dario Alessi, "Enforcing Arbitrator's Obligations: Rethinking International Commercial Arbitrators' Liability", 31 (6) *Journal of International Arbitration* 735–784 (2014).

深入。例如，Ahmed Mohammad Al-Hawamdeh等学者指出，仲裁员因缺乏公正性或独立性而面临的异议将对仲裁程序产生重大影响，不受任何正式抗辩或时间限制，可发起于仲裁的任何阶段。[①]Mauro Rubino-Sammartano界定了仲裁员的“失范行为”，仲裁员做出失范行为后相应的惩罚措施包括：退还仲裁费用和撤换仲裁员。而对于严重的“失范行为”，还应责令仲裁员支付仲裁程序产生的费用及撤销仲裁裁决产生的费用。[②]Antonio Crivellaro认为，由于撤销仲裁裁决将损害包括当事人、其他仲裁员、仲裁机构诸方的利益，因此，不可因仲裁员未披露某些信息而随意撤销仲裁裁决，但可以采用损害较低的惩罚措施，例如行业违纪处罚或暂时的禁业处罚。[③]但是，作者并未就如何采取处罚做出进一步阐释。

另外，Nater Dallafior认为，应当由国内法院对仲裁员采取纪律惩罚措施，仲裁庭没有能力也没有必要采取纪律惩罚措施。而仲裁庭可以依据仲裁员违反职业道德规则的程度以决定是否采纳其提供的证据，并判断证据证明力的大小，仲裁庭有权裁决违反职业道德仲裁员一方的当事人支付仲裁的相关费用，仲裁庭还可以向仲裁协会汇报仲裁员违规的情况，在仲裁行业中减损违规仲裁员的声誉。[④]但遗憾的是，文章并未对

---

① See Ahmed Mohammad Al-Hawamdeh, Noor Akief Dabbas & Qais Enaizan Al-Sharariri, “The Effects of Arbitrator’s Lack of Impartiality and Independence on the Arbitration Proceedings and the Task of Arbitrators under the UNCITRAL Model Law”, 11(3) *Journal of Politics and Law* 73 (2018).

② See Mauro Rubino-Sammartano, “Real and Feared Arbitrator Conflicts of Interest”, in Lawrence W. Newman & Richard D. Hill (eds.), *The Leading Arbitrators’ Guide to International Arbitration* (3rd edn., Huntington: Juris Publishing, 2014).

③ See Antonio Crivellaro, “Does the Arbitrators’ Failure to Disclose Conflicts of Interest Fatally Lead to Annulment of the Award? The Approach of the European State Courts”, 4 (1) *The Arbitration Brief* 141 (2014).

④ See Martin Rauber, “The Impact of Ethical Rules for Counsel in International Commercial Arbitration - Is There a Need For Developing International Ethical Rules?”, 17 (1) *International Arbitration Law Review* 17-36 (2014).

如何执行惩罚措施作出论述。

4. 对仲裁员职业道德的规则化研究较为关注，对国际仲裁软法的探讨较为深入。

外国学者对国际仲裁软法关注已久，相关成果也比较丰富。目前主流观点对国际仲裁软法持支持态度，但软法的正当性问题仍存在争议。在仲裁员职业道德责任的全球治理方面，国际仲裁软法起到了至关重要的作用。著名国际仲裁专家Gabrielle Kaufmann-Kohler认为国际仲裁软法的规则化产生的效果是更高的确定性和可预测性，但也存在缺乏民主正当性的风险。因此，软法需要通过国际仲裁行业和全球化的推动，非官方的机构在软法的发展进程中有很大活动空间。与此同时，国家也应当通过立法，为软法的使用者提供适当的保障。[①]Alexis Mourre在第7届国际仲裁会议上发表了关于仲裁软法的演讲，总结了仲裁学者及仲裁机构对软法的不同观点，其认为软法不仅增强了仲裁中的信任感，而且有利于增强人们对仲裁的认同感。[②]

此外，William Park从仲裁裁决的既判力角度出发，分析了仲裁员适用软法困境的原因，并认为软法可以填补仲裁程序中的空隙，从而使硬法得以更好地适用。[③]同时，William Park认为可以通过行业组织和仲裁机构出台的程序软法来解决国际仲裁中仲裁员的利益冲突问题。[④]James Ng将关于仲裁员利益冲突的软法进行比较研究，总结了实践中仲

---

① See Gabrielle Kaufmann-Kohler, "Soft Law in International Arbitration: Codification and Normativity", 1 (2) *Journal of International Dispute Settlement* 283-299 (2010).

② See Alexis Mourre, "Soft Law as a Condition for the Development of Trust in International Arbitration", 13 (51) *Revista Brasileira de Arbitragem* 82–98 (2016).

③ See William W. Park, "Soft Law and Transnational Standards in Arbitration: The Challenge of Res Judicata", 52 *Contemporary Issues in International Arbitration* 17-26 (2017).

④ See William W. Park, *Rules and Reliability:* "How Arbitrators Decide Cases, in The Roles of Psychology in International Arbitration", 3 *Kluwer Arbitration Series* 17-38 (2017).

裁员违反职业道德责任的异议标准，并讨论了仲裁员因为违反职业道德责任而免职的情况。①

5. 对仲裁员职业道德责任制度的全球治理有较新的见解。

国际仲裁中，仲裁员的职业道德责任问题是一个全球性的问题，这主要取决于国际仲裁员本身的特点和所承办案件的性质，不少外国学者、学术机构、行业组织主张通过全球治理的方式来对国际仲裁员的职业道德进行规范，加强各国仲裁机构的交流与合作，促进国际仲裁行业进一步协同发展。Mohamed Sweify指出，在第三方资助仲裁中，仲裁员应当警惕案件中的预估值以及价值反映的真实性，仲裁员在第三方资助中很难避免以自我为中心的偏见，依赖第三方出资人的评估可能会引发对仲裁员职业道德的担忧。②Michael Schneider认为，仲裁员扮演了两种角色，分别是公正的裁判员和纠纷的解决者，来自英美法系国家的仲裁员更加偏向于扮演裁判员的角色，而来自大陆法系国家的仲裁员则偏向于扮演纠纷解决者的角色。随着两大法系不断相互借鉴学习，仲裁员的角色也应当随之改变。③

另外，Alexis Mourre认为国际仲裁员组成了国际仲裁共同体，群体成员之间联系紧密，因此更加应该提升仲裁员的职业道德水平和增加仲裁员的透明度，增强仲裁员相关信息的披露可能会导致更多无意义的当

---

① See James Ng, “When the Arbitrator Creates the Conflict: Understanding Arbitrator Ethics through the IBA Guidelines on Conflict of Interest and Published Challenges”, 2 (1) *McGill Journal of Dispute Resolution* 23-42 (2015).

② Mohamed Sweify, “Against Disclosure”, 31(3) *Southern California Interdisciplinary Law Journal* 536 (2022).

③ See Michael E. Schneider, “The Uncertain Future of the Interactive Arbitrator: Proposals, Good Intentions and the Effect of Conflicting Views on the Role of the Arbitrator”, in *The Evolution and Future of International Arbitration,* eds. Stavros L. Brekoulakis, Julian D.M. Lew & Loukas A. Mistelis (Alphen aan den Rijn: Kluwer Law International, 2016), pp. 378-392.

事人申诉，但仲裁机构可以采取积极的措施阻止或惩罚滥用申请披露信息权的当事人。[①]Ralf Michaels认为仲裁员在国际社会中扮演着多重的角色：法律专家、企业家、学者、理论家、法哲学家、梦想家，仲裁员应当有别于法官和调解员，坚持仲裁的自治理论，这样才能使仲裁成为一个可持续发展的行业。[②]Catherine Rogers认为在仲裁员的利益冲突方面，美国的职业道德规则更加广泛和详细，而欧洲和其他法域的规定则更为灵活，自由裁量的余地更大，有意义的职业道德规则是维持仲裁独立性、正当性和高效性的关键因素。[③]

三、仲裁员违反职业道德责任问题的研究范围和思路

（一）研究范围

首先，本书的研究立足于国内商事仲裁、国际商事仲裁和国际投资仲裁的实践，对其中出现的仲裁员违反职业道德所产生的相关责任问题进行探讨。为论述方便，本书所指的"国际仲裁"是指"国际商事仲裁和国际投资仲裁"，而非国际公法上的国际仲裁。[④]此外，本书所讨论

① See Alexis Mourre, "Conflicts Disclosures: The IBA Guidelines and Beyond", in *The Evolution and Future of International Arbitration*, eds. Stavros L. Brekoulakis, Julian D.M. Lew, Loukas A. Mistelis (Alphen aan den Rijn: Kluwer Law International, 2016), pp. 357-364.

② See Ralf Michaels, "Roles and Role Perceptions of International Arbitrators", in *International Arbitration and Global Governance: Contending Theories and Evidence*, eds. Walter Mattli, Thomas Dietz (Oxford: Oxford University Press, 2014), pp. 47-73.

③ See Catherine A. Rogers, "Guerrilla Tactics and Ethical Regulation", in *Guerrilla Tactics in International Arbitration*, eds. Günther J. Horvath, Stephan Wilske (Alphen aan den Rijn: Kluwer Law International, 2013), pp. 313-340.

④ 本书所称的"国际仲裁"与国际公法中的国际仲裁并非同一概念。依据仲裁制度适用领域的不同，有学者将仲裁分为三种：国际仲裁、国内仲裁、国际商事仲裁。国际仲裁主要是指国家间因为公法上的争端提请第三方解决的仲裁，属于国际公法部门研究的范围。参见韩德培主编《国际私法》，高等教育出版社2014年版，第549页。

的仲裁员仅指机构仲裁（institutional arbitration）中的仲裁员，不包括临时仲裁（Ad hoc arbitration）中的仲裁员。

其次，本书主要围绕仲裁员职业道德的概念、仲裁员职业道德所包含的事项与内容，仲裁员违反职业道德后应当承担的职业道德责任、如何追究仲裁员职业道德责任等相关问题依次展开阐释与研究。相较于国内已有的研究成果，本书更加注重对仲裁员职业道德这一基础概念的追本溯源，就逻辑而言，首先应当明确何为“仲裁员的职业道德”，方能对“仲裁员的职业道德责任”进行界定，继而考察如仲裁员违反职业道德的责任追究制度。对这几个问题按顺序展开论述的主要目的在于避免先入为主地框定仲裁员的职业道德责任，而是从理论源头开始分析基础概念，继而确定仲裁员职业道德所包含的具体内容[①]，实现论证的逻辑自洽，增强论述说服力。不少国内作者在论述仲裁员责任时直接将仲裁员的责任分为民事责任、刑事责任和职业道德责任或纪律责任，但往往忽略了阐述为何如此分类、如此分类是否合理、仲裁员职业道德责任与其他责任之间是否存在重叠、职业道德和纪律有何不同等问题，从而忽略对根源性问题的探讨。因此，本书的整体结构呈现递进的趋势，从仲裁和仲裁员的定位开始，到仲裁员职业道德的界定，再到仲裁员职业道德责任的区分，最后方落脚于仲裁员职业道德责任的追究。

再次，本书采用了跨学科分析方法，主要结合了社会学、伦理学的

① 这里需要特别说明，本书所称“仲裁员职业道德的事项与内容”是指国内立法、仲裁机构规则、仲裁员守则、行业性规则等规范性文件所规定与仲裁员职业道德相关的事项与内容，是通过对规范性文件的实然性考察，整理、统计的基础性、事实性事项和内容规定，作为分析的前提和论据；而“仲裁员职业道德所包含的具体内容”是指，通过结合仲裁员职业道德相关理论，并在综合考察分析规范性文件规定的基础上，归纳总结的应然性层面的仲裁员职业道德，作为本书提出的观点和结论。

相关研究成果。由于“职业道德”一词涉及对“道德”这一上位概念的讨论，仅仅运用法学的知识并不足以深入阐述问题。而且“职业道德”一词在伦理学传统观念上具有“模糊性”的特征，“职业道德规则”在实践中往往难以操作，而这与法律法规的相对“确定性”产生了矛盾。因此，本书力求将法学和社会学、伦理学的知识相结合，通过对国内立法、仲裁规则、仲裁员守则、仲裁协会规则的分析，重点阐释仲裁员的职业道德规则化，使“职业道德”一词的内涵更加清晰明确，使仲裁员的“职业道德规则”更具实操性。本书的研究不仅保持问题意识，而且更加强调法律问题意识，对社会学、伦理学的研究主要是为了解决法律问题。

最后，本书的研究对象主要集中在20余个国家和地区的法律法规、80余份仲裁机构、行业组织制定的关于仲裁员职业道德的规范性文件以及73份我国法官因仲裁员职业道德问题作出的裁判文书。但由于仲裁案件的保密性，未能对相关国家、机构的所有有关仲裁员职业道德责任的案例进行收集，本书不可避免地有所遗漏，论证的效果也将有所减损。因此，本书尽量避免引用第三方转述的材料，对官方公布的规则进行比较分析，以保证论述的真实性和论证的有效性。

（二）研究思路

本书分为三大部分，一是仲裁员职业道德的界定，包括仲裁员职业道德界定的理论考察和仲裁员职业道德规则的现实考察；二是仲裁员职业道德责任的界定与追究，包括结合第一部分中对仲裁员职业道德的界定阐明仲裁员职业道德责任的具体内涵，并对仲裁员职业道德责任追究制度进行设计；三是我国仲裁员职业道德制度的构建，包括对我国目前仲裁员职业道德制度现状的分析及提出相应的完善建议。

本书行文思路如下图所示：

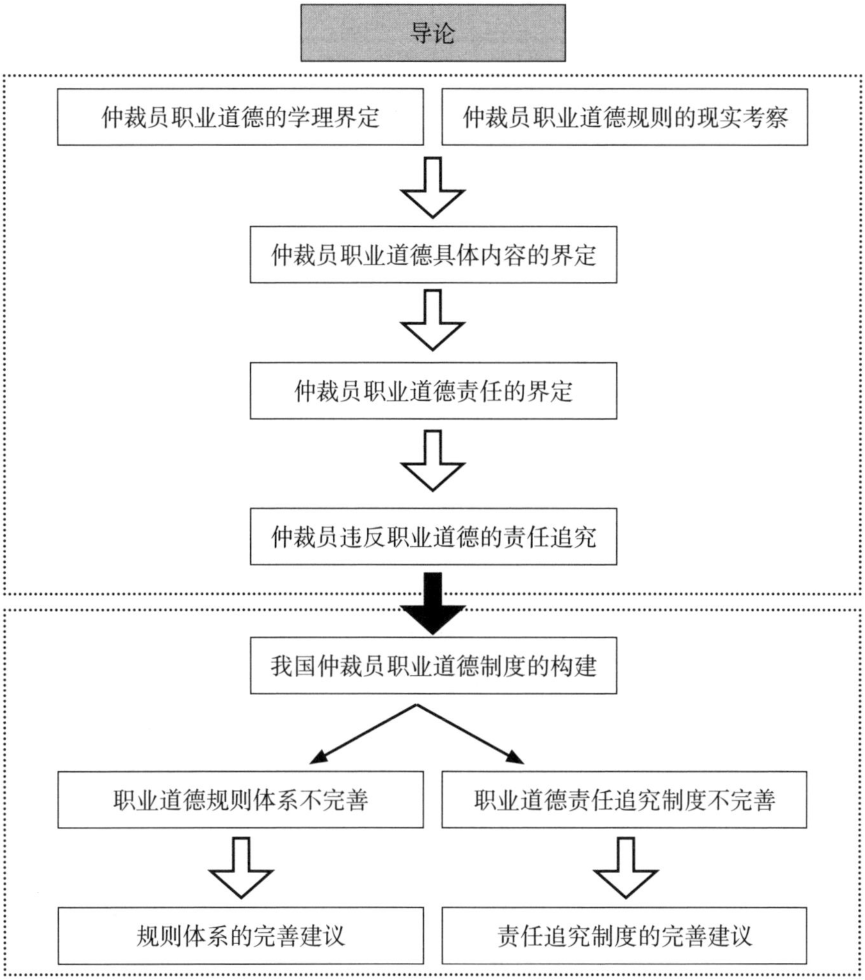

导论

仲裁员职业道德的学理界定

仲裁员职业道德规则的现实考察

仲裁员职业道德具体内容的界定

仲裁员职业道德责任的界定

仲裁员违反职业道德的责任追究

我国仲裁员职业道德制度的构建

职业道德规则体系不完善

职业道德责任追究制度不完善

规则体系的完善建议

责任追究制度的完善建议

图0.1　研究思路图

四、仲裁员违反职业道德责任问题的研究方法

（一）比较分析方法

具体到仲裁员违反职业道德责任问题上，比较分析方法主要包含两层意思：其一，指将关于仲裁员职业道德的国内立法进行比较研究；其二，将中外仲裁机构制定的仲裁规则、仲裁员守则进行比较研究。于此意义上，本书所考察的资料共涉及20余个国家和地区，以及80余家仲裁

机构和行业协会，具体包括26个国家和地区关于仲裁员职业道德的国内立法、17份境外仲裁机构制定的仲裁规则、9份境外仲裁机构制定的仲裁员职业道德守则、17份中国大陆仲裁机构制定的仲裁规则、55份中国大陆仲裁机构制定的仲裁员职业道德守则。这些比较研究的资料来源于20余个国家和地区，既考虑到国家和地区分布的广泛性，也考虑到不同法系之间的代表性。通过统计分析，总结出国内立法、仲裁机构规则对仲裁员职业道德规则设计的惯例及规律，从而将涉及仲裁员职业道德的事项与内容进行统计。另外，针对国内外有关仲裁员职业道德规则的具体条文进行比较分析和评价，对每一项仲裁员职业道德的事项与内容进行文义解释，排除不属于仲裁员职业道德具体内容的事项。

（二）跨学科分析方法

本书题为“仲裁员职业道德责任制度研究”，其中涉及对“伦理”“道德”“职业道德”“道德责任”“职业道德责任”“法律职业”“法律职业道德”等伦理学、社会学概念的讨论，伦理学、社会学的相关知识对于深入探讨仲裁员违反职业道德引起的责任问题起着关键的作用，特别是伦理与道德的区分、道德与职业道德的区分、法律职业道德的内涵、仲裁员职业道德责任的界定等问题，需要结合伦理学、社会学的知识进行回答，进而为法学问题的探讨提供理论基础。

（三）实证分析方法

实证分析方法主要是收集及分析仲裁员职业道德责任方面的典型案例，结合真实案例分析仲裁员违反职业道德在我国司法实践中遇到的实际问题。本书收集整理了我国从2011年至2019年、共73份申请撤销仲裁裁决的裁判文书，对法官引用法律条文、仲裁规则、仲裁员守则的情况，仲裁员是否存在利害关系的判断，法官在裁决书中说理是否充分等情况进行了统计分析；探索目前我国司法机关在认定仲裁员是否违反职业道德问题上存在的不足之处，为后文提供相应的完善建议提供现实依据。

第一章

仲裁员职业道德的基本内涵

仲裁理论界和实务界对仲裁员职业道德（arbitrators' professional ethics）的界定并没有统一的认识。本章首先区分了与仲裁员职业道德相关的几个概念，随后从理论依据和现实依据两个方面论证本书对仲裁员职业道德的界定，为下文界定仲裁员职业道德的具体内容提供理论分析基础。

第一节　相关概念的区分

要探讨仲裁员违反职业道德责任问题，首先应当认识到仲裁员职业道德是什么，而对于仲裁员职业道德一词的理解则要追根溯源地从道德、职业道德等基本概念开始分析。本节主要采取文义分析的方式，分别对“伦理”“道德”“职业道德”“法律职业道德”“职业道德规则”“行业纪律”“法律规则”等概念进行区分，确定“仲裁员职业道德”一词使用的合理性，从而为下文展开对“仲裁员职业道德”概念的界定提供分析依据。

一、伦理与道德

国内不少学者在讨论法律职业道德时，时常会使用“职业伦理”一词，而有的学者也会使用“职业道德”一词。因此，“伦理”和“道德”是本书首先需要厘清和界定的基本概念。

在不同历史时期，许多思想家及各种理论流派对伦理、道德、法律都有各自的理论认识，却几乎从来无法获得一致的看法和意见。无论是伦理、道德，还是法律，对它们下定义都关乎对它们本质的认识，即它们要求我们做什么还是不做什么，以及我们将如何做，如果我们能够给伦理、道德和法律下一个大家都普遍接受的定义，无疑是有益的，但这是不可能的，因为任何一个定义都会出力不讨好，会受到人们的质疑与批判。[①]

虽然不能对道德或伦理作出准确定义，但我们可以从词源上考察这两个词的内涵。在中国，“伦理”与“道德”的词源涵义有所不同，“伦”泛指人与人、人与社会、人与自然之间的关系，“理”泛指道理、条理、事理、秩序、情理等。伦理就是存在于人与人、人与社会、人与自然之间的条理、秩序、情理。而在西方，“伦理”一词源于古希腊语“ēthikós (ἠθικός)”，之后拉丁文将其表述为“ethica”，对应的就是英文中的“ethics”，意思是品性与气禀以及风俗与习惯。“道德”源于拉丁文“mōrālis”，英文对应的单词是“moral”，意思是品性与习风。

在西方，伦理与道德的词源含义相同，都是指外在的风俗、习惯以及内在的品性、品德，总的来说是指人们的行为规范。[②]伦理与道德是两个互相联系又有区别的概念。伦理学研究的就是道德问题，当表示规范、理论、秩序的时候，大多使用“伦理”一词，当对具体个体或一类现象进行描述时则倾向于使用“道德”一词。不过在大多数情况下，道德与伦理是被作为同义词来使用的，其差别只是形式和工具上的差别，就其本质内涵而言并无实质的差别。因此可以这样理解，在论述法律职业伦理学科基本理论部分的时候，多使用“伦理”一词；而具体到行业伦理方面，为了和司法实践保持一致，则更多使用“道德”一词。[③]

---

① 范进学：《法律与道德》，北京大学出版社，上海交通大学出版社2012年版，第1页。

② 石文龙：《法伦理学（第二版）》，中国法制出版社2011年版，第4页。

③ 参见李本森主编《法律职业伦理》，北京大学出版社2005年版，第4页。

二、职业道德与法律职业道德

（一）职业

职业，是指人们在社会生活中从事的专门业务和工作，以及对社会大众承担的特定职责。在社会学理论中，对于职业至少存在七种定义方式（在某种程度上也可以认为是七个阶段）：第一，帕森斯早期分析重视的是职业行为受规范预期支配的方式；第二，主要来源于休斯的研究，拒绝将职业视为一种特殊的行业类型；第三，源自将职业看成是一种各种行业达到的地位的观念；第四，致力于在特质识别与一种融贯的分析性概念的建构之间谋求妥协；第五，注重的是能够用来控制资本主义社会服务市场的手段；第六，将研究目标明确定位为研究特定行业人群的特殊实践；第七，一个行业群体发展出特定的自我认知，并使得局外人接受这种自我形象，由此它在互动中“实现职业”（accomplished profession）。①

（二）职业道德

职业道德则是指具有一定职业身份、从事特定职业的群体，在进行职业活动时所应当遵守的行为规范及内心需具备的品格品质。②职业道德属于专业伦理学或应用伦理学的范畴，不同的职业有各自不同的职业道德，恩格斯说：“实际上，每一个阶级，甚至每一个行业，都各有各的道德。”③职业道德一般蕴含三个层次，即职业道德意识、职业道德行为和职业道德规则。职业道德意识指的是职业者的职业道德心理和职

① 参见［英］罗杰·科特威尔：《法律社会学导论》，彭小龙译，中国政法大学出版社2015年版，第180—183页。

② 在中文的语境下，人们常说“某人有职业道德”或者“某人遵守职业道德”，其真实含义是“某人切实履行了职业道德义务”或“某人遵守了职业道德规则”。因此，为避免歧义，在下文的论述中，笔者将在必要的时候在“仲裁员的职业道德”一词之后加入“（义务）”，即“仲裁员的职业道德（义务）”，以表示仲裁员应当履行的职业道德义务或应当遵守的职业道德。

③ ［德］弗里德里希·恩格斯：《路德维希·费尔巴哈和德国古典哲学的终结》，中共中央马克思、恩格斯、列宁、斯大林著作编译局译，人民出版社1997年版，第32页。

业道德思想，是对于职业道德要求的基本认识。而职业道德行为是职业道德意识在职业人在执行行为中的外在表现。

现代社会学创始人埃米尔·涂尔干（Émile Durkheim）认为，一个健康的社会同时也是公正的，因为在这一社会中社会分工的程度、促进团结的价值观与机构之间的关系是平衡的。[①]职业是职业道德的承载者，作为一种非常重要的规范结构，职业道德可以消除国家制定的法律与社会生活的实际情况之间的隔阂。因此，他认为要建立一种能够确保和表征有机团结的切实可行的规范调整体系，职业道德就必须延伸至所有的其他生活领域，其中尤其要延伸至商业生活领域。[②]奥地利法学家尤根·埃利希（Jurgen Ehrlich）认为职业道德属于社会法，主要是通过遵循规则的传统和长期的适用，逐步培养职业成员遵守规则的意识，最终在团体以及团体成员的共同生活中产生社会强制和经济的强制，他们的契约义务和职业义务，并不是因为他们担心强制执行，而是因为他们不想失去其职位。[③]同时，也有学者表示，一般的社会道德过于笼统，不能成为职业道德的唯一基础，因为一般社会道德适用于任何地方的任何人，但职业道德必须针对具体的职业情形，职业道德必须明确职业者应当做什么，这是区分彼职业和此职业责任的关键。[④]

具体而言，职业道德具有四大特征：第一，在内容上，职业道德具有鲜明的职业责任特性，以及适用职业行为上的道德准则，着重反映

---

① 参见［德］托马斯·莱塞尔：《法社会学导论》，高旭军等译，上海人民出版社2011年版，第64页。

② 参见［英］罗杰·科特威尔：《法律社会学导论》，彭小龙译，中国政法大学出版社2015年版，第86页。

③ 参见［德］托马斯·莱塞尔：《法社会学导论》，高旭军等译，上海人民出版社2011年版，第68—69页。

④ See Alan Tapper & Stephan Millett, “Revisiting the Concept of a Profession”, in *Conscience, Leadership and the Problem of “Dirty Hands”* 2, eds. Matthew Beard & Sandra Lynch (Bingley: Emerald Group Publishing Limited, 2015).

某一职业的特殊利益和要求。第二，在形式上，职业道德具有具体、灵活、多样的特征，通过守则、纪律、制度、公约、保证、条例等形式表现出来。第三，在调整范围上，职业道德主要是为了约束本职业的从业人员，主要调整从业人员之间的内部关系和从业人员同服务对象之间的关系。第四，在功效上，职业道德一方面使一定的社会道德原则和规范“职业化”，另一方面又使个人道德品质“成熟化”。[①]

（三）法律职业道德

法律职业道德，是指具有法律人身份及从事法律职业的特定群体，在从事相关法律职业活动时所应当遵循的职业道德操守准则及内心需具备的品格品质。具体而言，是指法官、检察官、律师、公证员、仲裁员等法律职业者在执业活动中以及与之相关的社会生活中应当遵守的行为规范和品质要求的总和。法律职业道德是社会伦理体系的重要组成部分，是一般的社会道德在法律职业领域中的逻辑延伸，体现了法律职业者在社会中的特殊地位及身份状态。

在各国法治化不断推进的时代背景下，法律职业必然需要一种建构性进路，以规范的方式，对职业道德规则本身的价值赋予中立化以及客观化的内涵，为道德困境提供可操作性的行动指引，使概念宽泛的职业道德得以明确，形成规则体系，在法治实践中得以适用。法律职业道德是一种基于角色和身份的职业道德（Role-based-ethics），现代法律职业道德产生的实质意义在于调整法律人个体道德的不稳定状态。在很多时候，法律职业道德成为指引法律人如何在职业行为与大众道德产生冲突时处理道德困境的一种技术规范。[②]

有学者认为，法律职业道德应当理解为，法律职业者在从事法律职业过程中行为处事（包括处理自身与其他法律职业者之间的职业关系）

---

① 参见范龙堂主编：《法律与道德教程》，武汉理工大学出版社2003年版，第308—309页。

② 李学尧：《非道德性：现代法律职业伦理的困境》，《中国法学》2010年第1期，第30页。

的善恶标准。[①]法律职业者互相之间组成了法律职业共同体，法律职业道德的传承是法律职业共同体的重要特征。[②]法律职业共同体也应当是一个典型的“道德共同体”，它的天职就是追求社会公正。因此，它理应以实现这一价值目标作为自己最神圣的使命，并应力求法律职业者个人的善、共同体的自身的善与社会的普遍性的至善获得统一。[③]

法律职业共同体由于具有一致的法律知识背景、职业训练方法、思维习惯以及职业利益，从而使得群体成员在思想上结合起来，形成其特有的职业思维模式、推理方式及辨析技术，通过共同的法律话语（进而形成法律文化）使他们彼此间得以沟通，通过共享共同体的意义和规范，成员间在职业伦理准则上达成共识。尽管由于个体成员在人格、价值观方面各不相同，但通过对法律事业和法治目标的认同、参与、投入，这一群体成员终因目标、精神与情感的连带而形成法律事业共同体。[④]法律职业生存于一个由法律与道德交织而成的世界中，民众对法律职业的尊重主要来自对于法律职业道德客观性的尊重。社会能允许法律有漏洞、但不能容忍法律人的不公正。[⑤]

总的说来，法律是规范社会行为、惩恶扬善的终极手段，也是最有约束力的保障，因此，法律职业道德和其他职业道德相比具有更强的象征意义和感召作用。作为法律的具体实施者、执行者、裁判者，法律从业人员所应具有的道德品行必然高于其他职业的道德要求，这是由法律

① 参见刘晓兵：《法律职业伦理及其实现意义》，载刘晓兵、程滔主编《法律人的职业伦理底线》，中国政法大学出版社2017年版，第1页。

② ［美］伯尔曼：《法律与革命》，贺卫方等译，中国大百科全书出版社1993年版，第43页。

③ 唐永春：《法律职业伦理的几个基本问题》，《求是学刊》2003年第5期，第81页。

④ 张文显、卢学英：《法律职业共同体引论》，《法治与社会发展》2002年第6期，第20页。

⑤ 张燕：《论法律职业伦理道德责任的价值基础》，《法学》2018年第1期。

职业的特殊性和特殊的社会作用所决定的。①

在法律的逻辑品质背后，隐含着法律的道德品质，而逻辑品质之所以能够转化为逻辑力量，正在于其秉有道义力量。②在规定道德义务和责任的同时，法律职业道德规则也提供了对法律职业共同体行为进行评判的一般准则。也就是说，当法律职业行为合乎伦理道德规则，就被评判为“对”或“正当”，得到共同体成员的肯定和鼓励；当法律职业行为偏离职业伦理道德规则的要求，就被评判为“错”或“不当”，通过外在的舆论谴责和法律职业行动者自身的良心谴责，构成一种对法律职业共同体成员的约束机制。③因此，法律职业道德不仅仅是单纯的伦理道德问题，更为重要的是法律问题，制定法律职业道德规则的主要目的就是要保障法律的有效实施。

（四）本书选择使用“法律职业道德”一词的理由

如上文所述，不少国内学者并不严格区分“法律职业道德”和“法律职业伦理”两个词。“法律职业道德”和“法律职业伦理”，他们认为，两个概念主要表达的均是“法律职业者在从事法律职业过程中所应当具备或遵循的符合法律职业要求的心理意识及行为规范的总和”。而有的学者认为“法律职业道德”和“法律职业伦理”是两个不同的概念，他们认为，“法律职业道德”更加侧重操作性，“法律职业伦理”则更加侧重理论性。④也有学者认为，道德与伦理是部分与整体的关系，道德是部分，其涵义是人际行为应该如何的规范；伦理是整体，其

---

① 冷罗生主编《法律职业伦理》，北京师范大学出版社2014年版，第35页。

② 廖奕：《法律职业道德实训教程——高境界法律人才培养示范》，武汉大学出版社2009年版，第51页。

③ 王申：《法律职业伦理规范建设必须回应新时代的道德需求》，《南京社会科学》2019年第1期，第100页。

④ 李本森：《关于法律职业伦理若干基本范畴的探讨》，载许身健主编《法律职业伦理论丛》，知识产权出版社2013年版，第39页。

涵义除指人际行为应该如何规范，还包括人际行为事实如何的规律。作为规范，伦理具有普遍性；作为非强制地调节社会性关系的规范，道德具有独特性。[①]

从本质上看，“法律职业伦理”与“法律职业道德”是存在差别的。第一，“法律职业伦理”的内涵范围更大，不仅包括法律职业观念、法律职业态度、法律职业作风等，强调的是法律人与他人、社会、自然之间的关系。而“法律职业道德”则偏重于对法律人的执业行为的基本要求以及对其从事法律职业内心品格品质的要求，在针对仲裁员这一特定法律职业共同体而言，选择使用“法律职业道德”可以避免研究的外延扩张得过大过宽。还有学者指出，“法律职业道德”还专指狭义上的“法律伦理学”，主要研究法律职业伦理的一般原理及其发展的一般规律，以及法律职业人员在履行职责过程中具体的职业道德问题和法律职业责任问题。而“法律伦理学”研究的范围比法律职业道德宽泛得多，它不仅研究法律运行过程（包括立法、司法、执法、守法以及法律监督诸环节）中的伦理道德问题，同时也研究法律现象中法律职业人员的法律伦理道德问题。[②]

第二，就我国目前法律职业的相关立法实践来看，“职业道德”一词是我国司法行政机关和行业协会在制定法律职业行为规范时普遍使用的词语。例如：最高人民法院于2010年12月6日发布的《中华人民共和国法官职业道德基本准则》、最高人民检察院于2009年9月3日发布的《中华人民共和国检察官职业道德基本准则（试行）》、中国公证协会于2011年1月6日发布的《公证员职业道德基本准则》、司法部于1993年12月27日发布的《律师职业道德和执业纪律规范》，均使用了“职业道德”一词。

① 石文龙：《法伦理学（第二版）》，中国法制出版社2011年版，第5页。

② 参见刘正浩、胡克培主编《法律伦理学》，北京大学出版社2010年版，第3—4页。

综上所述，本书选择使用“法律职业道德”的表述方式，具体到仲裁员职业领域则使用“仲裁员职业道德”的表述方式。

（五）相关词语的英文翻译问题

“法律职业道德”一词应当如何翻译成英文是展开研究需要明确的基础性问题。目前我国学者将其翻译为“legal ethics”“legal professional ethics”和“legal morality”。根据韦氏词典的解释，“ethics”和“morality”有两点不同：第一，“ethics”适用于某一特定范围内正确的行为方式，而“morality”更倾向于某人判断正误的特殊价值观；第二，“ethics”倾向于指向普遍公平及行为责任方面的问题，而“morality”通常意味着是主观偏好的要素之一。①

在英文语境下，“ethics”一词本身主要指的是个人的道德，若要表达“职业道德”，则需要在“ethics”之前加上“professional”，即“professional ethics”。另外，通过查阅大量相关资料，笔者发现外国学者通常不会使用“professional morality”来表示“职业道德”。

在表达“职业道德规则”时，一般使用的词语是“ethical rules of the profession”“rules of professional ethics”或者“professional ethical rules”。“法律职业道德”常见的表达是“legal professional ethics”，也有学者表达为“legal ethics”②，还有学者表达为“professional legal ethics”③。“法律职业道德规则”一般表达为“rules of legal professional ethics”或者“ethics rules of legal profession”。“某法律职业道德义务”则一般表达为“法律职业名词复数形式+’+professional ethical obligations or duties”，例如：“lawyers' professional ethical obligations

---

① See https://www.merriam-webster.com/, visited on 30th November 2022.

② See Stephen Gillers,“Twenty Years of Legal Ethics: Past, Present and, Future”, 20 *Georgetown Journal of Legal Ethics* (2006).

③ See Maya G. Bolocan ed., *Professional Legal Ethics: A Comparative Perspective* 1 (Chicago: American Bar Association, 2002).

or duties” “judges’ professional ethical obligations or duties” “arbitrators’ professional ethical obligations or duties”。“某法律职业道德责任”则表达为“法律职业名词复数形式+’+professional ethical liability”，例如：“lawyers’ professional ethical liability” “judges’ professional ethical liability” “arbitrators’ professional ethical liability”。

需要特别说明的是，此处的“职业道德义务”是指职业者必须实施的、为或不为一定职业行为的必要尺度，中文里与“职业道德义务”搭配的动词通常是“履行”（“履行职业道德义务”可以翻译为“perform or fulfill professional ethical obligations”）。而此处的“责任”是指职业者由于违反法律法规、行业规则而应承受的某种不利后果，针对的是职业者违反具体职业道德义务后该如何惩处、如何苛加责任、如何进行负面评价的问题，中文里与“职业道德责任”搭配的动词是“承担”（“承担职业道德责任”可以翻译为“assume or bear or undertake professional ethical liability”）。因此，本书名“仲裁员违反职业道德责任问题研究”对应的英文翻译是“A Study on the Liability Issue of Violation against Arbitrators’ Professional Ethics”，意味着本书研究的落脚点在回答仲裁员违反职业道德之后所应当承担什么样的责任问题，而非仅仅研究仲裁员职业道德的内涵或仲裁员应当履行的义务。

综上所述，为避免翻译引起歧义，本书中“法律职业”对应的英文词组是“legal profession”，“职业道德”对应的英文词组是“professional ethics”，“职业道德规则”对应的英文词组是“professional ethical rules”，“仲裁员职业道德”对应的英文词组是“arbitrators’ professional ethics”，“仲裁员职业道德规则”对应的英文词组是“arbitrators’ professional ethical rules”，“仲裁员职业道德义务”对应的英文词组是“arbitrators’ professional ethical obligations”，“仲裁员职业道德责任”对应的英文词组是“arbitrators’ professional ethical liability”。

三、职业道德规则与行业纪律

职业道德规则与行业纪律同属于职业道德的范畴，与职业道德原则共同组成职业道德规则体系。具体而言，职业道德原则规定的是职业者应当遵守的一般性原则和准则，通常以较为抽象的词语进行表述，诸如公平、公正、独立等。而行业纪律是指行为人在从事某一行业时所需遵守的行业规章规则，重点在于规范特定职业行为人在进行具体的履行职业职责、完成职业任务及做出职业行为时的技术性操作及程序性事项，不直接涉及职业者本身的道德品质评价，只是单纯的实操性、技术性、步骤性规则。以仲裁为例，仲裁中的仲裁庭组成、证据的提交、文书送达、答辩程序、审理方式、参加行业活动等规定属于仲裁行业纪律，对仲裁员如何顺利开展仲裁程序作出较为明确具体的技术性指引和规范。行业纪律并不太关注职业行为人内心的操守和品质，而更关乎与该职业的行业性质、业务特点和程序步骤等相关的客观性事务。通常情况下，行业纪律一般由国内或国际行业组织、学术团体、非政府组织等实体以规范性文件的形式发布，属于行业自治规则，在性质上不具有通常意义上的法律强制性，发挥着供当事人选择适用及指导相关主体行为的功能。

相较于行业纪律，职业道德规则更注重对职业者的道德素养和品格品质的规范、约束及警示，其中包含了对职业者在履行职责过程中的价值评价和选择，涉及职业者内在与外在的道德理念和价值观，并通过规则的形式表现出来。以仲裁为例，譬如仲裁员须在仲裁程序中保持独立性和公正性、仲裁员应当保守秘密、仲裁员应当避免不必要的拖延等。职业道德规则既是职业者在执业过程中应当遵守的行为规范，也是执业者应当时刻警醒的内心职业道德品质的要求。

四、职业道德规则与法律规则

道德与法律的关系是法学和伦理学发展史上一个经久不衰的话题。道德与法律作为社会规范手段，有着共同的目标，都为维护国家统治或公民的利益服务。分离说和融合说作为对待法律和道德关系的两种基本主张，对世界各国的治国方略、思维方式、生活模式都产生了深远影响。

西方资产阶级法哲学中既有持道德与法律融合的观点，又有主张二者分离之说，还有试图折中这种二元对立的综合倾向。譬如，自然法哲学学派主张道德和法律的一致和统一，纯粹法学派则割断了法律与道德的联系，功利主义学说作为上述两种学说的过渡，主张道德和法律的共生与并存。中国古代也存在关于道德和法律关系的辩论，从总体上呈现“德法合治——法治——德法合治”的基本线索。中西方思想史上形成的分离说与融合说都有其合理性，但也存在局限性。在现实社会中，道德与法律之间存在着互动的态势，即各自作为独立的社会规范存在，又呈现出道德法律化和法律道德化的发展趋势。[①]美国法学家罗斯科·庞德（Roscoe Pound）表示，使法律和道德趋同的努力——以法律规范覆盖道德领域，并使既存规范吻合一个合理的道德体系的要求——造就了近代法律。[②]

职业道德是道德法律化的典型代表，职业道德作为一种特殊的意识形态在社会治理体系中具有较强的规范性，亦即通过对具体职业设置行为规范从而塑造职业共同体的基本操守与价值取向。它要求每一个从事正当职业的人在职业活动中“应当怎样做”和“不应当怎样做”，而且每个人对企业、人民、社会及国家都负有相应的义务与职责。职业道德天然就具有一定的法律性和规范性，其中不仅包括对职业者内心道德品

---

① 参见李建华等：《法律伦理学》，湖南人民出版社2006年版，第25—59页。

② ［美］罗斯科·庞德：《法律与道德》，陈林林译，中国政法大学出版社2003年版，第45页。

质的要求，也指向职业者的具体执业行为。也就是说，要使职业道德的主体在面对法定职业义务时，没有选择是否履行这些义务的权利，只有必须接受、必须履行这些义务的义务。[①]当职业道德被规则制定者（立法机关或行业组织机构）通过规范性文件的形式确定下来后，即成为职业道德规则，而此种道德规则也不再单纯约束职业者的内心品质，更多地要求职业者按照规范行事，通过遵守规范，来体现其遵守职业道德的要求。

也可以说，职业道德在以规范性文件的形式实现规则化之后，即成为具有一定约束力和强制力的广义上的法律规则。规则化后的职业道德对职业者起到更强、更具体的规范作用，能更加有效地促使职业者信奉、尊崇及践行职业道德，并在职业道德的范围内做出职业行为及进行职业活动，增强了职业者对职业道德的敬畏感，提升了职业者的社会责任感。其中最主要的原因是，一旦职业者违背了职业道德，触犯了职业道德规则中的禁止性规定，就将受到职业共同体的负面评价，并会被处以相应的惩戒惩罚措施，以及承担职业道德责任，甚至法律责任。

因此，职业道德问题完整的逻辑链条是：职业者拥有职业道德观念—规则制定者制定初步的规范性文件—实现职业道德规则化—进一步完善为系统的职业道德规则—职业共同体或第三方根据职业道德规则评价职业者的执业行为—违反职业道德规则的承担相应的职业道德责任，其中涉及的法律规则仅仅只是职业道德规则中的组成部分，但具有国家的强制力和较强的约束力。下文就仲裁员职业道德规则化问题展开具体论述。

---

① 陈炳水：《道德立法：社会转型期道德建设的法律保障》，《江西社会科学》2001年第1期，第138页。

第二节　仲裁员职业道德的界定

本节是本书研究的逻辑起点及展开仲裁员职业道德责任层面论述的基础，研究仲裁员违反职业道德责任问题应当首先清晰界定仲裁员职业道德的内涵。具体而言，应当从应然（仲裁员职业道德应该是怎么样的）和实然（现实中的法律、规则等对仲裁员职业道德具体是怎么规定的）两个层面出发，既要探讨仲裁员职业道德界定的理论依据，也要考察仲裁员职业道德界定的现实依据。本节最后结合理论依据和现实依据，对仲裁员职业道德这一基础概念作出界定。

一、仲裁员职业道德界定的理论依据

对于仲裁员职业道德如何界定，学者们的方法各有不同。如引言中所述，国内大多学者在对仲裁员职业道德进行界定时，通常选择的方法是参照国内立法、仲裁规则、仲裁员守则等法律规则或规范性文件，再结合仲裁员的某些职业特点或仲裁行业的特性，进而对仲裁员职业道德进行界定，而往往忽视了对仲裁员职业道德概念的追根溯源，即缺乏在理论层面对仲裁员职业道德的界定进行探究。换言之，这种界定方法只是根据法律和规则的制定现状对仲裁员职业道德概念进行界定，重在考察实然层面，而没有结合相关理论对仲裁员职业道德进行界定，即没有从应然层面深入考察仲裁员的职业道德。因此，这种界定方法存在的最大问题是，当法律或规则的制定者或起草者对仲裁员职业道德内涵的认识出现错误或偏差时，容易将某些其他法律职业道德事项不恰当地界定为仲裁员的职业道德，此时若继续根据这些不恰当的法律或规则条文界定仲裁员的职业道德则会犯下逻辑错误，采用这样的方法得出的结论是欠妥的。

在对仲裁员职业道德这一基础概念进行界定时，首先应当从相关

的理论入手，探究仲裁员职业道德的根源和本质属性，确定基础概念界定的理论依据；继而考察现行的法律和规则，全面总结归纳关于仲裁员职业道德的法律法规、行业规则及其他规范性文件，确定界定的现实依据；最后，在综合考虑理论依据和现实依据的基础上，对仲裁员的职业道德作出相对科学合理的界定。

仲裁员职业道德属于职业道德的下位概念，要对仲裁员职业道德进行准确界定则需先考察职业道德这一上位概念的理论渊源。美国著名法理学家朗・富勒主张将职业道德论建立在功能主义（Functionalism）学说的基础之上。他指出，在研究某一职业的职业道德体系时，首先要分析该职业在社会中的作用，其次要明白这个职业在社会中扮演什么角色，以及要知道该如何扮演好这个角色，最后要明白该职业应当遵守哪些限制方能使其达到最优的效果。①

朗・富勒在《法律的道德性》一书中提到，要开展一项事业并使人遵守治理规则必然要认识到，人是（或可能变成）一个负责任的行为体，能够理解和遵守规则，并对其过错承担责任。②

对于"功能主义"这一概念，美国法哲学教授劳伦斯・索伦（Lawrence Solum）作出了较为简明清晰的解释。他认为，功能主义在进化生物学中起着重要作用，当我们试图解释为什么生物具有某种特性时（例如：雄孔雀拥有漂亮的羽毛或大象拥有象鼻），我们应当注意到该特性起到的作用或发挥的功效（例如：雄孔雀漂亮的羽毛可以吸引雌孔雀，大象的象鼻可以用来进食和饮水）。在社会科学领域，社会学家通常根据行为所达到的社会功能来解释社会行为。而在法学的语境下，功能主义试图通过分析法律的功能来解释和预测法律行为，规则的功能

① See Lon L. Fuller, "The Philosophy of Codes of Ethics", 74 (5) *Electrical Engineering* 917 (1955).

② See Lon L. Fuller, *The Morality of Law* (2nd edn., New Haven: Yale University Press, 1969), p.162.

可以成为对规则内容因果解释的一部分。[①]

在比较区分仲裁员和法官、检察官、公证员、律师的职业道德时，凯瑟琳·罗杰斯教授采纳了朗·富勒功能主义学说的观点，提出了“功能理论”（the Functional Theory）。该理论的出发点是，不同的道德责任应当由不同的角色呈现，职业道德责任应当根据行为人所指向的各种人际关系进行相互的内部界定。[②]基于此，应当在限定的语境下，以某一特定角色为参照，分析“特定情形”（specific-situation）的职业道德责任。[③]换句话说，不同的法律职业所对应的职业道德也有所差别，应当根据法律职业所面向的对象或法律关系来区分各职业道德的差异与特质。

在具体分析仲裁员职业道德的内涵时，笔者遵循功能主义学说和功能理论的观点，即首先应当明确仲裁在社会中的作用，其次要明白仲裁员在社会生活中扮演了什么角色，最后确定如何确保仲裁员遵守职业道德。

首先来看仲裁在社会中的作用。尽管学者们对仲裁定义的措辞不尽相同，但均对仲裁所具有的几项基本要件达成了以下几点基本共识。第一，仲裁是基于争议方合意所形成的争议解决程序，而此合意的表现形式是争议方签订的仲裁协议。只有在争议方同意的情况下，方能将争议交付仲裁。第二，仲裁的裁决机构是非政府性质的争议解决机构，区别于法院等具有政府性质的争议解决机构或机关。仲裁是当事人意思自治的结果，具有民间性，又称非政府性或去行政性，具有私权的属性。第

① See Lawrence Solum, “Legal Theory Lexicon: Functionalist Explanation in Legal Theory”, https://lsolum.typepad.com/legaltheory/2007/06/legal_theory_le_1.html, visited on 30th November 2022.

② See Alasdair MacIntyre, “What Has Ethics To Learn From Medical Ethics?”, 9 (1) *Philosophic Exchange* 46 (1978).

③ See Catherine A. Rogers, *Ethics in International Arbitration* (Oxford: Oxford University Press, 2014), p. 275.

三，仲裁裁决是终局的，对争议方具有约束力，仅在极个别情形下可在国内法院对裁决的效力提出异议。仲裁裁决一旦做出，可对败诉方或其财产进行强制执行。第四，仲裁运用审裁程序，并为争议方提供陈述案情的机会。

因此，简言之，仲裁在社会生活中起到的作用是，提供了一种解决平等主体之间民商事争议的、具有民间性特征的争议解决方式，争议方采用这种争议解决方式是基于共同的合意，且争议裁断者应当平等地对待争议各方。

其次来看仲裁员在社会生活中扮演了什么角色。总的来说，仲裁员具有三大特点，分别是：第一，仲裁员是当事人意思自治的产物，其权力主要来自当事人之间的仲裁协议。第二，仲裁员不行使国家公权力，而是作为私主体之间解决争议的裁决人，是仲裁程序顺利进行的推动者和管理者。第三，仲裁员的选任主要由当事人或仲裁机构完成，属于特定的法律人群体，形成具有自身特色的法律职业共同体。

基于仲裁在社会中的作用和仲裁员所扮演的角色，可以从以下三点来确定仲裁员职业道德的"面向"。

第一点，仲裁员的权力来自于当事人之间签订的仲裁协议，仲裁员和当事人之间的关系应当以合同关系看待，而这也是学界普遍认可的学说，即合同关系说。仲裁员与争端方之间形成特殊的合同关系，要求仲裁员必须履行合同义务，承担因合同而产生的责任。有学者认为，仲裁员与仲裁当事人之间的法律关系是一个复合的法律关系，包含了以提供仲裁服务为标的的合同法律关系和以作出仲裁裁决为标的的身份法律关系；前者的依据是以仲裁员为一方、以双方当事人为另一方的双方当事人合意，后者的依据是法律的相关规定。仲裁员与仲裁当事人之间通过仲裁员指定程序，实现了仲裁当事人向仲裁员分配裁决权以及仲裁员与仲裁当事人之间形成仲裁服务合同。[①]基于此，仲裁员职业道德的“面向”之一是争议当事人，即仲裁员在面对争议当事人时应当遵守何种职业道德及具备何种职业品格品质。

第二点，仲裁员不行使国家公权力，是私主体之间解决争议的裁决人、公断人，是维持具体仲裁程序顺利进行的推动者和管理者，仲裁员具有特殊的法律职业身份。基于特殊的职业身份，作为民商事纠纷的裁判者和具体仲裁程序的推动者，仲裁员一旦接受当事人委任或仲裁机构指定，则具有了保障仲裁程序顺利进行及对案件作出公正裁决的身份义务。这种特殊的身份决定了仲裁员在法治社会中应当承担与其身份相对应的社会责任，其中最为关键的就是作出公正的仲裁裁决，高效地解决争议方之间的民商事纠纷，在特定领域为社会公众主持正义与公平，促使仲裁成为公众乐于选择的争议解决方式。法律职业共同体所考虑的正义和秩序关乎全社会，这项事务需要全局性的关怀。所以，共同体必须在社会整体的立场上表达自我利益，当职业共同体这样做的时候，它是作为社会中的、非单一的部门在行动。共同体目标的实现需要其他组织的参与及合作，其自由的、无约束的行动必须受到整体社会现实的限制，因而它也有着超越于自身之外的社会责任，其行动事实上构成了社会正式体制的一部分，它也具有“公共属性”或“公共身份”。[②]因此，基于这一点，仲裁员职业道德面向之二是社会大众，即仲裁员在面对社会大众时应当遵守何种职业道德及具备何种职业品格品质。

第三点，仲裁员群体构成具有自身特色的法律职业共同体，仲裁员

---

① 参见范铭超：《仲裁员与仲裁当事人法律关系模型的困境及其解决》，《北方法学》2014年第6期，第124—126页。

② 张文显、卢学英：《法律职业共同体引论》，《法制与社会发展》2002年第6期，第22页。

公正、独立、保密、专业性强、正义感强等职业名誉和特征决定着该法律职业共同体的繁荣和稳定。纵观各国仲裁界，多则几千人，少则几百人，仲裁员群体可以说是一个范围相对较小的法律人群体，而这个群体中大多为资历较深的律师、学者及各领域的专家，他们不仅具有专业的法律知识，而且在业界享有较高的地位，属于法律人中的精英群体。法律职业共同体不是现实中的“实体共同体”，而是一种不同于以血缘、地缘或宗教为纽带而形成的共同体，是一种全新的共同体形式，即它是一种意义共同体、事业共同体、解释共同体、利益共同体。[①]仲裁员彼此之间也比较容易形成交集，在全球化的背景下，甚至不同国家的仲裁员之间也时常产生交集。仲裁员职业的形象是由每一个仲裁员构成的，这就意味着仲裁员在进行仲裁时，不仅仅是仲裁员在进行个体的职业行为，而且其行为将对整个仲裁员群体产生影响，从而影响整个仲裁行业的声誉和形象。因此，基于这一点，仲裁员职业道德的面向之三是仲裁员职业共同体，即仲裁员在面对仲裁员职业共同体时应当遵守的职业道德及具备的职业品格品质。

综上所述，在对仲裁员职业道德进行界定时，根据功能主义学说和功能理论，应当着重考虑仲裁制度在社会和民众中发挥的特殊作用，即提供了一种解决平等主体之间民商事争议的、具有民间性特征的争议解决方式。同时，结合仲裁员的性质特点，仲裁员的职业道德应当具有三个面向，即争议当事人、社会大众和仲裁员法律职业共同体。因此，仲裁员职业道德可以理解为，仲裁员在执业过程中，面对争议当事人、社会大众及仲裁员法律职业共同体时，应当遵守的职业道德及具备的品格品质。

---

① 公丕潜、杜宴林：《法治中国视域下法律职业共同体的建构》，《北方论丛》2015年第6期，第145页。

二、仲裁员职业道德界定的现实依据

在考察仲裁员职业道德界定的理论依据之后，即结束了应然层面的探讨，继而开始从实然层面对仲裁员职业道德的界定进行分析。即对现有仲裁员职业道德的法律、仲裁规则、仲裁员守则、协会规则等规范性文件的具体规定进行分析，整理总结仲裁员职业道德界定的现实依据。

在上文讨论法律与道德关系问题时，谈及“道德法律化”的趋势，而在仲裁员职业道德领域，也呈现出“仲裁员职业道德法律化”“仲裁员职业道德规则化”的趋势，这一趋势正是仲裁员职业道德界定的现实依据，属于实然层面的范畴。在现实世界中，法律法规及行业规则等规范性文件对仲裁员职业道德进行了怎样的规定？换句话说，法律法规及行业规则等规范性文件将何种道德品质或义务要求作为仲裁员职业道德的事项与内容？这些是我们需要厘清的问题。因此，有必要对“仲裁员职业道德法律化”“仲裁员职业道德规则化”等概念展开辨析和论述。

美国法学家罗斯科·庞德认为，在衡平法或自然法阶段，公认的法律规范集合体不再是自给自足的，未受保障的利益以及遭到忽视的伦理习俗所施加的压力，促使道德理念从外部大量融入了法律。因而在一定时期内，道德得到了优先重视，而哲理法学家们将法律规则视为某种类型的道德准则。[①]美国法学家罗纳德·德沃金（Ronald Dworkin）在研究法伦理学问题时指出，法律和道德之间并没有一道横亘的墙，只有人为的隔绝，只有将二者紧密联结，才能共同促进社会的发展。[②]

在讨论道德和法律的关系问题时，学者提出了“道德法律化”概念，对于这一概念的定义，学界的看法并不一致。“广义的道德法律化”观点认为，道德法律化中的“道德”包括了道德理念、道德原则、

---

① ［美］罗斯科·庞德：《法律与道德》，陈林林译，商务印书馆2015年版，第85页。

② 周慧：《法律的道德之维——德沃金法伦理思想研究》，湖南师范大学出版社2011年版，第171页。

道德价值、道德规范等内容，这些“道德”转化为法律原则、法律规则过程就是道德法律化，也是法律获得其道德基础的过程。而“狭义的道德法律化”观点认为，道德法律化中的“道德”是指道德规范，道德法律化是道德规范转化为法律规范的过程，强调的是用法律手段解决道德手段无法解决的道德沦丧问题，但这个过程由于容易忽略法律和道德的不同性质，因此其转化可能导致争议。[①]

道德的规则化（法律化）理论也是德国社会学家尼克拉斯·卢曼（Niklas Luhmann）法社会学理论的主要内容，该理论以社会和法的进化理论学说为基础，即社会和法在历史进程中以不断增长的内在复杂性和功能分化性而得以发展，该理论也是现代法社会学理论，认为成文法（泛指的法律规则）的优点是非同寻常地提高法的制约作用和复杂性。[②]一般来说，只有那些涉及公共生活领域、维持社会交往秩序的、基本的、公共的道德原则与法律规则中的道德权利，才能够上升为由国家强制力保障实现的法律权利，而只有那些涉及维系社会公共领域和社会基本生活秩序的道德义务才具有上升为法律义务的必要性。在分析道德义务与法律义务的双向互动中，我们必须持历史的、发展的辩证思维。[③]强调意识形态是必要的，劝诫也是必不可少的，但是法律职业者要获得理想的地位和真正的力量，必须有权威性、公开的、具备可操作性的规范并由职业机构加以制度化。[④]

而具体到某一法律职业，仅仅依靠法律（此处指的是狭义的法律，即国家立法机关制定的具有国家强制力的法律）是无法实现对该法律职

① 参见郭忠：《法律秩序和道德秩序的相互转化——道德的法律化和法律的道德化问题研究》，中国政法大学出版社2012年版，第8—11页。

② 参见［德］托马斯·莱塞尔：《法社会学导论》，高旭军等译，上海人民出版社2011年版，第114—115页。

③ 参见刘爱龙：《立法的伦理分析》，法律出版社2008年版，第151—164页。

④ 卢学英：《法律职业共同体引论》，法律出版社2010年版，第257页。

业人的行为进行全面有效规范的。此时，需要行业组织、学术团体等非国家实体机构制定相关的行业规则和行为规范，这种行业规则和行为规范虽然不具有国家强制力，但具有一定的行业内部约束力，在名称上一般使用"规则""守则""管理办法""纪律条例"等，其中内含的具体事项即属于该法律职业者的职业道德。于是，职业道德由内心的品格品质上升为规则，实现了职业道德的"规则化"。

也有学者认为，职业道德事实上就是职业者拥有特定角色的道德，通过规则的形式予以规定，为职业者提供明确的执业行为指引和规范，当职业者在角色道德与大众道德冲突时，为职业者提供一定的保护。[①] 因此，法律职业道德规则化一般表现为国内立法和行业规则并存的局面，通过适用强制力不同的规则，对法律职业者的行为进行系统全面的规范。

随着近年来仲裁行业的蓬勃发展，仲裁员职业道德问题受到越来越多的关注，各国和仲裁机构、仲裁协会和学术组织也开始注重对仲裁员的职业道德进行规范，特别是对机构仲裁中的仲裁员的执业行为进行规范，从而形成自律和他律相结合的职业道德规则体系。Gabrielle Kaufmann-Kohler教授认为，规则化或法典化（Codification）的主要目的在于通过对现有规则的收集和整理反映目前的法律规则状况。规则化是一个将诸多规范规则组成一系列逻辑的、连贯的结构体系的过程，有时候是由国家立法机关参与此过程，有时候则是由国际组织完成。[②]

具体到仲裁员职业道德领域，本书采用广义的"道德法律化"观点，在措辞上使用"仲裁员职业道德规则化"一词，理由如下：

---

① See David Luban, *Lawyers and Justice: An Ethical Study* (Princeton: Princeton University Press, 1994), pp. 104-105.

② Gabrielle Kaufmann-Kohler, "Soft Law in International Arbitration: Codification and Normativity", 1 (2) *Journal of International Dispute Settlement* 4 (2010).

第一，“仲裁员职业道德”这一概念应作广义理解，并不仅仅指职业道德规则，而是包含了仲裁员的职业道德理念、职业道德原则、职业道德价值。由于仲裁员不仅是解释及适用法律法规，缓和解决当事人间民商事争议，并最终作出仲裁裁决的公断人，更是促进经贸稳定发展、维护社会公平正义的法律人，仲裁员的双重身份意味着其在执业的过程中既要遵守法律法规和相关行业规则，完成当事人赋予的使命，也要通过其执业行为和公正裁决实现较好的社会评价效果，促进仲裁行业的持续发展。因此，仲裁员应当拥有更高的道德水准，在仲裁的全过程中，内心应当具有仲裁员应有的道德理念、道德价值、道德原则，外在则依据相应的职业道德规则和仲裁规则推进仲裁程序顺利进行。所以，不应当将此处的“职业道德”局限于“职业道德规则”，而应当包括仲裁员的道德理念、道德价值及道德原则。

第二，在中文语境下，“仲裁员职业道德”有两个层次理解，其一，是仲裁员职业道德的事项与内容，其二，是仲裁员职业道德的义务或要求。人们常说的“某仲裁员拥有良好的职业道德”，可以理解为“某仲裁员遵纪守法，具备良好的职业道德品质”，更进一步则可以理解为“某仲裁员切实地履行了职业道德义务，完成了法律法规规定的义务，符合当事人、仲裁机构、社会大众对该仲裁员的期待”。第一层理解重点在于仲裁员应该具备什么样的品格品质，属于应然性表达，而第二层理解重点在于仲裁员实际做了什么、履行了什么样的义务，倾向于实然性表达。

第三，“道德法律化”中的“法律”指的是“法律规则”，在仲裁领域，也应当将此处的“法律规则”作广义理解，既包括具有国家强制力的法律法规，也包括非国家主体制定的各种规则、守则、指引等不具有国家强制力的规范性文件。在仲裁员职业道德领域，目前对仲裁员职业道德作出明确规定的文件不仅包括国内立法，还包括仲裁机构制定的仲裁员守则、行业协会制定的指南和规则以及学术组织制定的相关组织规则和会员行为准则。前者一般仅规定仲裁员职业道德的基本原则和少部分具体实操内容，后者则大量地规定了仲裁员的执业行为的具体要求，但在中文的语境下，将后者称为“法律”难免容易造成误解，因此本书统一使用“仲裁员职业道德规则化”一词。

综上所述，从历史的、发展的辩证思维出发，仲裁员职业道德的规则化（Codification of Arbitrators’Professional Ethics）可以理解为，将仲裁员在执业过程中所需遵守的职业道德（义务）和内心需具备的品质品格，通过规则（条文）的形式表达出来，形成具有一定约束力（包括国家强制力或行业内部约束力）的规范性文件，将较为抽象的职业道德概念（诸如公正、独立、勤勉效率、保密等）变得更具操作性，增强了职业道德（义务）的清晰度和可视性。仲裁员职业道德的规则化减少了自然语境下“职业道德”这一概念的模糊感，将当事人、社会大众、仲裁员法律职业共同体对仲裁员品格品质上的期许上升及细化为具体的行为规范，使仲裁员在执业中依照规则进行执业活动，为仲裁员群体遵守职业道德提供了规则依据和制度保障。

三、仲裁员职业道德的界定

本书在对仲裁员职业道德进行界定时，从应然和实然两个层面出发，应然层面依据的是功能主义学说和功能理论，实然层面依据的是当前关于仲裁员职业道德的法律和行业规则。

功能主义学说和功能理论着重从仲裁的社会功能和仲裁员的性质特点出发，仲裁员职业道德应当理解为，仲裁员在执业过程中，面对当事人、社会大众、仲裁员法律职业共同体时，应当遵守的职业道德及具备的品格品质。而就当前关于仲裁员职业道德的法律和行业规则而言，呈现出仲裁员职业道德规则化的趋势，法律法规对仲裁员职业道德的事项与内容作出了原则性规定，而行业规则进一步明确、细化了仲裁员的行为方式，规则化趋势使仲裁员职业道德这一较为抽象的概念变得更为具体，增强了仲裁员职业道德规则的实操性。

因此，本书将仲裁员职业道德界定为，仲裁员在执业过程中，面对当事人、社会大众、仲裁员法律职业共同体时，应当遵守的职业道德规则及具备的品格品质。

对仲裁员职业道德这一基础进行界定后，随之产生了相关的问题。目前法律法规和行业规则中所规定的、与仲裁员职业道德相关的内容，并非都符合本书对仲裁员职业道德的界定。那么，哪些内容属于本书界定的仲裁员职业道德的范畴？哪些内容不仅属于仲裁员的职业道德（义务）也属于法律义务？什么样的内容对应哪一层级的职业道德？对这些问题的回答应当分为两个步骤：第一，考察当前法律法规和行业规则规定的关于仲裁员职业道德的内容和事项；第二，根据本书对仲裁员职业道德的界定，对这些内容和事项进行逐一比对分析，将符合本书对仲裁员职业道德界定的内容和事项归为“仲裁员职业道德的具体内容”，将不符合本书对仲裁员职业道德界定的内容和事项予以排除。对于这些问题的回答将在下一章展开具体论述。

小结

探讨仲裁员职业道德责任制度时，需要先界定几个基础概念，并区分相似的概念。首先，需要区分的是伦理与道德。在论述法律职业伦理学科基本理论部分的时候，多使用“伦理”；而具体到行业伦理方面，为了与司法实践保持一致，则更多使用“道德”一词。

其次，需要区分的是职业道德与法律职业道德。职业道德是指具有一定职业身份、从事特定职业的群体，在进行职业活动时所应当遵守的行为规范及内心需具备的品格品质；而法律职业道德是指具有法律人身份、从事法律职业的特定群体，在进行法律职业活动时所应当遵守的职业道德规则及内心需具备的品格品质。

另外，“法律职业伦理”与“法律职业道德”两个词是有差别的，“法律职业伦理”的内涵更大更宽泛，“法律职业道德”则偏重于对法律人的执业行为的要求以及对其内心品格品质的要求，在针对仲裁员这一特定法律职业共同体而言，本书选择使用“法律职业道德”可以避免研究的外延扩张得过大过宽。

再次，要区分职业道德规则与行业纪律。行业纪律是指职业者在从事某一行业时所需遵守的行业规章、执业规则及行为规范，重点在于规范职业者在进行具体的执业行为时的技术性操作和程序性事项，不涉及职业者本身的道德品质评价；而职业道德规则更注重对职业者内在心理和品格品质的规范，发挥了指引、规范和警示作用，其中包含了对职业者在执业过程中的价值评价。

最后，需要区分职业道德规则与法律规则。职业道德规则的内涵更广，包括对职业者不同层级的要求，职业道德规则也是道德法律化的重要体现，职业道德规则在被法律化之后即成为具有约束力和强制力的法律规则，且具有更强的规范作用和实操性。最后，结合社会学和伦理学的理论，探究了道德法律化的趋势，进而提出“职业道德规则化”这一概念，以便下文展开具体论述。

要对仲裁员职业道德进行界定，首先应当从相关理论入手，探究仲裁员职业道德的根源及本质属性，确定概念界定的理论依据；继而考察现行的法律法规和行业规则，全面总结仲裁员职业道德规则化的现实情况，确定界定的现实依据；最后，在综合考虑理论依据和现实依据后，对仲裁员职业道德这一概念作出界定。

功能主义学说和功能理论着重从仲裁的社会功能和仲裁员的性质特点出发，将仲裁员职业道德理解为，仲裁员在执业过程中，面对当事人、社会大众、仲裁员法律职业共同体时，应当遵守的职业道德规则及具备的品格品质。而就当前关于仲裁员职业道德的法律法规和行业规则而言，呈现出仲裁员职业道德规则化的趋势，法律对仲裁员职业道德的事项与内容作出了原则性的规定，而行业规则进一步明确、细化了仲裁员的行为方式。规则化趋势使仲裁员职业道德这一较为抽象的概念变得更为具体，增强了仲裁员职业道德的实操性和清晰度。

综上所述，本书将仲裁员职业道德界定为，仲裁员在执业过程中，面对当事人、社会大众及仲裁员法律职业共同体时，应当遵守的职业道德规则及具备的品格品质。

第二章

仲裁员职业道德的法律渊源分析与具体内容界定

本章的作用在于承上启下，第一节分析当前仲裁员职业道德的法律渊源，考察目前法律法规及行业规则如何对仲裁员职业道德作出规定，并整理总结这些法律渊源规定的关于仲裁员职业道德的事项与内容。第二节结合上一章对仲裁员职业道德的界定，逐一分析每一事项与内容是否属于本书界定的仲裁员职业道德，进而对仲裁员职业道德的具体内容进行梳理与界定，并将这些具体内容进行分类，为下一章继续探讨仲裁员职业道德责任问题提供分析基础。

第一节　仲裁员职业道德的法律渊源分析

按照仲裁员职业道德规则强制力的大小，可以将仲裁员职业道德规则的渊源依次分为国际公约、国内立法、仲裁机构仲裁规则、仲裁机构仲裁员守则及国际行业协会规则。本节是对第一章中“仲裁员职业道德规则化”概念的展开，对仲裁员职业道德的渊源进行逐一梳理分析，主要目的在于整理出仲裁员职业道德的事项与内容，例如：独立性、公正性、勤勉高效、保密、谨慎、遵守经济性原则等，为下一节对仲裁员职业道德具体内容的界定和分类提供依据。

一、国际公约中的仲裁员职业道德

《承认及执行外国仲裁裁决公约》（*Convention on the Recognition and Enforcement of Foreign Arbitral Awards*，以下简称《纽约公约》）是仲裁领域广泛应用的国际公约，但《纽约公约》对于仲裁员职业道德的具体要求并没有直接、明确的规定，但是在拒不承认及执行仲裁裁决的理由中有可能涉及仲裁员违反职业道德的有关事项。

若仲裁员的执业行为导致了两种特定的情形，当事人可以依据《纽约公约》第5条的规定，拒不承认及执行仲裁裁决。这两种特定的情形包括：第一种，当事人没有接获关于指派仲裁员或仲裁程序的适当通知（第5条第1款第2项），此项有可能涉及的是仲裁员怠于履行通知义务，未能勤勉高效地推进仲裁程序，而导致当事人的程序利益受损；第二种情形，仲裁裁决涉及仲裁协议所没有提到的，或者不在仲裁协议规定之内的争议，或者裁决中含有仲裁协议范围以外事项的裁定（第5条第1款第2项），此项涉及仲裁员超出仲裁协议裁决问题，但是否应当纳入仲裁员职业道德的范围，各国内立法持不同态度。

有学者认为，如果仲裁员实施了不当行为（misconduct），当事人可以根据第5条第2款第2项“承认或执行裁决违反该国公共政策”，拒绝承认或执行仲裁裁决。但《纽约公约》中规定的“公共政策”或程序性事项保障与各国国内法规定的仲裁员公正性的内涵是不一样的，实践中，法官仍然需要通过国内法的规定来解释仲裁员的公正性，继而判断是否违反公共政策。因此，在此情况下，《纽约公约》通常是不能直接适用的。[①]综上，《纽约公约》中并没有直接规定仲裁员职业道德的事项与内容。

二、国内立法中的仲裁员职业道德

不少国家或地区的法律对仲裁员职业道德的事项与内容进行了规定，国内立法是仲裁员职业道德的正式法律渊源之一。[②]此时的仲裁员

---

① See Catherine A. Rogers, *Ethics in International Arbitration* (Oxford: Oxford University Press, 2014), p. 87.

② 为论述方便，此处国家或地区的法律统一称为“国内立法”。

职业道德被写入了具有国家强制力的法律，仲裁员的道德义务上升为法律义务。就法律的性质而言，规定仲裁员职业道德的法律一般为国内程序法，例如：民事诉讼法、仲裁法、国际私法仲裁章节、司法法典仲裁章节。因此，从法律的性质上看，仲裁员的职业道德义务上升为程序法下的法律义务，简称程序法律义务。

（一）仲裁员职业道德国内立法的分类方式

依据不同性质，仲裁员职业道德在国内立法中有不同的分类方式。

1. 按立法安排分类

从国家或地区部门法的立法安排情况来看，关于仲裁员职业道德的国内立法可以分为四种模式。

模式一：仲裁法模式。该模式表现为，由立法机关制定专门的仲裁法，在仲裁法中对仲裁员职业道德及相关程序性事项进行规定。采用此种模式的国家和地区有埃及、阿联酋、巴西、加拿大、中国大陆、新加坡、瑞典、日本、英国、美国、韩国、印度、印度尼西亚、马来西亚、尼日利亚、俄罗斯、西班牙等，及中国的港台地区。其中较为特殊的是美国和澳大利亚，由于这两个国家是联邦制国家，各州拥有立法权，因此关于商事仲裁的国内法律包括联邦成文法及各州成文法两个层面，即联邦制定《统一仲裁法》，各州制定《州仲裁法》。澳大利亚方面，新的《商事仲裁法》于2017年7月1日生效，并统一适用于澳大利亚所有的州和领地，就仲裁员职业道德方面将新旧法条进行比较，州立法和联邦立法在有关仲裁员职业道德方面的法条设计基本一致。

模式二：民事诉讼法专章模式。该模式表现为，在立法机关制定的民事诉讼法中设置仲裁章节，并在仲裁章节中规定仲裁员职业道德及相关程序性事项。采用此种模式的国家有荷兰、奥地利、法国、德国、意大利等。

模式三：国际私法典专章模式。该模式表现为，在国际私法法典中设置仲裁章节，并规定仲裁员职业道德与相关程序性事项。采用此种模式的国家有瑞士。

模式四：司法典专章模式。该模式表现为，在司法典中的仲裁章节规定仲裁员职业道德与相关程序性事项。采用此种模式的国家有比利时。

这四种模式区别的关键在于各个国家或地区对于仲裁制度采取了不同的定位，但就仲裁员职业道德规则体系建设而言，单独制定仲裁法，并在专章作出相关规定是大多数国家的选择。

2. 按具体法律条文安排分类

纵观以上国家或地区的国内立法，从仲裁员职业道德的具体法律条文安排的方式来看，可以分为两种模式。

模式一："基本原则+程序性事项"（直接规定模式）。该模式表现为，直接明文规定仲裁员应当遵守的职业道德基本原则，并在后款规定拒绝任命仲裁员的情形、仲裁员回避的情形、仲裁员披露的情形、当事人异议的情形、当事人撤销仲裁裁决的情形、当事人拒绝或承认执行仲裁裁决的情形等程序性事项。例如：《巴西仲裁法》（2015年修订）第13条第6款规定，仲裁员在履行职责时，应当保持公正、独立、适格、勤勉和谨慎（impartiality, independence, competence, diligence and discretion）；第23条第1款规定，仲裁员应当作出公正裁决。随后第14条第1款规定仲裁员在接受任命之前，需要向当事人及时披露任何可能对仲裁员独立性或公正性产生合理怀疑（justifiable doubts）的情形；第36条第2款规定当有证据证明仲裁裁决是通过违背忠诚、勒索或贿赂（unfaithfulness, extortion or corruption）的形式得出的，当事人有权申请认定仲裁裁决无效；第38条第3款规定，若未以恰当方式通知当事人仲裁员的任命或仲裁程序事项，或导致当事人无法陈述案情，当事人有权拒绝承认或执行仲裁裁决。

模式二："选任条件+程序性事项"（间接规定模式）。该模式表现为，在仲裁员选任条款中列明仲裁员所需具备的职业道德，作为必须满足的任职条件，并在后款规定拒绝任命仲裁员的情形、仲裁员回避的情形、仲裁员披露的情形、当事人异议的情形、当事人撤销仲裁裁决的情形等程序性事项。例如：《中华人民共和国仲裁法》（2017年）［简称《仲裁法》（2017年）］第13条规定，仲裁委员会应当从公道正派的人员中聘任仲裁员；第34条规定了仲裁员回避的情形；第37条规定了仲裁员的重新选定或指定；第38条规定了仲裁员违反回避规定，情节严重的和在仲裁该案时有索贿受贿、徇私舞弊、枉法裁决行为的处罚办法；第63条规定了被申请人有权申请不予执行仲裁裁决的情形，即违反《民事诉讼法》（2017年）第237条第5项的情形，即仲裁员在仲裁该案时有贪污受贿、徇私舞弊、枉法裁决行为的，当事人有权申请法院裁定不予执行仲裁裁决。

这两种模式的区别在于如何设计关于仲裁员职业道德基本原则的法律条文。模式一采取的是直接规定的方式，即"仲裁员应当履行怎样的职业道德义务"，模式二采取的间接规定的方式，即"满足什么样职业道德要求的人员可以选任为仲裁员"。比较而言，两种模式并没有本质上的差别，但就立法措辞及语言习惯而言，采用模式一更能体现仲裁立法对仲裁员职业道德问题的重视程度，而且就目前大多数国家和地区的立法来看，采用第一种模式的居多。另外，《中华人民共和国仲裁法》（2017年）中规定的"公道正派"与其他国家仲裁立法中所规定的"仲裁员公正性"并不能画等号，而且除了"公道正派"，仲裁员还应当具备诸如"独立""勤勉效率"等职业道德，但我国仲裁法并没有予以规定，这也是目前仲裁法继续修改完善的地方，对于我国仲裁员职业道德立法方面的建议将在下文展开论述。

（二）仲裁员职业道德规则的分类

在分析仲裁员职业道德规范性文件时，应当对仲裁员职业道德规则进行分类。这种分类不仅体现在国内立法之中，同样体现在仲裁规则、仲裁员守则及仲裁协会自治规则之中，分类的目的在于更全面地分析仲裁员职业道德规范性文件的具体规定，将仲裁员职业道德的具体内容逐一梳理清楚，提供较为科学的统计数据。

1. 按照仲裁员职业道德规则的规定方法分类

就仲裁员职业道德规则的规定方法而言，可分为直接规定规则和间接规定规则两种形式。直接规定规则和间接规定规则的区分在于是否在规范性文件中直接、明确地对仲裁员职业道德的内容作出规定。

直接规定规则

直接规定规则是指：在相关立法或规则中明确规定仲裁员职业道德的内容事项及仲裁员的执业行为方式。例如：《巴西仲裁法》第13条第6款规定，仲裁员在履行职责时，应当保持公正、独立、适格、勤勉和谨慎。该条直接明确地规定了仲裁员的职业道德义务，即明确清晰地规定仲裁员应当如何执业、应当遵守哪些职业道德（义务）、应当如何担任合格的仲裁员。

间接规定规则

间接规定规则是指：通过说明仲裁程序的要求、列举仲裁员的回避事由、需要主动披露的情况、当事人得以异议的情形、当事人得以申请撤销仲裁裁决的情形或仲裁机构惩处仲裁员的情形来体现对仲裁员职业道德的要求。例如：《韩国仲裁法》第1条规定，为合理、公正、快速地通过仲裁解决私法争议制定本法。

2. 按照仲裁员职业道德规则的行为模式分类

根据法理学对法律规则的分类，依据行为模式的不同，法律规则可以分为义务性规则和授权性规则。义务性规则又可以再分为命令性规则和禁止性规则，义务性规则规定了行为主体的积极义务，即行为人必须或应当作出某种行为，禁止性规则规定行为主体的消极义务（不作为义务），禁止行为人作出一定行为；授权性规则规定了行为主体有权做一定行为或不做一定行为。

从仲裁员的角度出发，根据以上法理学对法律规则分类的原理，在仲裁员职业道德规则体系中，可以将仲裁员职业道德规则分为命令性规则和禁止性规则，由于本书落脚于仲裁员职业道德责任问题，因此仲裁员的授权性规则不在讨论范围之内。同样，命令性规则、禁止性规则和授权性规则的区分不仅体现在国内立法之中，还体现在仲裁规则、仲裁员守则和仲裁协会规则之中。

命令性规则

命令性规则规定了仲裁员积极的义务，即仲裁员必须或应当作出某种行为。例如：《巴西仲裁法》第13条第6款规定，仲裁员在履行职责时，应当保持公正、独立、适格、勤勉和谨慎。

禁止性规则

禁止性规则规定了仲裁员的消极义务（不作为义务），禁止仲裁员作出一定行为。例如：《雅安仲裁委员会仲裁员守则》第14条规定，仲裁员在办理案件期间不得接受当事人、代理人请客、馈赠或提供的其他利益。

授权性规则

从当事人的角度分析，针对特定的仲裁员违反职业道德的情形，规定当事人享有申请回避、申请撤销仲裁裁决等权利，以体现规则对仲裁员职业道德的要求。例如：《香港仲裁条例》第25条第2款规定，只有存在引起对仲裁员的公正性或独立性产生正当怀疑的情况或仲裁员不具备当事人约定的资格时，当事人才可以申请仲裁员回避。此款规定从侧面体现了对仲裁员公正性和独立性的要求。《巴西仲裁法》第32条第6款和第33款规定，当有证据证明仲裁裁决是通过不公正、勒索或贿赂的形式得出的，当事人有权申请认定仲裁裁决无效。此款从侧面体现了对仲裁员保持公正性、保持清廉正派的职业道德要求。

从仲裁机构的角度观察，针对特定的仲裁员违反职业道德的情形，规定仲裁机构有权对仲裁员进行惩处，以体现规则对仲裁员职业道德的要求。例如：《雅安仲裁委员会仲裁员守则》第23条规定了12种解聘仲裁员的情形[①]，其中第1点“隐瞒应当回避的事实”、第4点“有违仲裁员的公正立场”、第5点“审理案件严重迟延的”、第6点“向当事人透露本人看法或仲裁庭合议情况的”、第10点“任职期内，私自会见当事人，接受当事人请客、馈赠或提供的其他利益的”、第11点“仲裁员代人打听案件情况、请客送礼、提供好处和利益的”均从侧面体现了公正性、独立性、勤勉效率、保密等应当遵守的职业道德。

在将仲裁员职业道德规则进行分类之后，笔者整理了26个国家和地区[②]的仲裁立法，将其中有关仲裁员职业道德的事项与内容进行汇总，列出表格，并对各事项与内容出现的次数进行统计。详见表2.1、表2.2。分析这些国家和地区仲裁立法中规定了何种仲裁员职业道德，即将仲裁员职业道德义务上升为程序法律义务，为之后界定仲裁员职业道德的具体内容提供分析依据。

---

① 《雅安仲裁委员会仲裁员守则》第23条规定，仲裁员聘任期限内有下列情形之一的，仲裁委员会有权将其解聘：（一）隐瞒应当回避的事实；（二）无正当理由不参加合议、调查满三次的；（三）无正当理由不到庭审理案件的；（四）在案件审理中，有违仲裁员的公正立场，多次出现下列情形之一的：1. 无故拖延办案时间的；2. 拒绝说明理由，坚持有利于一方当事人的裁决事项的；3. 故意曲解事实和法律，坚决支持一方当事人的请求和主张，或坚决反对一方当事人的请求和主张的；4. 在开庭审理中，违背公正原则，代替一方向另一方质证、辩论、提请求的；5. 表现出其他偏袒倾向的。（五）审理案件严重迟延的；（六）向当事人透露本人看法或仲裁庭合议情况的；（七）违反本守则，严重不负责任的；（八）徇私舞弊，枉法裁决的；（九）因个人原因在认定事实、适用法律和仲裁程序上造成重大失误，或因其他个人行为给仲裁委员会造成不良影响的；（十）任职期内，私自会见当事人，接受当事人请客、馈赠或提供的其他利益的；（十一）仲裁员代人打听案件情况、请客送礼、提供好处和利益的；（十二）其他违反本守则，不宜继续担任仲裁员的情形的。

② 这26个国家和地区包括埃及、阿联酋、巴西、加拿大、中国大陆、新加坡、瑞典、日本、英国、美国、韩国、印度、印度尼西亚、马来西亚、荷兰、尼日利亚、俄罗斯、西班牙、奥地利、法国、德国、意大利、瑞士、比利时及中国的港台地区。

表2.1 26个国家和地区关于仲裁员职业道德事项与内容的仲裁立法情况一览表（截至2019年3月）

序号	国家和地区	法律文件	事项与内容	备注
1	埃及	《埃及仲裁法》（1994年）①	1．犯过重罪、违反诚信而犯轻罪、已宣告破产的人不得担任仲裁员（第16条第1款）；2．披露任何可能导致仲裁员公正性和独立性遭到怀疑的情况（第16条第3款，以下简称“披露”）；3．当事人有权就任何可能导致仲裁员公正性和独立性遭到怀疑的情况申请仲裁员回避（第18条第1款，以下简称“回避”）；4．仲裁员不恰当拖延仲裁程序，当事人有权中止其任命（第20条）	
2	阿联酋	《阿联酋仲裁法》（2018年）	1．犯过重罪、因道德败坏而犯轻罪、违反信誉、已宣告破产的人不得担任仲裁员（第10条第1款）；2．披露（第10条第4款）；3．公正性（第11条第4款）；4．独立性（第11条第4款）；5．回避（第14条）；6．保密（第48条）	
3	巴西	《巴西仲裁法》（2015年）	1．公正性（第13条第6款）；2．独立性（第13条第6款）；3．适格（第13条第6款）；4．勤勉（第13条第6款）；5．谨慎（第13条第6款）；6．遵守正当程序原则（第21条第2款）	
4	加拿大	《加拿大国际商事仲裁法》（2006年）	1．披露（第12条）；2．公正性（第12条）；3．独立性（第12条）；4．回避（第12条）；5．过分拖延履职将被中止任命（第14条第1款）	
5	中国大陆	《中华人民共和国仲裁法》（2017年）	1．公道正派（第13条）；2．回避*（第34条，4种情形）；3．仲裁员有索贿受贿，徇私舞弊，枉法裁决行为的，当事人有权申请撤销仲裁裁决（第58条）	*与申请法官回避的理由相同

① 本书所列明或引用的法律、仲裁规则、仲裁员守则等规范性文件后均会括注该文件生效或修订的年份。

续表2.1

序号	国家和地区	法律文件	事项与内容	备注
6	中国香港	《中国香港仲裁条例》（2019年）	1. 过分拖延履职将被中止任命（第27条）；2. 回避（第25条）；3. 仲裁庭保密（第17条第3款第b项）；4. 仲裁员出任调解员时需保密（第33条第3款、第4款）	
7	中国台湾	台湾地区关于仲裁的规定（2015年）	1. 信望素孚之公正人士（第6条）；2. 犯贪污渎职、判处有期徒刑一年以上、褫夺公权、破产宣告、受监护或辅助的不得担任（第7条）；3. 独立性（第15条）；4. 公正性（第15条）；5. 保密（第15条）；	
8	新加坡	《新加坡国际仲裁法》（2002年）	1. 保密（第17条）；2. 独立性（安排一第11条第5款）；3. 公正性（安排一第11条第5款）；4. 披露（安排一第12条）；5. 回避（安排一第12条）；6. 避免过分迟延（安排一第14条）	
9	瑞典	《瑞典仲裁法》（2019年）	1. 公正性（第8条）；2. 独立性（第8条）；3. 披露（第9条）；4. 回避（第10条）；5. 迟延履职将导致解除选任（第17条）；6. 高效（第21条）；7. 按照当事人约定行事；8. 超时作出裁决将导致裁决被撤销（第34条第2款）；9. 仲裁员的行为违反仲裁协议的，将导致裁决被撤销（第34条第5款）	
10	日本	《日本仲裁法》（2004年）	1. 公正性（第17条第6款）；2. 独立性（第17条第6款）；3. 回避（第18条第1款）；4. 贿赂将遭受刑罚（第50条、第51条、第54条）	
11	英国	《英国仲裁法》（1996年）	1. 公正性（第1条、第33条）；2. 避免过度拖延（第1条）；3. 避免不必要开销（第1条）；4. 因公正性问题解除任命（第24条）	

续表2.1

序号	国家和地区	法律文件	事项与内容	备注
12	美国	《美国联邦仲裁法》（1990年）	1. 不公正将导致裁决无效（第10条第2款）；2. 贪污将导致裁决无效（第10条第2款）；3. 不当行为使当事人权利受损将导致裁决无效（第10条第3款）；4. 超出权力范围仲裁将导致裁决无效（第10条第4款）	
13	韩国	《韩国仲裁法》（2016年）	1. 披露（第13条）；2. 回避（第13条）；3. 不得迟延履职（第25条第3款）4. 快速（第1条）；5. 公正性（第1条）	
14	印度	《印度仲裁法》（1996年）	1. 独立性（第11条第8款）；2. 公正性（第11条第8款）；3. 披露（第12条第1款、第2款）；4. 回避（第12条第3款）5. 保密（第70条、第75条）	
15	印度尼西亚	《印度尼西亚仲裁及替代性争议解决机制法》（1999年）	1. 独立性（第18条第1款、第22条）；2. 公正性（第12条第1款第4项、第18条第1款、第22条）；3. 保密（第6条第6款）	
16	马来西亚	《马来西亚仲裁法》（2011年）	1. 披露（第14条第1款、第2款）；2. 回避（第14条第3款）3. 公正性（第13条第8款、第20条）；4. 独立性（第13条第8款）	
17	荷兰	《荷兰民事诉讼法》（2015年）	1. 公正性（第1023条）；2. 独立性（第1023条）；3. 避免不合理迟延（第1036条第3款）；4. 回避（第1033条）	
18	尼日利亚	《尼日利亚仲裁调解法》（2004年）	1. 披露（第8条）；2. 回避（第8条）；3. 独立性（第44条第4款）；4. 公正性（第44条第4款）；5. 保密；6. 不得不合理迟延（第10条第1款）	
19	俄罗斯	《俄罗斯仲裁程序法》（2011年）	1. 独立性（第2条第3款、第5条）；2. 公正性（第2条第3款、第9条第3款）；3. 高效（第6.1条第6款）	

续表2.1

序号	国家和地区	法律文件	事项与内容	备注
20	西班牙	《西班牙仲裁法》（2003年）	1. 独立性（第15条第6款）；2. 公正性（第15条第6款）；3. 保密（第24条第2款）；4. 披露（第17条）；5. 回避（第17条）	
21	奥地利	《奥地利民事诉讼法》（2006年）	1. 不得不合理迟延（第583条第2款、第584条第2款）；2. 回避（第585条）	
22	法国	《法国民事诉讼法》（2011年）	1. 披露（第1456条）；2. 保密（第1479条）	
23	德国	《德国民事诉讼法》（2013年）	1. 公正性（第1035条）；2. 独立性（第1035条）；3. 披露（第1036条第1款）	
24	意大利	《意大利民事诉讼法》（2014年）	1. 破产的人不得担任仲裁员（第812条）；2. 被公权力机关禁止的人不得担任仲裁员（第812条）；3. 迟延履行职责将被取代（第813条）；4. 未遵守程序正当原则，裁决将被撤销（第829条第9款）；5. 未依照法律仲裁，裁决将被撤销（第829条第9款）	
25	瑞士	《瑞士国际私法典》（1987年）	当事人对独立性产生合理怀疑，可申请仲裁员回避（第180条）	
26	比利时	《比利时司法典》（2013年）	1. 披露（第1686条第1款）；2. 回避（第1686条第2款）；3. 不得过度迟延履行职责（第1688条第1款）	

表2.2　26个国家和地区

关于仲裁员职业道德事项与内容的仲裁立法的数据统计

（截至2019年3月）

职业道德具体内容	出现次数	出现概率（百分比）
公正性	24	92.3%
独立性	23	88.5%

续表2.2

职业道德具体内容	出现次数	出现概率（百分比）
勤勉高效	14	53.8%
保密	9	34.6%
保持良好信用记录	4	15.4%
按照协议仲裁	2	7.7%
遵守正当程序原则	2	7.7%
谨慎	1	3.8%
适格	1	3.8%
依照法律裁决	1	3.8%
遵守经济性原则	1	3.8%

统计方法说明：在26个国家和地区关于仲裁员职业道德事项与内容的仲裁立法中，对关于职业道德的内容出现的次数进行统计。1."披露"和"回避"算入"公正性"和"独立性"，若同时出现，则只计一次；2."不得不合理迟延""不得延迟履职""避免不必要的延迟"算入"勤勉高效"，若同时出现，则只计一次；3."快速"算入"勤勉高效"，若同时出现，则只计一次；4."避免不必要开销""合理开销"算入"遵守经济性原则"，若同时出现，则只计一次；5. 出现概率（百分比）代表该职业道德在26个国家和地区的仲裁立法中出现的概率。

需要特别说明的是，笔者对每一项出现在国家或地区立法中的仲裁员职业道德事项与内容进行了统计，出现概率（百分比）是指该事项与内容在这26个国家和地区仲裁立法中出现的概率，亦即数值越大，出现在这些国家和地区立法中的概率越高。该数据将为第二节分析"什么样的内容才真正属于仲裁员的职业道德"以及"该内容应当属于什么层次的仲裁员职业道德"等问题提供基础。将"立法情况"和"统计结果"列在一处的主要目的在于行文方便，表2.3与表2.4、表2.5与表2.6、表2.7与表2.8、表2.9与表2.10属于同类情况。

三、仲裁规则中的仲裁员职业道德

仲裁机构通常也会在其制定的仲裁规则中对仲裁员职业道德进行

规定，由于仲裁规则属于仲裁机构出台的、供当事人选择适用的规范性文件，本书将仲裁规则归为行业规则[①]。尽管仲裁规则不具有国家强制力，但一旦当事人选择适用，其所委任或仲裁机构指定的仲裁员均需遵守仲裁规则，其中就包括了对仲裁员职业道德的要求。本书将从境外的仲裁机构制定的仲裁规则和中国大陆仲裁机构制定的仲裁规则两个方面出发，整理和分析其中的仲裁员职业道德。

（一）境外仲裁机构仲裁规则中的仲裁员职业道德

首先，本书将考察范围限定于17个较为著名的境外仲裁机构[②]，将这些仲裁机构制定的仲裁规则中有关仲裁员职业道德的事项与内容进行汇总和统计。详见表2.3、表2.4。尽管其中有的事项与内容并未得到普遍认可，但本节姑且将这些事项与内容列入表格，待下一节进行具体分析。

表2.3　17份境外仲裁机构仲裁规则
关于仲裁员职业道德事项与内容的规定一览表
（截至2019年3月）

序号	仲裁机构名称	文件名称	事项与内容
1	开罗区域国际商事仲裁中心（Cairo Regional Centre for International Commercial Arbitration）	开罗区域国际商事仲裁中心仲裁规则（2011年）	1. 独立性（第8条第4款）；2. 公正性（第8条第4款）；3. 披露任何可能导致仲裁员公正性和独立性遭到怀疑的情况（第11–13条，以下简称“披露”）；4. 不得故意拖延（第12条、第17条第7款、第21条第3款、第22条、第23条第2款、第34条第2款）5. 保密（第40条）

① 如无特别说明，本书所指的“行业规则”包括仲裁机构制定的仲裁规则、仲裁员守则、行业协会制定的规则、仲裁学术组织制定的规则等。

② 这17个仲裁机构包括：开罗区域国际商事仲裁中心、迪拜国际仲裁中心、巴西 - 加拿大商会仲裁与调解中心、加拿大商事仲裁中心、香港国际仲裁中心、新加坡国际仲裁中心、斯德哥尔摩商会仲裁院、日本商事仲裁协会、伦敦国际仲裁院、美国仲裁协会、马来西亚亚洲国际仲裁中心、荷兰仲裁院、拉各斯商会国际仲裁中心、维也纳国际仲裁中心、国际商会国际仲裁院、米兰商会米兰仲裁院、瑞士商会仲裁院。

续表2.3

序号	仲裁机构名称	文件名称	事项与内容
2	迪拜国际仲裁中心（Dubai International Arbitration Centre）	迪拜国际仲裁中心仲裁规则（2007年）	1. 独立性（第9条第8款）；2. 公正性（第9条第8款）；3. 披露（第9条第8款）；4. 勤勉（第13条第2款）；5. 避免不必要拖延（第13条第2款）；6. 避免不必要开销（第13条第2款）；7. 回避（第13条第3款）
3	巴西-加拿大商会仲裁与调解中心（The Center for Arbitration and Mediation of the Chamber of Commerce Brazil-Canada）	《巴西-加拿大商会仲裁与调解中心仲裁规则》（2016年）	1. 公正性（第4条第6款第1条、第5条第1款）；2. 独立性（第4条第6款第1条、第5条第1款）；3. 披露（第4条第6款第1条）；4. 有时间（第5条第1款）
4	加拿大商事仲裁中心（Canadian Commercial Arbitration Center）	《加拿大商事仲裁中心国际仲裁规则》（1994年）	1. 保密（第4条）；2. 独立性（第18条）；3. 公正性（第18条）；4. 勤勉（第18条第5款、第20条第2款）
5	香港国际仲裁中心（The Hong Kong International Arbitration Centre）	《香港国际仲裁中心机构仲裁规则》（2018年）	1. 有时间（第11条第4款）；2. 公正性（第11条第4款、第13条第1款）；3. 独立性（第11条第4款）；4. 披露（第11条第4款）；5. 避免不必要的迟延（第13条第1款）；6. 避免不必要的开销（第13条第1款）；7. 回避（第11条第6款）；8. 保密（第45条第2款）
6	新加坡国际仲裁中心（Singapore International Arbitration Centre）	《新加坡国际仲裁中心仲裁规则》（2016年）	1. 独立性（第13条第1款）；2. 公正性（第13条第1款）；3. 有时间（第13条第3款）；4. 披露（第13条第4款、第5款）；5. 回避（第14条）；6. 裁决不得拖延（第32条第11款）；7. 保密（第39条）

续表2.3

序号	仲裁机构名称	文件名称	事项与内容
7	斯德哥尔摩商会仲裁院（Arbitration Institute of the Stockholm Chamber of Commerce）	《斯德哥尔摩商会仲裁院仲裁规则》（2017年）	1. 高效（第2条第1款）；2. 保密（第3条）；3. 独立性（第18条第1款）；4. 公正性（第18条第1款）；5. 披露；6. 回避（第19条）
8	日本商事仲裁协会（The Japan Commercial Arbitration Association）	《日本商事仲裁协会商事仲裁规则》（2019年）	1. 不得迟延履职（第21条第3款）；2. 公正性（第24条）；3. 独立性（第24条）；4. 公正性、独立性声明（第24条第3款）；5. 披露（第24条第4款）；6. 回避（第34条）
9	伦敦国际仲裁院（London Court of International Arbitration）	《伦敦国际仲裁院仲裁规则》（2014年）	1. 公正性（第5条第3款）；2. 独立性（第5条第3款）；3. 公正性、独立性声明（第5条第4款）；4. 有时间（第5条第4款）；5. 高效（第5条第4款）；6. 保密（第30条）
10	美国仲裁协会（American Arbitration Association）	《美国仲裁协会商事仲裁规则》（2013年）	1. 公正性（第13条第2款）；2. 独立性（第13条第2款）；3. 效率（第23条）；4. 开销合理（第23条、大型复杂商事争议程序规则第3款第1条）；5. 保密性（第23条第1款）；6. 快速（大型复杂商事争议程序规则第3款第1条）
11	马来西亚亚洲国际仲裁中心（Malaysia Asian International Arbitration Centre）	《马来西亚亚洲国际仲裁中心仲裁规则》（2018年）	1. 回避（第5条）；2. 独立性（第6条第7款）；3. 公正性（第6条第7款）；4. 高效（第17条）；5. 披露（第11条）
12	荷兰仲裁院（Netherlands Arbitration Institute）	《荷兰仲裁院仲裁规则》（2015年）	1. 独立性（第11条第2款）；2. 公正性（第11条第2款）；3. 保密（第13条）

续表2.3

序号	仲裁机构名称	文件名称	事项与内容
13	拉各斯商会国际仲裁中心（Lagos Chamber of Commerce In-ternational Arbitration Center）	《拉各斯商会国际仲裁中心快速仲裁规则》（2016年）	1. 高效（第1条）；2. 公正性（第1条）；3. 独立性（第8条）；4. 披露（第14条）；5. 回避（第15条）
14	维也纳国际仲裁中心（Vienna In-ternational Arbitral Centre）	《维也纳国际仲裁中心仲裁和调解规则》（2018年）	1. 独立性（第16条第2款）；2. 公正性（第16条第2款）；3. 保密（第16条第2款）；4. 有时间（第16条第3款）；5. 适格（第16条第3款）；6. 披露（第16条第4款）；7. 合理开销（第17条第2款）；8. 高效（第28条第1款）
15	国际商会国际仲裁院（International Chamber of Com-merce International Court of Ar-bitration）	《国际商会国际仲裁院》（2017年）	1. 公正性（第11条第1款）；2. 独立性（第11条第1款）；3. 勤勉效率（第2条第2款）；4. 保密（第22条）
16	米兰商会米兰仲裁院（Milan Chamber of Commerce Milan Chamber of Arbitration）	《米兰商会米兰仲裁院仲裁规则》（2019年）	1. 保密（第8条）；2. 公正性（第9条）；3. 独立性（第18条、第20条）；4. 回避（第21条）
17	瑞士商会仲裁院（The Swiss Chambers of Com-merce Association Swiss Chambers' Arbitration In-stitution）	《瑞士商会仲裁院仲裁规则》（2012年）	1. 公正性（第9条第1款）；2. 独立性（第9条第1款）；3. 回避（第9条第2款、第10条）；4. 高效（第15条第7款）5. 保密（第44条）

表2.4 17份境外仲裁机构仲裁规则
关于仲裁员职业道德事项与内容的数据统计
（截至2019年3月）

职业道德具体内容	出现次数	出现概率（百分比）
公正性	17	100%
独立性	17	100%
勤勉高效	14	82.4%
保密	12	70.6%
有时间	5	29.4%
遵守经济性原则	4	23.5%
适格	1	5.9%

统计方法说明：按照职业道德在17份境外仲裁机构仲裁规则中出现的次数进行统计。1.“披露”和“回避”算入“公正性”和“独立性”，若同时出现，则只计一次；2.“不得不合理迟延”“不得延迟履职”“避免不必要的延迟”算入“勤勉高效”，若同时出现，则只计一次，若同时出现，则只计一次；3.“快速”算入“勤勉高效”，若同时出现，则只计一次；4.“避免不必要开销”“合理开销”算入“遵守经济性原则”，若同时出现，则只计一次；5.出现概率（百分比）代表该职业道德在17份境外仲裁机构仲裁规则中出现的概率。

（二）中国大陆仲裁机构仲裁规则中的仲裁员职业道德

其次，本书考察了17份中国大陆仲裁机构制定的仲裁规则，这些规则基本上是由国内较为著名的仲裁机构制定的，并且选取了近几年修订的版本，统计方法与上文国外仲裁机构仲裁规则的相同。详见表2.5、表2.6。尽管其中有的事项与内容并未得到普遍认可，但本节姑且将这些事项与内容列入表格，待下一节进行具体分析。

表2.5　17份中国大陆仲裁机构仲裁规则关于仲裁员职业道德事项与内容的规定一览表（截至2019年3月）

序号	仲裁机构名称	文件名称	事项与内容	备注
1	中国国际经济贸易仲裁委员会	《中国国际经济贸易仲裁委员会国际投资争端仲裁规则（试行）》（2017年）	1. 道德高尚（第11条第2款）；2. 披露可能引起对其公正性和独立性产生合理怀疑的任何事实或情况（第16条，以下简称“披露”）；3. 当事人对被选定或被指定的仲裁员的公正性和独立性产生具有正当理由的怀疑的，可以书面提出要求该仲裁员回避的请求（第17条，以下简称“回避”）；4. 高效（第1条）；5. 诚实信用（第6条）	
2	中国国际经济贸易仲裁委员会	《中国国际经济贸易仲裁委员会仲裁规则》（2015年）	1. 诚实信用（第9条）；2. 独立性（第24条）；3. 平等对待（第24条）；4. 披露（第31条）；5. 回避（第32条）6. 保密（第38条）	
3	上海国际经济贸易仲裁委员会/上海国际仲裁中心	《上海国际经济贸易仲裁委员会/上海国际仲裁中心仲裁规则》（2015年）	1. 独立性（第19条）；2. 平等对待（第19条）；3. 披露（第25条）；4. 回避（第26条）；5. 公平、公正行事（第29条第1款）；6. 保密（第34条）	

续表2.5

序号	仲裁机构名称	文件名称	事项与内容	备注
4	上海国际经济贸易仲裁委员会/上海国际仲裁中心	《中国（上海）自由贸易试验区仲裁规则》（2014年）	1. 公正（第1条）；2. 专业（第1条）；3. 高效（第1条）；4. 独立（第25条）；5. 平等对待（第25条）；6. 披露（第31条）；7. 回避（第32条）；8. 保密（第41条）	
5	深圳国际仲裁院	《深圳国际仲裁院仲裁规则》（2019年）	1. 独立（第27条）；2. 公平（第27条）；3. 披露（第32条）；4. 回避（第33条）；5. 公正（第51条第1款）；6. 合理（第51条第1款）；7. 高效（信息技术应用，第67条）	
6	深圳国际仲裁院	《深圳国际仲裁院网络仲裁规则》（2019年）	1. 披露（第22条）；2. 回避（第22条）3. 高效（第1条）；4. 公正（第1条）	
7	北京仲裁委员会/北京国际仲裁中心	《北京仲裁委员会/北京国际仲裁中心仲裁规则》（2015年）	1. 高效（第2条第3款）；2. 公平（第2条第3款）；3. 诚信（第2条第4款）；4. 善意（第2条第4款）；5. 妥善解决纠纷（第2条第4款）；6. 披露（第21条）；7. 回避（第22条）；8. 保密（第25条）	

续表2.5

序号	仲裁机构名称	文件名称	事项与内容	备注
8	中国南沙国际仲裁中心	《中国南沙国际仲裁中心仲裁通则》（2017年）	1. 独立（第8条第1款）； 2. 公正（第8条第1款）； 3. 专业（第8条第1款）； 4. 高效（第8条第1款）； 5. 勤勉尽责（第8条第1款、第11条第1款第3项）； 6. 披露（第10条第1款）； 7. 回避（第10条第2款）	
9	中国广州仲裁委员会	《中国广州仲裁委员会仲裁规则》（2017年）	1. 公正（第1条）；2. 及时（第1条）；3. 诚实信用（第9条）；4. 独立性（第32条第1款）；5. 公正性（第32条第1款）；6. 披露（第32条第2款）；7. 回避（第32条）； 8. 保密（第54条）	
10	中国广州仲裁委员会	《中国广州仲裁委员会网络仲裁规则》（2015年）	1. 公正（第1条）；2. 高效（第2条）；3. 全面客观审核电子数据（第14条第4款）；4. 公平（第24条第2款）；5. 第29条规定仲裁委员会采取为案件数据信息加密的形式为案件信息保密	
11	武汉仲裁委员会/武汉国际仲裁中心	《武汉仲裁委员会/武汉国际仲裁中心仲裁规则》（2018年）	1. 公正（第1条）；2. 及时（第1条）；3. 平等（第1条）；4. 保密（第6条）； 5. 中立性（第21条）； 6. 披露（第25条）；7. 回避（第26条）	

续表2.5

序号	仲裁机构名称	文件名称	事项与内容	备注
12	长沙仲裁委员会	《长沙仲裁委员会仲裁规则》（2016年）	1. 公正（第1条、第50条第2款、第72条第1款）；2. 高效（第1条、第50条第2款、第72条第1款）；3. 保密（第6条）；4. 披露（第30条）；5. 回避（第31条）；6. 独立（第50条第2款、第72条第1款）	
13	长治仲裁委员会	《长治仲裁委员会仲裁规则》（2016年）	1. 公正（第1条）；2. 公平（第1条）；3. 及时（第1条）；4. 保密（第6条）；5. 中立（第20条）；6. 平等对待（第20条）；7. 披露（第25条）；8. 回避（第26条）	
14	宜宾仲裁委员会	《宜宾仲裁委员会仲裁规则》（2014年）	1. 公正（第1条、第104条）；2. 及时（第1条）；3. 公平（第8条、第104条）；4. 合理（第8条、第104条）；5. 平等（第8条）；6. 独立（第9条）；7. 回避（第37条）；8. 独立（第104条）	
15	湛江仲裁委员会/湛江国际仲裁院	《湛江仲裁委员会/湛江国际仲裁院仲裁规则》（2018年）	1. 披露（第21条）；2. 回避（第22条）；3. 保密（第25条）；4. 从速结案（第43条）	

续表2.5

序号	仲裁机构名称	文件名称	事项与内容	备注
16	杭州仲裁委员会	《杭州仲裁委员会仲裁规则》（2016年）	1. 公正（第1条、第29条第4款）；2. 及时（第1条）；3. 公道正派（第4条）；4. 保密（第5条）；5. 回避（第27条）；6. 严重拖延程序的应更换仲裁员（第29条第2款）	1. 第4条规定，仲裁员由仲裁委员会从法律、经济贸易、科学技术等领域具有专门知识和实践经验的公道正派的人员中聘任。 2. 第5条规定，除法律、法规另有规定外，仲裁庭、双方当事人、其他仲裁参与人对在案件审理过程中知悉的商业秘密及其他可能影响当事人商业信誉的信息负有保密义务。 3. 第27条规定了仲裁员4大类需要回避的情形，而且对第3种情形中的“其他关系”作出了解释，具体指明了5种关系。
17	杭州仲裁委员会	《杭州仲裁委员会智慧仲裁平台简易案件电子书面审理仲裁规则》（2018年）	1. 及时；2. 公平公正；3. 回避；4. 全面、客观地审核电子数据	第23条规定了申请回避的程序，但没有就回避的理由作出规定。

表2.6　17份中国大陆仲裁机构仲裁规则
关于仲裁员职业道德事项与内容规定的数据统计

职业道德具体内容	出现次数	出现概率（百分比）
公正性	17	100%
勤勉高效	16	94.1%
独立性	15	88.2%
保密	9	52.9%
诚实信用	4	23.5%
合理	2	11.8%
专业	2	11.8%
公道正派	1	5.9%
道德高尚	1	5.9%
善意	1	5.9%
妥善解决纠纷	1	5.9%

统计方法说明：在17份中国大陆仲裁机构仲裁规则中，对各具体职业道德出现的次数进行统计。1.“披露”和“回避”算入“公正性”和“独立性”，若同时出现，则只计一次；2.“全面、客观地审核电子数据”“公平公正”“公平、公正行事”“平等对待”“平等”算入“公正性”，若同时出现，则只计一次；3.“及时”“严重拖延程序的应对进行更换”“从速结案”算入“勤勉效率”，若同时出现，则只计一次，若同时出现，则只计一次；4. 出现概率（百分比）代表该职业道德在17份中国大陆仲裁机构仲裁规则中出现的概率。

四、仲裁员守则中的仲裁员职业道德

一般情况下，仲裁机构除了制定仲裁规则，也会制定仲裁员守则、仲裁员职业道德规范、仲裁员伦理规范等规范性文件[①]，并在其中对仲裁员需要具备的职业道德品格品质作出规定，有的仲裁员守则也会对违

① 为方便论述，除非特别说明，本书将仲裁机构制定的仲裁员守则、仲裁员职业道德规范、仲裁员伦理规范等类似的规范性文件统一称为“仲裁员守则”。

反仲裁员职业道德的惩处方式作出相关规定。由于国内外仲裁机构对仲裁员守则规定的方式并不一致，本书将从境外仲裁机构制定的仲裁员守则和中国大陆仲裁机构制定的仲裁员守则两个方面出发，整理和分析其中的仲裁员职业道德。

（一）境外仲裁机构仲裁员守则中的仲裁员职业道德

首先，本书整理分析了9份境外仲裁机构仲裁员守则，将这些守则中提及的仲裁员职业道德的事项与内容进行汇总整理和统计。详见表2.7、表2.8。尽管其中有的事项与内容并未得到普遍认可，但本节姑且将这些事项与内容先列入表格，待下一节进行具体分析。

表2.7　9份境外仲裁机构仲裁员守则
关于仲裁员职业道德事项与内容的规定情况一览表
（截至2019年3月1日）

序号	仲裁机构名称	文件名称	事项与内容
1	开罗区域国际商事仲裁中心（Cairo Regional Centre for International Commercial Arbitration）	《开罗区域国际商事仲裁中心仲裁员职业道德守则》（官方网站未注明生效年份）	1．公正性（第2条、第5条）；2．有时间和精力（第2条）；3．披露任何可能导致仲裁员公正性和独立性遭到怀疑的情况（第3条，以下简称“披露”）；4．效率（第4条第1款）5．独立性（第4条第2款）；6．廉洁（第6款）；7．保密（第7条、第8条）
2	巴西-加拿大商会仲裁与调解中心（The Center for Arbitration and Mediation of the Chamber of Commerce Brazil-Canada）	《巴西-加拿大商会仲裁与调解中心仲裁员职业道德守则》（2016年）	1．独立性（第1条）；2．公正性（第1条）；3．勤勉（第2条）；4．适格（第2条）；5．有时间（第2条）；6．保密（第3条）；7．披露（第4条）

续表2.7

序号	仲裁机构名称	文件名称	事项与内容
3	加拿大商事仲裁中心（Canadian Commercial Arbitration Center）	《加拿大商事仲裁中心仲裁员职业道德守则》（官方网站未注明生效年份）	1. 诚实（第1条）；2. 正直（第1条）；3. 公正性（第1条）；4. 适格（第7条）；5. 有尊严（第6条）；6. 独立性（第10条）；7. 披露（第11条、第12条）
4	香港国际仲裁中心（The Hong Kong International Arbitration Centre）	《香港国际仲裁中心仲裁员职业道德行为守则》（官方网站未注明生效年份）	1. 公正性（第1条）；2. 披露（第2条）；3. 独立性（第2条）；4. 廉洁（第2条）；5. 适格（第3条）；6. 保密（第4条）；7. 规范收费（第5条）；8. 可以宣传自己，但不得主动招揽委任（第6条）
5	中国台湾地区仲裁协会	《台湾仲裁协会仲裁人伦理规范》（2016年）	1. 公正（第1条、第8条）；2. 客观（第1条）；3. 独立（第1条）；4. 维护仲裁公信力（第1条）；5. 不得主动招揽委任（第3条）；6. 负责（第4条）；7. 保密（第6条）；8. 廉洁（第7条）；9. 回避（第12条）10. 积极推进仲裁程序（第15条）
6	新加坡国际仲裁中心（Singapore International Arbitration Centre）	《新加坡国际仲裁中心仲裁员职业道德守则》（2015年）	1. 公正性（第1条第1款）；2. 有时间（第1条第1款）；3. 有精力（第1条第1款）；4. 高效（第1条第3款）；5. 经济（第1条第3款）；6. 保密（第1条第2款、第7款）；7. 披露（第2条）；8. 独立性（第3条）
7	斯德哥尔摩商会仲裁院（Arbitration Institute of the Stockholm Chamber of Commerce）	《斯德哥尔摩商会仲裁院仲裁员指南》（2017年）	签署声明：1. 有时间；2. 公正性；3. 独立性

续表2.7

序号	仲裁机构名称	文件名称	事项与内容
8	美国仲裁协会（American Arbitration Association）	《美国仲裁协会商事争议仲裁员职业道德守则》（2004年）	1．正直（标准一第A条、标准七）；2．公正性（标准一第B条第1款、标准七）；3．独立性（标准一第B条第2款、标准五）；3．适格（标准一第B条第3款）；4．有时间（标准一第B条第4款）；5．有精力（标准一第B条第4款）；6．高效（标准一第F条）；7．披露（标准二、标准九）；8．避免与当事人不恰当接触（标准三）；8．勤勉（标准四）；9．保密（标准六）；10．恰当自我宣传（标准八）
9	米兰商会米兰仲裁院（Milan Chamber of Commerce Milan Chamber of Arbitration）	《米兰商会米兰仲裁院仲裁员职业道德守则》（2019年）	1．适格（第3条）；2．有时间（第4条）；3．有精力（第4条）；4．勤勉高效（第4条）；5．公正性（第5条）；6．独立性（第6条）；7．保持仲裁程序连贯快速进行（第8条）8．促成纠纷解决，但不过度干预当事人（第10条）

表2.8　9份境外仲裁机构仲裁员守则关于仲裁员职业道德事项与内容规定的数据统计

职业道德具体内容	出现次数	出现概率（百分比）
公正性	9	100%
独立性	9	100%
保密	6	66.7%
有时间	6	66.7%

续表2.8

职业道德具体内容	出现次数	出现概率（百分比）
适格	5	55.6%
勤勉高效	5	55.6%
有精力	4	44.4%
不主动招揽案件	4	44.4%
廉洁	3	33.3%
诚实正直	2	22.2%
规范收费	1	11.1%
促成纠纷解决	1	11.1%
保持客观	1	11.1%
维护仲裁公信力	1	11.1%
遵守经济性原则	1	11.1%

统计方法说明：按照职业道德在9份仲裁机构仲裁员守则中出现的次数进行统计。1.“披露”和“回避”算入“公正性”和“独立性”，若同时出现，则只计一次；2.“不得不合理迟延”“不得延迟履职”“避免不必要的延迟”算入“勤勉高效”，若同时出现，则只计一次，若同时出现，则只计一次；3.“快速”算入“勤勉高效”，若同时出现，则只计一次；4.“避免不必要开销”“合理开销”算入“遵守经济性原则”，若同时出现，则只计一次；5.出现概率（百分比）代表该职业道德在9份境外仲裁机构仲裁员守则中出现的概率。

（二）中国大陆仲裁机构仲裁员守则中的仲裁员职业道德

其次，针对我国大陆地区仲裁机构制定的仲裁员守则，本书收集了55份中国大陆仲裁机构制定的与仲裁员职业道德有关的规范性文件，并进行统计。详见表2.9、表2.10。

表2.9　55份中国大陆仲裁机构仲裁员守则关于仲裁员职业道德内容的规定情况一览表（截至2019年3月）

序号	仲裁机构名称	仲裁员职业道德规范性文件名称	初始版本施行时间	新版本修订时间	事项与内容
1	中国国际经济贸易仲裁委员会	《中国国际经济贸易仲裁委员会仲裁员守则》（CIETAC Code of Conduct for Arbitrators）	1993年4月6日	1994年5月6日	1. 公平合理（第1条）；2. 平等对待（第2条、第3条）；3. 清廉（第4条）；4. 披露有可能影响公正审理的情况（第5条，以下简称“披露”）；5. 严格遵守仲裁规则的程序审理（第6条）；6. 有时间（第7条）；7. 认真（第9条）；8. 不得出现倾向性（第10条）；9. 不得延迟（第11条、第12条）；10. 保密（第13条）；11. 参与仲裁机构举办的业外研讨活动和考核（第14条，以下简称“业外活动”）；12. 以仲裁机构名义发表文章或演讲须经同意（第15条，以下简称“发表同意”）
2	中国国际经济贸易仲裁委员会	《中国国际经济贸易仲裁委员会仲裁员行为考察规定》（CIETAC Rules for Evaluating the Behavior of Arbitrators）	2003年12月	2009年1月8日	1. 独立（第1条）；2. 公正（第1条）；3. 勤勉（第1条）；4. 公道正派（第2条）；5. 廉洁自律（第2条）
3	深圳国际仲裁院（深圳仲裁委员会）	《深圳国际仲裁院仲裁员守则》（The Code of Ethics for the SCIA Arbitrators）	1998年1月1日	2012年12月1日	1. 独立（第1条）；2. 公正（第1条）；3. 公平（第1条）；4. 勤勉（第1条）；5. 付出时间（第2条）；6. 付出精力（第2条）；7. 清廉（第4条）；8. 保密（第7条）；9. 如实宣传推广（第10条）

续表2.9

序号	仲裁机构名称	仲裁员职业道德规范性文件名称	初始版本施行时间	新版本修订时间	事项与内容
4	北京仲裁委员会	《北京仲裁委员会仲裁员守则》（BIAC Codes of Arbitrators）	1998年9月5日	2006年8月14日	1．公正（第2条）；2．公平（第2条）；3．勤勉（第2条）；4．高效（第2条）；5．诚实信用（第3条）；6．不得主动招揽案件（第4条）；7．言行得体（第6条）；8．保密（第12条）
5	上海仲裁委员会	《上海仲裁委员会仲裁员守则》	1995年8月2日		1．及时（第1条）；2．公正（第1条）；3．回避（第4条）；4．有时间（第5条）；5．保密（第8条）；6．发表同意
6	广州仲裁委员会	《广州仲裁委员会仲裁员守则》	1995年9月1日	2003年11月11日	1．公平合理（第1条）；2．独立（第1条）；3．公正（第1条）；4．勤勉高效（第1条）；5．谨慎（第5条）；6．披露（第7条）；7．回避（第7条）；8．言行得体（第12条）；9．廉洁（第14条）；10．保密（第18条）；11．发表同意（第24条）；12．业外活动（第25条）
7	石家庄仲裁委员会	《石家庄仲裁委员会仲裁员守则》	2018年4月1日		1．独立公正（第3条）；2．勤勉高效（第3条）；3．廉洁自律（第3条）；4．保密（第3条、第9条）；5．有时间（第4条）；6．有精力（第4条）；7．披露（第5条）；8．回避（第5条）；9．清廉（第6条）；10．言行得体（第7条）；11．业外活动（第10条、第11条）；12．发表同意（第12条）
8	郑州仲裁委员会	《郑州仲裁委员会仲裁员守则》	2008年5月1日		1．公正（第1条）；2．及时（第1条）；3．诚实信用（第4条）；4．勤勉高效（第4条）；5．独立（第4条）；6．不得损害机构声誉（第7条）7．推广仲裁（第6条）；8．业外活动（第10条）；9．发表同意（第11条）10．不得主动招揽案件（第12条）；11．保密（第23条）

续表2.9

序号	仲裁机构名称	仲裁员职业道德规范性文件名称	初始版本施行时间	新版本修订时间	事项与内容
9	雅安仲裁委员会	《雅安仲裁委员会仲裁员守则》	2017年		1. 公正（第1条）；2. 勤勉高效（第1条、第3条）；3. 有效（第1条）；4. 独立（第3条）；5. 言行得体（第16条）；6. 保密（第20条）7. 廉洁（第21条）；8. 业外活动（第24条）；9. 发表同意（第25条）
10	珠海仲裁委员会	《珠海仲裁委员会仲裁员守则》	2012年10月1日		1. 及时（第1条）；2. 公正（第1条）；3. 独立（第3条）；4. 认真（第3条）；5. 勤勉高效（第3条）；6. 不得主动招揽案件（第4条）；7. 言行得体（第8条）；8. 业外活动（第13条）
11	武汉仲裁委员会	《武汉仲裁委员会仲裁员守则》	2005年4月1日		1. 公正（第2条、第5条）；2. 公平（第2条）；3. 勤勉高效（第2条）；4. 言行得体（第8条）；5. 独立性（第5条）
12	长沙仲裁委员会	《长沙仲裁委员会仲裁员守则》	1999年4月1日	2016年5月1日	1. 公正（第1条）；2. 独立（第1条）；3. 专业（第1条）；4. 勤勉高效（第1条、第6条）；5. 诚实信用（第2条）；6. 审慎（第2条）；7. 有时间（第2条）；8. 有精力（第2条）；9. 不得主动招揽案件（第2条）；10. 不得发表影响案件的言论（第4条）；11. 言行得体（第7条）；12. 保密（第8条）；13. 廉洁（第9条）；14. 维护机构声誉（第10条）；15. 发表同意（第10条）
13	杭州仲裁委员会	《杭州仲裁委员会仲裁员守则》	2004年4月9日		1. 及时（第1条）；2. 公正（第1条）；3. 有效（第1条）；4. 独立；5. 勤勉高效；6. 有时间（第7条）；7. 清廉（第14条）；8. 言行得体（第16条）；9. 保密（第20条）；10. 业外活动（第24条）；11. 发表同意（第25条）

续表2.9

序号	仲裁机构名称	仲裁员职业道德规范性文件名称	初始版本施行时间	新版本修订时间	事项与内容
14	厦门仲裁委员会	《厦门仲裁委员会仲裁员守则》	1997年1月7日		1．公平合理（第1条）；2．清廉（第4条）；3．独立（第5条）；4．按照仲裁规则的程序审理（第6条）；5．有时间（第7条）；6．言行得体（第10条）；7．高效（第12条）；8．保密（第14条）；9．业外活动（第16条）；10．发表同意（第17条）
15	青岛仲裁委员会	《青岛仲裁委员会仲裁员守则》	2012年12月1日		1．独立（第1条）；2．公正（第1条）；3．勤勉（第1条）；4．清廉（第4条）；5．保密（第7条）；6．言行得体（第8条）；7．如实宣传（第10条）
16	大连仲裁委员会	《大连仲裁委员会仲裁员守则》	2010年8月1日		1．公正公平（第3条）；2．勤勉高效（第3条）；3．诚实信用（第4条）；4．独立性（第5条）；5．清廉（第7条）；6．保密（第13条）；7．业外活动（第15条）；8．发表同意（第16条）
17	南昌仲裁委员会	《南昌仲裁委员会仲裁员守则》	2002年9月5日		1．独立（第2条）；2．公正（第2条）；3．勤勉高效（第2条）；4．言行得体（第12条）；5．清廉（第15条）；6．保密（第16条）；7．业外活动（第21条）；8．发表同意（第22条）
18	合肥仲裁委员会	《合肥仲裁委员会仲裁员守则》	2011年2月11日		1．独立（第2条）；2．公正（第2条）；3．审慎（第2条）；4．勤勉高效（第2条）；5．清廉（第8条）；6．有时间（第9条）；7．言行得体（第12条）；8．保密（第15条）；9．发表同意（第17条）

续表2.9

序号	仲裁机构名称	仲裁员职业道德规范性文件名称	初始版本施行时间	新版本修订时间	事项与内容
19	昆明仲裁委员会	《昆明仲裁委员会仲裁员守则》	1996年3月4日	2000年1月13日	1. 公正（第1条）；2. 及时（第1条）；3. 业外活动（第2条）；4. 独立（第4条）；5. 勤勉（第4条）；6. 审慎（第4条）；7. 有时间（第7条）；8. 言行得体（第14条）；9. 保密（第17条）；10. 发表同意（第19条）
20	南宁仲裁委员会	《南宁仲裁委员会仲裁员守则》	2009年7月1日		1. 以法律为准绳；2. 独立（第1条）；3. 公正（第1条）；4. 保密（第6条）；5. 有时间（第10条）；6. 清廉（第12条）；7. 发表同意（第13条）；8. 业外活动（第15条）
21	银川仲裁委员会	《银川仲裁委员会仲裁员守则》	2006年8月1日		1. 公正（第1条）；2. 公平（第1条）；3. 勤勉高效（第1条）；4. 诚实信用（第2条）；5. 独立性（第4条）；6. 清廉（第6条）；7. 保密（第11条）
22	宁波仲裁委员会	《宁波仲裁委员会仲裁员守则》	2015年7月14日		1. 以法律为准绳（第1条）；2. 独立（第1条）；3. 公正（第1条）；4. 保密（第6条）；5. 言行得体（第8条）；6. 有时间（第11条）；7. 发表同意（第13条）
23	濮阳仲裁委员会	《濮阳仲裁委员会仲裁员守则》	2015年2月27日		1. 公平合理（第2条）；2. 独立（第2条）；3. 公正（第2条）；4. 勤勉高效（第2条）；5. 保密（第9条）；6. 业外活动（第26条）；7. 发表同意（第25条）
24	泰安仲裁委员会	《泰安仲裁委员会仲裁员守则》	2009年8月13日	2016年7月27日	1. 以法律为准绳（第2条）；2. 公平合理（第2条）；3. 独立（第2条）；4. 公正（第2条）；5. 有时间（第9条）；6. 清廉（第8条）；7. 言行得体（第10条）；8. 高效（第12条）；9. 保密（第15条）；10. 业外活动（第19条）；11. 发表同意（第20条）

续表2.9

序号	仲裁机构名称	仲裁员职业道德规范性文件名称	初始版本施行时间	新版本修订时间	事项与内容
25	苏州仲裁委员会	《苏州仲裁委员会仲裁员守则》	2000年1月1日		1. 公平合理（第2条）；2. 独立（第2条）；3. 公正（第2条）；4. 勤勉（第2条）；5. 业外活动（第3条）；6. 效率（第6条）；7. 廉洁（第7条）；8. 言行得体（第8条）；9. 保密（第11条）；10. 发表同意（第13条）
26	梅州仲裁委员会	《梅州仲裁委员会仲裁员守则》	2006年1月1日		1. 公平合理（第2条）；2. 独立（第2条）；3. 公正（第2条）；4. 勤勉高效（第2条）；5. 谦虚（第5条）；6. 谨慎（第5条）；7. 有时间（第11条）；8. 言行得体（第12条）；9. 保密（第18条）；10. 发表同意（第24条）；11. 业外活动（第25条）
27	湛江仲裁委员会（湛江国际仲裁院）	《湛江仲裁委员会（湛江国际仲裁院）仲裁员守则》	2014年11月1日	2016年6月	1. 公平（第2条）；2. 公正（第2条）；3. 勤勉高效（第2条）；4. 不得主动招揽案件（第4条）；5. 独立性（第5条）；6. 言行得体；7. 清廉（第7条）；8. 保密（第11条）
28	攀枝花仲裁委员会	《攀枝花仲裁委员会仲裁员守则》	2005年6月14日		1. 公平合理（第2条）；2. 公正（第2条）；3. 勤勉高效（第2条）；4. 审慎（第2条）；5. 维护机构权威性（第2条）；6. 有时间（第4条）；7. 业外活动（第10条）；8. 发表同意（第11条）

续表2.9

序号	仲裁机构名称	仲裁员职业道德规范性文件名称	初始版本施行时间	新版本修订时间	事项与内容
29	贵阳仲裁委员会	《贵阳仲裁委员会仲裁员守则（试行）》	2006年11月1日		1. 独立（第1条）；2. 公正（第2条）；3. 道德高尚（第3条）；4. 公道正派（第3条）；5. 廉洁自律（第3条）；6. 维护机构声誉（第3条）；7. 诚实守信（第4条）；8. 审慎（第4条）；9. 勤勉高效（第4条）；10. 保密（第7条）；11. 有时间（第8条）；12. 言行得体（第13条）；13. 清廉（第20条）；14. 发表同意
30	宜宾仲裁委员会	《宜宾仲裁委员会仲裁员守则》	2017年8月28日		1. 公平合理（第3条）；2. 独立（第3条）；3. 公正（第3条）；4. 认真（第3条）；5. 勤勉高效（第3条）；6. 有时间（第7条）；7. 清廉（第14条）；8. 言行得体（第16条）；8. 保密（第20条）；9. 业外活动（第24条）；10. 发表同意（第25条）
31	绵阳仲裁委员会	《绵阳仲裁委员会仲裁员守则》	2016年2月1日		1. 公平合理（第2条）；2. 独立（第2条）；3. 公正（第2条）；4. 审慎（第2条）；5. 勤勉高效（第2条、第5条）；6. 有时间（第9条）；7. 言行得体（第12条）；8. 保密（第15条）；9. 业外活动（第18条）；10. 发表同意（第19条）
32	洛阳仲裁委员会	《洛阳仲裁委员会仲裁员守则》	2004年2月24日		1. 公平合理（第2条）；2. 独立（第2条）；3. 公正（第2条）；4. 认真（第2条）；5. 勤勉高效（第2条、第5条）；6. 有时间（第5条）；7. 清廉（第8条）；8. 言行得体（第12条）；8. 保密（第15条）；9. 业外活动（第18条）；10. 发表同意（第19条）

续表2.9

序号	仲裁机构名称	仲裁员职业道德规范性文件名称	初始版本施行时间	新版本修订时间	事项与内容
33	长治仲裁委员会	《长治仲裁委员会仲裁员守则》	2017年4月1日		1. 全心全意为当事人服务（第1条）；2. 提高仲裁公信力（第1条）；3. 公正（第2条）；4. 发表同意（第17条）；5. 勤勉高效（第2条）；6. 不得主动招揽案件（第4条）；7. 有时间（第5条）；8. 言行得体（第8条）；9. 保密（第10条）；10. 清廉（第14条）；11. 业外活动（第16条）
34	扬州仲裁委员会	《扬州仲裁委员会仲裁员守则》	2012年2月22日		1. 公平合理（第2条）；2. 独立（第2条）；3. 公正（第2条）；4. 审慎（第2条）；5. 勤勉高效（第2条）；6. 有时间（第6条）；7. 言行得体（第15条）；8. 保密（第19条）；9. 业外活动（第24条）；10. 发表同意（第25条）11. 清廉（第13条）
35	盐城仲裁委员会	《盐城仲裁委员会仲裁员守则》	2009年3月10日		1. 公平合理（第2条）；2. 独立（第2条）；3. 公正（第2条）；4. 审慎（第2条）；5. 勤勉高效（第2条）；6. 有时间（第9条）；7. 言行得体（第15条）；8. 保密（第19条）；9. 业外活动（第23条）；10. 发表同意（第24条）；11. 清廉（第13条）
36	南通仲裁委员会	《南通仲裁委员会仲裁员守则》	2014年10月28日		1. 平等对待（第3条）；2. 言行得体（第9条）；3. 高效（第12条）；4. 公正（第10条）；5. 有时间（第13条）；6. 独立（第14条）；7. 清廉（第15条）；8. 保密（第17条）；9. 业外活动（第20条）；10. 发表同意（第22条）

续表2.9

序号	仲裁机构名称	仲裁员职业道德规范性文件名称	初始版本施行时间	新版本修订时间	事项与内容
37	九江仲裁委员会	《九江仲裁委员会仲裁员守则》	2013年10月17日		1. 公平合理（第2条）；2. 独立（第2条）；3. 公正（第2条）；4. 认真（第2条）；5. 勤勉高效（第2条）；6. 有时间（第9条）；7. 言行得体（第12条）；8. 保密（第16条）；9. 业外活动（第22条）；10. 发表同意（第23条）；11. 清廉（第15条）
38	西宁仲裁委员会	《西宁仲裁委员会仲裁员守则》	2018年9月5日		1. 公平（第3条）；2. 独立（第5条）；3. 公正（第3条）；4. 勤勉高效（第3条）；5. 言行得体（第7条）；6. 有时间（第9条）；7. 保密（第9条）；8. 发表同意（第23条）
39	齐齐哈尔仲裁委员会	《齐齐哈尔仲裁委员会仲裁员守则》	2008年12月8日		1. 公平合理（第2条）；2. 独立（第2条）；3. 公正（第2条）；4. 认真（第2条）；5. 勤勉高效（第2条）；6. 有时间（第9条）；7. 言行得体（第12条）；8. 清廉（第14条）；9. 保密（第18条）；10. 业外活动（第25条）；11. 发表同意（第24条）
40	东营仲裁委员会	《东营仲裁委员会仲裁员守则》	2017年9月28日		1. 公平合理（第2条）；2. 独立（第2条）；3. 公正（第2条）；4. 审慎（第2条）；5. 勤勉高效（第2条）；6. 有时间（第5条）；7. 言行得体（第11条）；8. 清廉（第7条）；9. 保密（第14条）；业外活动（第17条）；10. 发表同意（第18条）
41	汕尾仲裁委员会	《汕尾仲裁委员会仲裁员守则》	2013年11月29日		1. 公正；2. 合法；3. 合理；4. 独立；5. 勤勉；6. 保密；7. 依据事实与法律裁判

续表2.9

序号	仲裁机构名称	仲裁员职业道德规范性文件名称	初始版本施行时间	新版本修订时间	事项与内容
42	日照仲裁委员会	《日照仲裁委员会仲裁员守则》	2015年6月3日		1. 公正（第2条）；2. 合理（第2条）；3. 清廉（第5条）；4. 保密（第8条）；5. 有时间（第10条）；6. 效率（第12条）；7. 言行得体（第13条）；8. 发表同意（第14条）
43	淄博仲裁委员会	《淄博仲裁委员会仲裁员守则》	2008年11月6日		1. 公平合理（第3条）；2. 独立（第3条）；3. 公正（第3条）；4. 认真（第3条）；5. 勤勉高效（第3条）；6. 有时间（第8条）；7. 言行得体（第12条）；8. 清廉（第10条）；9. 保密（第14条）；10. 业外活动（第17条）；11. 发表同意（第18条）
44	佛山仲裁委员会	《佛山仲裁委员会仲裁员守则》	未列明		1. 公平合理（第2条）；2. 独立（第2条）；3. 公正（第2条）；4. 审慎（第2条）；5. 勤勉（第2条）；6. 有时间（第5条）；7. 言行得体（第12条）；8. 清廉（第10条）；9. 保密（第18条）；10. 业外活动（第21条）；12. 发表同意（第24条）
45	德州仲裁委员会	《德州仲裁委员会仲裁员守则》	2018年10月9日		1. 公正公平（第2条）；2. 勤勉高效（第2条）；3. 诚实信用（第3条）；4. 独立（第5条）；5. 言行得体（第6条）；6. 清廉（第7条）；7. 保密（第12条）
46	马鞍山仲裁委员会	《马鞍山仲裁委员会仲裁员守则》	未列明		1. 公平合理（第2条）；2. 独立（第2条）；3. 公正（第2条）；4. 审慎（第2条）；5. 勤勉（第2条）；6. 有时间（第5条）；7. 清廉（第8条）；8. 保密（第9条）；9. 诚实信用（第5条）；10. 不得主动招揽案件（第7条）

续表2.9

序号	仲裁机构名称	仲裁员职业道德规范性文件名称	初始版本施行时间	新版本修订时间	事项与内容
47	河池仲裁委员会	《河池仲裁委员会仲裁员守则》	2017年10月1日		1. 平等对待（第3条）；2. 认真（第4条）；3. 独立（第8条）；4. 及时（第9条）；5. 有时间（第10条）；6. 保密（第12条）；7. 发表同意（第13条）；8. 业外活动（第15条）
48	雅安仲裁委员会	《雅安仲裁委员会仲裁员职业道德基本准则》	2018年6月12日		1. 公正（第1节）；2. 高效（第2节）；3. 廉洁（第3节）；4. 遵守礼仪（第4节）；5. 加强自身修养（第5节）
49	榆林仲裁委员会	《榆林仲裁委员会仲裁员行为规范》	2017年2月27日		1. 公平合理（第2条）；2. 独立（第2条）；3. 公正（第2条）；4. 审慎（第2条）；5. 勤勉（第2条）；6. 有时间（第5条）；7. 言行得体（第4条）；8. 清廉（第5条）；9. 保密（第5条）；业外活动（第8条）；10. 发表同意（第8条）；11. 维护机构权威（第2条）
50	南阳仲裁委员会	《南阳仲裁委员会仲裁员行为规范》（原为《南阳仲裁委员会仲裁员守则》）	2006年5月1日		1. 公平合理（第2条）；2. 独立（第2条）；3. 公正（第2条）；4. 审慎（第2条）；5. 勤勉（第2条）；6. 有时间（第6条）；7. 言行得体（第5条）；8. 清廉（第8条）；9. 业外活动（第9条）；10. 发表同意（第9条）；11. 维护机构权威（第2条）；12. 不得主动招揽案件（第4条）
51	锦州仲裁委员会	《锦州仲裁委员会仲裁员行为规范》	2013年3月1日		1. 公平合理（第2条）；2. 独立（第2条）；3. 公正（第2条）；4. 审慎（第7条）；5. 勤勉（第7条）；6. 有时间（第7条）；7. 言行得体（第14条）；8. 清廉（第12条）；9. 保密（第20条）；10. 发表同意（第22条）

续表2.9

序号	仲裁机构名称	仲裁员职业道德规范性文件名称	初始版本施行时间	新版本修订时间	事项与内容
52	宝鸡仲裁委员会	《宝鸡仲裁委员会仲裁员行为规范（试行）》（原为《宝鸡仲裁委员会仲裁员暂行守则》）	1996年8月26日	2006年3月28日	1. 公平合理（第2条）；2. 独立（第4条）；3. 公正（第2条）；4. 审慎（第2条）；5. 勤勉（第2条）；6. 有时间（第5条）；7. 言行得体（第4条）；8. 清廉（第5条）；9. 业外活动（第8条）；10. 发表同意（第8条）；11. 维护机构权威（第2条）；12. 不得主动招揽案件（第4条）
53	湖州仲裁委员会	《湖州仲裁委员会仲裁人员守则及违法仲裁责任追究办法》	2013年5月30日		1. 公正（第1条）；2中立（第2条）；3. 保密（第6条）；4. 有时间（第9条）；5. 发表同意（第10条）
54	泸州仲裁委员会	《泸州仲裁委员会仲裁员管理办法》（第四、五章）	2015年8月1日		1. 公道正派（第3条）；2. 诚实守信（第3条）；3. 勤勉高效（第3条）；4. 无违法违纪记录（第3条）；5. 业外活动（第16条）；6. 廉洁（第20条）；7. 维护机构形象（第20条）；8. 发表同意（第20条）；9. 依据仲裁规则仲裁；10. 推广仲裁
55	呼和浩特仲裁委员会	《呼和浩特仲裁委员会仲裁员纪律处分办法》	2008年10月14日	2010年8月26日	1. 公正（第6条）；2. 勤勉高效（第6条）；3. 独立（第7条）；4. 清廉（第7条）

表2.10　55份中国大陆仲裁机构仲裁员守则关于仲裁员职业道德事项与内容的数据统计

职业道德具体内容	出现次数	出现概率（百分比）
勤勉高效	54	96.3%
公正性	52	94.5%
独立性	50	90.9%
保密	46	83.6%
廉洁（清廉）	42	76.4%
以仲裁机构名义发表文章或演讲须经同意	42	76.4%
言行得体	38	69.1%
有时间	35	63.6%
参与仲裁机构举办的业外研讨活动和考核	34	61.8%
公平合理	25	45.5%
谨慎（审慎）	17	30.9%
不主动向潜在当事人招揽案件	9	16.4%
诚实信用	9	16.4%
维护仲裁机构声誉	8	14.5%
认真	8	14.5%
以法律为准绳	4	7.2%
依据仲裁规则仲裁	3	5.5%
公道正派	3	5.5%
有精力	3	5.5%
推广仲裁	2	3.6%
如实自我宣传	2	3.6%
有效仲裁	2	3.6%
遵守礼仪	2	3.6%
加强修养	2	3.6%
专业	1	1.8%

续表2.10

职业道德具体内容	出现次数	出现概率（百分比）
不发表影响案件的言论	1	1.8%
谦虚	1	1.8%
道德高尚	1	1.8%
提高仲裁公信力	1	1.8%
全心全意为当事人服务	1	1.8%
无违法违纪记录	1	1.8%
有效	1	1.8%

统计方法说明：按照职业道德事项与内容在55份中国大陆仲裁机构仲裁员守则中出现的次数进行统计。1.“披露”和“回避”算入“公正性”和“独立性”，若同时出现，则只计一次；2.“不得不合理迟延”“不得延迟履职”“避免不必要的延迟”算入“勤勉高效”，若同时出现，则只计一次，若同时出现，则只计一次；3.“快速”算入“勤勉高效”，若同时出现，则只计一次；4.出现概率（百分比）代表该职业道德事项与内容在55份中国大陆仲裁机构仲裁员守则中出现的概率。

五、仲裁协会规则中的仲裁员职业道德

行业协会规则是指，由仲裁行业或相关行业组织制定的，用于规范仲裁员执业行为和职业道德的规范性文件。行业协会规则一般没有直接规定仲裁员职业道德的事项与内容，其作用主要是为判断仲裁员是否违反公正性和独立性提供较为科学合理的标准。

涉及仲裁员职业道德的国际行业协会规则的典范是国际律师协会于2004年出台的《国际律师协会关于国际仲裁中利益冲突问题指南》（*International Bar Association Guidelines on Conflicts of Interest in International Arbitration*，以下简称《IBA冲突指南》）[①]。从规定方法上

① 《国际律师协会关于国际仲裁中利益冲突问题指南》于2014年进行了修订，除特别说明，以下所称《IBA冲突指南》均指2014年版本的《IBA冲突指南》。

看，《IBA冲突指南》的条文大多属于间接规定规则，且主要指向仲裁员的独立性和公正性。

《IBA冲突指南》是迄今为止关于规范仲裁员公正性与独立性最为全面的行业规范性文件，为仲裁员公正性、独立性、披露义务提供了较为科学的判断标准和方法，在规范仲裁员职业道德方面发挥着重要作用。有学者评价道，《IBA冲突指南》是改善仲裁员独立性和公正性神圣原则极佳的工具，如若它不存在于世，那就必须要创造出来。①另外，近年来，投资仲裁取得了不少成功经验，数量也急剧增加，仲裁员的独立性问题在国际仲裁中显得更加重要，因此有必要设定国际社会普遍认可的仲裁员职业道德标准。②

Gordon Hewart法官曾在判决中说过，正义不仅应得到实现，而且要以人们看得见的方式加以实现。③《IBA冲突指南》正是以一种"看得见的方式"列举了可能出现的影响仲裁员公正性的情形，并分为不可弃权的红色清单、可弃权的红色清单、推定弃权的橙色清单和绿色清单。

具体来说，1.不可弃权的红色清单所列举的须披露的利益冲突情形，如果仲裁员存在这些情形之一，即使仲裁员进行了主动披露，都不能消除潜在的利益冲突，无论如何都不得继续担任该案的仲裁员。2.可弃权的红色清单包括各种重大但不严重的利益冲突情形，双方当事人知晓仲裁员存在该清单中所涵盖的利益冲突，但仍明确同意由该仲裁员继续进行仲裁，视为当事人对该利益冲突放弃了异议权。3.橙色清单所列举的情形主要是以当事人的视角来确定的，即可能引起当事人对仲裁员的独立性或公正性产生合理怀疑的情形，但并不是穷尽式的列举，仲裁员对是否

---

① Ramon Mullerat, "Arbitrators' Conflicts of Interest Revisited: A Contribution to the Revision of the Excellent IBA Guidelines on Conflicts of Interest in International Arbitration", 4 (2) *Dispute Resolution International* 68 (2010).

② Nathalie Voser & Angelina M Petti, "The Revised IBA Guidelines on Conflicts of Interest in International Arbitration", 33 (1) *ASA Bulletin* 7 (2015).

③ R v Sussex Justices; Ex parte McCarthy [1924] 1 KB 256 at 259.

存在这些情形承担披露的义务。一旦仲裁员进行了披露，但当事人没有及时提出异议，则推定当事人已接受该仲裁员。4.绿色清单所列举的情形是基于相应的客观角度，即涵盖在表面上或实质上没有利益冲突的具体情形，也是非穷尽式列举，仲裁员对这些情形没有主动披露的义务。

也有学者指出，《IBA冲突指南》规定的披露内容还是过于狭窄，在起草者看来，诸如专业上的、慈善事业中的、学术上形成的关系不需要披露，但在更加重视内部联系的当今世界，紧密的私人联系不仅仅是以往的邻里关系，还更有可能存在于专业的、慈善事业中的、学术上形成的关系或社交活动。①

另外，英国特许仲裁学会也是较为著名的仲裁行业组织。其于2009年发布了《英国皇家特许仲裁员协会会员专业和道德行为准则》［*The Chartered Institute of Arbitrators Code of Professional and Ethical Conduct for Members*，以下简称《CIArb准则》（2009年）］，要求英国皇家特许仲裁协会会员在任何时候都应当遵守专业和道德准则，在解决争议的全过程都需适用该准则作为职业道德规则。《CIArb准则》（2009年）的条文多为直接规定规则。具体而言，《CIArb准则》（2009年）分为两个部分，第一部分规定了会员在作为协会成员或接受协会任命时应当遵守的行为规范；第二部分规定了会员保持公正公平的具体要求，包括：一般行为准则、诚信与公平、利益冲突、适格、提供信息、交流、仲裁程序中的行为、信任和保密、费用收取。

此外，亦有行业协会和仲裁学术性组织共同起草的文件，其中涉及对仲裁员职业道德的规定。例如，美国国际法协会（American Society of International Law，以下简称ASIL）与国际商事仲裁协会（International Council for Commercial Arbitration，以下简称ICCA）于2016年发布了

① Mark R. Joelson, "A Critique of the 2014 International Bar Association Guidelines on Conflicts of Interest in International Arbitration", 26 (3) *The American Review of International Arbitration* 8 (2015).

《美国国际法协会与国际商事仲裁协会关于投资国仲裁中的冲突事项联合行动报告》［*The ASIL-ICCA Task Force Report on Issue Conflicts in Investor-State Arbitration*，以下简称《ASIL-ICCA行动报告》（2016年）］，其中介绍了该行动报告的目的在于评估和汇报投资仲裁中的利益冲突问题，并为将来的实践提出最优建议。ICCA是一个全球性的非政府组织，受到联合国认可。其致力于发展和完善仲裁制度、调解制度等国际争议解决制度，其中包括召开两年一次的国际仲裁大会，赞助权威的关于争议解决的出版物，促进仲裁与调解规则、法律、标准之间的融合。而ASIL是一个非营利、无政党倾向的教育性会员组织，其使命是促进国际法研究，维护建立在国际法规则上的国际关系，协会由近4000名成员组成，包括来自100多个国家的律师、学者、法官、学生和其他致力于国际法研究的人。

《ASIL-ICCA行动报告》（2016年）分析了现有的规则，例如：《联合国关于司法独立的基本原则》（*United Nations Basic Principles on the Independence of the Judiciary*）《伯格豪斯国际司法独立原则》（*Burgh House Principles on the Independence of the International Judiciary*）《关于出席国际法院和法庭的律师道德标准的海牙原则》（*Hague Principles on Ethical Standards for Counsel Appearing before International Courts and Tribunals*）《美国仲裁协会与美国律师协会关于商事争议中仲裁员的职业道德规则》（*AAA/ABA Code of Ethics for Arbitrators in Commercial Disputes*）《IBA冲突指南》及仲裁机构发布的仲裁规则，并评价了目前国际法院、前南斯拉夫刑事国际法庭、卢旺达国际刑事法庭、塞拉利昂特别法庭、国际刑事法庭、国际贸易组织争端解决等司法实践，整理了关于申请仲裁员异议的国际投资案例，展望了国际投资仲裁的发展方向，并专门针对国际投资仲裁中的仲裁员职业道德问题提出了建议。

笔者整理了上述3份仲裁协会规则中关仲裁员职业道德事项的规定，并进行了统计。详见表2.11、表2.12。

表2.11　3份仲裁协会规则
关于仲裁员职业道德事项与内容的规定情况一览表
（截至2019年3月）

序号	仲裁机构名称	文件名称	事项与内容
1	国际律师协会（International Bar Association）	《国际律师协会关于国际仲裁中利益冲突问题指南》（*International Bar Association Guidelines on Conflicts of Interest in International Arbitration*, 2014）	1. 公正性（第一部分第1条）；2. 独立性（第一部分第1条）；3. 披露（第一部分第3条）
2	英国特许仲裁学会（The Chartered Institute of Arbitrators）	《英国皇家特许仲裁员协会会员专业和道德行为准则》（*The Chartered Institute of Arbitrators Code of Professional and Ethical Conduct for Members*, 2009）	1. 公正（第一部分第1条）；2. 忠诚（第一部分第1条）；3. 披露（第一部分第2条、第3条）；4. 合适（第一部分第4条第2款）；5. 正直（第二部分第2条）；6. 公正性（第二部分第2条、第3条）；7. 独立性（第二部分第3条）；8. 适格（第二部分第4条）；9. 不得不恰当迟延（第二部分第7条）；10. 保密（第二部分第8条）；11. 收取合理费用（第二部分第9条）
3	美国国际法协会（American Society of International Law）与国际商事仲裁协会（International Council for Commercial Arbitration）	《美国国际法协会与国际商事仲裁协会关于投资国仲裁中的冲突事项联合行动报告》（*The ASIL-ICCA Task Force Report on Issue Conflicts in Investor-State Arbitration*, 2016）	1. 公正性；2. 独立性

表2.12　9份境外仲裁机构仲裁员守则
关于仲裁员职业道德事项与内容规定的数据统计

职业道德具体内容	出现次数	出现概率（百分比）
公正性	3	100%
独立性	3	100%
保密	1	33.3%
有时间	1	33.3%
合适	1	33.3%
适格	1	33.3%
勤勉高效	1	33.3%
正直	1	33.3%
遵守经济性原则	1	33.3%
忠诚	1	33.3%

统计方法说明：按照职业道德在9份仲裁机构仲裁员守则中出现的次数进行统计。1.“披露”和“回避”算入“公正性”和“独立性”，若同时出现，则只计一次；2.“不得不合理迟延”“不得延迟履职”“避免不必要的延迟”算入“勤勉高效”，若同时出现，则只计一次，若同时出现，则只计一次；3.“快速”算入“勤勉高效”，若同时出现，则只计一次；4.“避免不必要开销”“合理开销”算入“遵守经济性原则”，若同时出现，则只计一次；5. 出现概率（百分比）代表该职业道德在9份境外仲裁机构仲裁员守则中出现的概率。

第二节　仲裁员职业道德的具体内容界定

本节将结合第一章对仲裁员职业道德概念及内涵的界定，对出现在法律和行业规则中的仲裁员职业道德事项与内容进行判断，区分出哪些事项与内容应当纳入仲裁员职业道德具体内容的范畴，哪些内容不宜纳入仲裁员职业道德具体内容的范畴，并对纳入仲裁员职业道德范畴的具体内容进行分类，对未纳入仲裁员职业道德范畴的具体内容进行解释说明，为下一章展开仲裁员职业道德责任的讨论提供分析基础。

从应然层面出发，如前所述，功能主义学说和功能理论着重从仲裁的社会功能及仲裁员的性质特点入手，对仲裁员的职业道德进行界定。即仲裁员职业道德应当理解为，仲裁员在执业过程中，面对当事人、社会大众、仲裁员法律职业共同体时，应当遵守的职业道德及具备的品格品质。

从实然的层面出发，可以根据职业道德具体内容被国内立法和行业规则采纳的程度，将仲裁员的职业道德分为：严格的职业道德、较为严格的职业道德、普通的职业道德。严格的职业道德是指，被大多数国家立法和行业规则规定的仲裁员应当具备的职业道德，主要包括独立性和公正性。较为严格的职业道德是指，被部分国家立法和行业规则规定的仲裁员应当具备的职业道德，主要包括勤勉高效和保密。普通的职业道德是指，未被国家立法所确立的，而由部分行业规则进行规定的仲裁员应当具备的职业道德，主要包括保持良好信用记录、按照协议仲裁、谨慎、遵守经济性原则、依照法律裁决、如实自我宣传等。

另外，不少仲裁规则及仲裁员守则还规定了其他与仲裁员职业道德相关的义务或要求，有些学者将它们归入仲裁员职业道德的事项与内容。但笔者根据本书对仲裁员职业道德的界定，将其归入“不属于仲裁员职业道德具体内容的事项”。

需要说明的是，由于中文措辞较为丰富，在制定具体规则时通常会有不同的表述方式，不少国内仲裁规则和仲裁员守则中时常也会出现词义重复的现象，但不同词汇表达的其实是相同的意思。例如，“仲裁员不得不合理迟延”“仲裁员不得延迟履职”“仲裁员应当避免不必要的延迟”，而这三种表述所体现的具体内涵差别不大，可以归入“勤勉高效”；再如，“仲裁员应当保持谨慎”和“仲裁员应当审慎仲裁”的意思差别亦不大，可以统称为“谨慎”。

另外，不少仲裁规则或仲裁员守则中使用了诸如正直（integrity）、客观（objective）、诚实（faithful）等过于宏观、抽象的词汇。本书认为，不宜将它们作为仲裁员职业道德的具体内容。理由如下：第一，仲裁员职业道德属于法律职业道德，在描述仲裁员职业道德具体内容时应当尽量使用“法言法语”，即专业术语。特别是在国内立法和行业规则等规范性文件中，对于词语的选择应当更加慎重和准确。第二，如前所述，仲裁员属于法律职业共同体，社会大众对该法律职业共同体的道德水平具有较高的期待，而“正直”“客观”“诚实”等品格品质并非仲裁员职业所特有，其他法律职业者同样也需具备这些品格品质，甚至这些品格品质也是对法治社会中公民的基本要求，不能单纯归为仲裁员的职业道德，而仅仅属于一般的法律人及普罗大众的道德品质。因此，在下文分析某项具体内容是否属于仲裁员职业道德的具体内容时，本书也着重考察了所采措辞及术语的法律性和专业性，将过于宏观、抽象的用词排除于仲裁员职业道德的具体内容之外，归为“不属于职业道德具体内容的事项”。

一、严格的职业道德

（一）独立性

首先，从应然层面分析。“独立性”主要要求的是仲裁员独立于当事人或当事人的代理人进行执业行为，要求仲裁员不得与当事人或当事人的代理人之间存在有可能影响公正公平裁决的情形或关系；这种关系包括财产上的往来、专业上的交往和私人交往关系等较为紧密的社会关系。仲裁员独立性的首要要求就是仲裁员必须中立于各方当事人，仲裁员保持中立既是实现公正仲裁的前提和基础，也是实现仲裁程序正义的必要条件。根据上文对仲裁员职业道德的界定，“独立性”符合仲裁员职业道德的三个面向，即在面对当事人、社会大众、仲裁员法律职业共同体时，均应当保持“独立性”，方能保证仲裁制度顺利进行，实现仲裁的程序正义。

其次，从实然层面分析。“独立性”在26个国家和地区的国内立法中出现的概率是88.5%，在17份境外仲裁机构仲裁规则中出现的概率是100%，在17份中国大陆仲裁机构仲裁规则中出现的概率是88.2%，在9份境外仲裁机构仲裁员守则中出现的概率是100%，在55份中国大陆仲裁机构仲裁员守则中出现的概率是90.9%，在3份仲裁协会规则中出现的概率是100%。显然，在实然层面，“独立性”是国内立法和行业规则普遍接受的仲裁员职业道德。

综上，从应然和实然两个层面考察的结果来看，“独立性”应当纳入仲裁员职业道德具体内容的范畴，而且鉴于其被绝大多数的国内立法和行业规则所规定，因此可以将其归为“严格的职业道德”。

（二）公正性

首先，从应然层面分析。公正性与独立性的内涵不甚相同。仲裁员作为案件的裁判者，保持独立性是其公正性的前提和基础，而公正性是独立性的现实反映和逻辑结果。一般而言，“公正性”是指仲裁员既不偏袒也不歧视，对特定一方当事人没有观念上的偏见，公平一致地听取当事人的意见；而独立性是指仲裁员与一方当事人或其律师之间不存在紧密的社会联系，无论是经济上、专业上还是个人关系上。“公正性”要求仲裁员公平地对待各方当事人，不得偏袒、歧视、压制任何一方，无论当事人的性别、民族、国籍、职业、地位、资产状况等情况有何差别，当事人在仲裁案件中均享有平等法律地位，仲裁员应当保证在整个仲裁程序中当事人平等地享有权利，确保双方当事人平等地进行举证、质证、辩论的机会，不得向任何一方当事人及其代理人表现出倾向性态度。此外，仲裁员在整个仲裁程序中，不得与一方当事人或当事人的代理人私自会见联系，不得接受当事人的宴请送礼。

此外，公正性也是仲裁员群体立业的根本要求，对于拥有纠纷案件审理权和裁判权的公断人，应当在纠纷主体之间保持公平公正，维护仲裁员法律职业共同体的严肃性和权威性。根据上文对仲裁员职业道德的界定，“公正性”符合仲裁员职业道德的三个面向，即在面对当事人、社会大众、仲裁员法律职业共同体时，均应当保持“公正性”，方能保障当事人各方平等享有权利，保证仲裁制度顺利进行，实现仲裁的程序正义。

其次，从实然层面分析。“公正性”在26个国家和地区的国内立法中出现的概率是92.3%，在17份境外仲裁机构仲裁规则中出现的概率是100%，在17份中国大陆仲裁机构仲裁规则中出现的概率是100%，在9份境外仲裁机构仲裁员守则中出现的概率是100%，在55份中国大陆仲裁机构仲裁员守则中出现的概率是94.5%，在3份仲裁协会规则中出现的概率是100%。显然，在现实中，“公正性”也是国内立法和行业规则普遍接受的仲裁员职业道德。

综上，从应然和实然两个层面考察的结果来看，“公正性”应当纳入仲裁员职业道德具体内容的范畴，而且鉴于其被绝大多数的国内立法和行业规则所规定，因此可以将其归为“严格的职业道德”。

二、较为严格的职业道德

区分“严格的职业道德”和“较为严格的职业道德”的关键在于该具体内容被国内立法和行业规则接受的程度，换言之，从实然层面出发，“严格的职业道德”是被绝大多数的国内立法和行业规则所接受的，而“较为严格的职业道德”则是被多数的国内立法和行业规则所接受。

综合分析以上几个表格，“勤勉高效”和“保密”两项在国内立法和行业规则中出现的概率仅低于“独立性”和“公正性”，而“勤勉高效”和“保密”这两项出现的概率又比其他事项出现的概率高出较多。例如：在26个国家和地区的国内立法中，“勤勉高效”出现的概率为53.8%，“保密”出现的概率为34.6%，而“保持良好信用纪律”和“按照协议仲裁”出现的概率仅为15.4%和7.7%。在17份境外仲裁机构仲裁规则中，“勤勉效率”出现的概率为82.4%，“保密”出现的概率为70.6%，而“有时间”和“遵守经济性原则”出现的概率仅为29.4%和23.5%。在55份我国大陆地区仲裁员守则中，出现概率排名第一的是“勤勉高效”，概率高达96.3%，排名第二的是“公正性”，概率为94.5%，排名第三的是“独立性”（90.9%），排名第四的是“保密”，概率为83.6%，而接下来的“清廉”“有时间”等项目的出现概率均低于80%。

基于以上分析，本书将“勤勉高效”和“保密”归类为“较为严格的职业道德”，介于“严格的职业道德”和“普通的职业道德”之间。

（一）勤勉高效

首先，从应然层面分析。“勤勉高效”是对仲裁员职业能力和专业素养的要求，要求仲裁员在仲裁程序中应当对各项工作保持积极的态度，勤劳地完成各项任务，对案件证据的核实、事实的查明、法律的适用应当尽职尽责，并且需随时保证办案效率，保持仲裁程序高效运行，尽可能避免不必要的拖延。“勤勉高效”对应的是仲裁高效快速的特点，这也是仲裁异于诉讼的特点，特别是在国际商事、海商、国际投资争议领域，快速地解决纠纷、尽量减少因解决争议带来的损失是当事人选择仲裁程序的初衷，这就要求仲裁员应当“高效”地推进仲裁程序的进展，从而尽快解决争议。仲裁员的“勤勉”则是保证仲裁程序“高效”的必备条件，因此，不少仲裁规则和仲裁员守则在作出规定时使用的是“勤勉高效”一词。

根据上文对仲裁员职业道德的界定，“勤勉高效”符合仲裁员职业道德的三个“面向”：在面向当事人时，仲裁员保持“勤勉高效”是为了推进仲裁程序顺利进行，尽快为当事人解决争议，减少当事人的损失；在面向社会大众时，仲裁员保持“勤勉高效”从侧面体现了仲裁制度高效的优势特点，使得更多的商事、投资争议主体选择仲裁；面向仲裁员法律职业共同体时，仲裁员保持“勤勉高效”直接展现的是仲裁员职业的业务素养，有利于仲裁员法律职业共同体形成良好的执业习惯和执业氛围，提升仲裁作为替代性纠纷解决程序的认可度和信赖感，促进仲裁行业的发展。

其次，从实然层面分析。“勤勉高效”在26个国家和地区的国内立法中出现的概率是53.8%，在17份境外地区仲裁机构仲裁规则中出现的概率是82.4%，在17份中国大陆仲裁机构仲裁规则中出现的概率是94.1%，在9份境外仲裁机构仲裁员守则中出现的概率是55.6%，在55份中国大陆仲裁机构仲裁员守则中出现的概率是96.3%，在3份仲裁协会规则中出现的概率是33.3%。尽管在国内立法层面“勤勉高效”出现的概率与“公正性”“独立性”出现的概率相差较大，但大多数仲裁规则和仲裁员守则还是把“勤勉高效”列为仲裁员的职业道德。

综上，从应然和实然两个层面考察的结果来看，“勤勉高效”应当纳入仲裁员职业道德具体内容的范畴，而且鉴于其被多数国内立法和行业规则所规定，因此可以将其归为“较为严格的职业道德”。

（二）保密

首先，从应然层面分析。“保密”对应的是仲裁制度中的“保护当事人隐私性”“保护商业秘密”“尊重当事人意愿”的特点，当事人选择仲裁时带着期望和信任，而不仅仅是为了私下解决争议，而且希望仲裁员把仲裁程序中提出的事项当作秘密看待。[①]仲裁可被视为一种涉及法律的商业，仲裁员的法律服务即是这种商业的商品。对于商品，个性

① Gu Weixia, “Confidentiality Revisited: Blessing or Curse in International Commercial Arbitration?”, 15 (1) *American Review Of International Arbitration* 2 (2005).

与特色就是其生命力。如果仲裁不再具有保密性，它会丧失了一部分传统特色，丧失补充诉讼制度不足的功能。[①]“保密”是仲裁制度最重要的部分，商人们不愿意将他们的商业秘密、商业计划、策略、合同、金融业绩或其他的商业信息公之于众，但在诉讼程序中，这些商业信息时常会被公众所知悉。[②]

仲裁的保密性有许多优点，例如降低了破坏商业关系持续发展的风险，可以避免对当事人不利的司法判决。此外，保密性使得当事人发表本不愿在公开场合发表的言论。仲裁程序的保密性为当事人提供了私下解决争议的平台，并避免了媒体的介入及竞争对手的觊觎。[③]有学者将保密性的价值总结为三个方面。第一，仲裁的保密性和独立性有助于维护当事人的声誉和商誉。第二，坚持仲裁的保密性有利于保护当事人的商业秘密不被泄露。第三，在保密义务的要求和保护下，当事人可以加速信息的沟通，不必担心发生连锁诉讼或仲裁，避免在其他的关联诉讼或仲裁中处于不利的地位，方便当事人务实灵活地快速解决争议。[④]因此，可以看出，“保密”这一职业道德所指面向的既有当事人的利益，也有社会大众对仲裁制度的期待。

仲裁保密性作为一个总体的原则，得到普遍的接受，但是对于保密的程度和范围，并没有一致的做法。[⑤]有学者将仲裁秘密性的要求具体分为两个方面，一是指仲裁程序的秘密性，不向社会公开，仲裁裁决也不向社会公开；二是指仲裁程序的参与人（其中包括当事人，也包括仲

---

① 郭玉军、梅秋玲：《仲裁的保密性问题研究》，《法学评论》2004年第2期，第35页。

② Ileana M. Smeureanu, *Confidentiality in International Commercial Arbitration* (Alphen aan den Rijn: Kluwer Law International, 2011), p. 16.

③ Avinash Poorooye & Ron'an Feehily, "Confidentiality and Transparency in International Commercial Arbitration: Finding the Right Balance", 22 (3) *Harvard Negotiation Law Review* 278 (2017).

④ 参见辛柏春：《国际商事仲裁保密性问题探析》，《当代法学》2016年第2期，第120页。

⑤ 王勇：《论仲裁的保密性原则及其应对策略》，《政治与法律》2008年第12期，第86页。

裁员和仲裁机构自身）应当对仲裁及其裁决承担保密的义务，不得向社会公开。仲裁秘密性是指双方当事人在仲裁程序中禁止或限制他人参与的权利，而仲裁保密性则是指当事人要求参与仲裁程序的所有人不得泄露仲裁程序及内容的权利。[①]也有学者将保密性的内涵界定为，包括程序的不公开审理、不宜公告送达、法院干预的保密性安排等和当事人合意、公共利益、为保护和实现法律权利等。[②]

在普通法系国家，专业特权和保密性是法院在其判决中确定的普通法原则，是司法和法治的基本特征，保密性是当事人的一项基本权利。在未经当事人同意的情况下，或可能损害当事人利益的情况下，律师不得披露信息。在大陆法系国家，保密性被视为是一项法定的、契约性的、职业道德的义务，其作用在于保护律师从客户处获得的信息，既是一项基本权利，也是一项法律义务。[③]另外，在讨论仲裁保密性的性质究竟属于默示义务还是约定义务时，有我国学者表示，应当把保密性视为被部分接受的仲裁传统较为合适，仲裁的保密性应该作为一条原则先验地为人们所接受，适用这一默示原则时，必须有一些重要的例外。[④]

需要特别指出的是，此处的合同性或契约性义务（即国内学者所称的“仲裁员的民事实体法律义务”）与仲裁员的职业道德义务可以存在竞合关系，即“保密”既属于民事实体法律义务，也可以属于程序法律义务，两者并非对立关系，而是属于同时由两个不同的法律部门进行规范和调整的法律义务。民事实体法律义务侧重于对当事人基于契约或合

---

① 参见王吉文：《国际商事仲裁中的“仲裁常客”问题》，《西部法学评论》2018年第3期，第82页。

② 参见杨玲：《仲裁法专题研究》，上海三联书店2013年版，第68页。

③ See Caroline C. Klamas, "Finding a Balance between Different Standards of Privilege to Enable Predictability, Fairness and Equality in International Arbitration", 12 (45) *Revista Brasileira de Arbitragem* 163 (2015).

④ 郭玉军、梅秋玲：《仲裁的保密性问题研究》，《法学评论》2004年第2期，第27页。

同权利的保护，而程序法律义务侧重于对仲裁制度性质和特色的维护。

因此，根据上文对仲裁员职业道德的界定，“保密”符合仲裁员职业道德的三个面向，即在面对当事人、社会大众、仲裁员法律职业共同体时，均应当履行“保密”义务。对于当事人，仲裁员应当保守其商业秘密，维护仲裁中的信息安全，对于社会大众，仲裁异于诉讼的优势得以彰显，同时体现了仲裁作为替代性纠纷解决机制的特性，而对于仲裁员群体，仲裁程序将因保密而不易受到干预和破坏，维护了仲裁员法律职业共同体的执业声誉和行业特质。

其次，从实然层面分析。“保密”在26个国家和地区的国内立法中出现的概率是34.6%，在17份境外仲裁机构仲裁规则中出现的概率是70.6%，在17份中国大陆仲裁机构仲裁规则中出现的概率是52.9%，在9份境外仲裁机构仲裁员守则中出现的概率是66.7%，在55份中国大陆仲裁机构仲裁员守则中出现的概率是83.6%，在3份仲裁协会规则中出现的概率是33.3%。尽管在国内立法层面“保密”出现的概率与“公正性”“独立性”出现的概率相去甚远，但大多数行业规则还是把“保密”列为仲裁员的职业道德。

综上，从应然和实然两个层面考察的结果来看，“保密”应当纳入仲裁员职业道德具体内容的范畴，而且鉴于其被多数国内立法和行业规则所规定，因此可以将其归为“较为严格的职业道德”。

三、普通的职业道德

区分“严格的职业道德”“较为严格的职业道德”和“普通的职业道德”的关键依然在于该具体内容被国内立法和行业规则接受的程度。从实然层面出发，“严格的职业道德”是被绝大多数的国内立法和行业规则所接受的，“较为严格的职业道德”则是被多数国内立法和行业规则所接受，而“普通的职业道德”仅被少数国家或地区的国内立法和行业规则所接受，属于认可度较低的职业道德。

综上，“普通的职业道德”指的是，被少数国家或地区的国内立法所规定或者被少数行业规则所规定的、符合仲裁员职业道德界定的具体内容。具体来说包括6项，分别是：保持良好信用记录、按照协议仲裁、谨慎（审慎）、遵守经济性原则、依照法律裁决（以法律为准绳）和如实自我宣传。对于为何将这6项列为仲裁员职业道德的具体内容，本节依然从应然层面和实然层面对每一项进行分析和说明。

（一）保持良好信用记录

首先，从应然层面分析。“保持良好信用记录”是指应当在品行端正、行为合法的人员中选任，犯过重罪、因违反诚信而犯轻罪、已宣告破产、违反信誉、被褫夺公权的人不得担任仲裁员。“保持良好信用记录”主要针对的是仲裁员的社会地位，即作为商事、投资等争议的解决者、公断人，其作用类似于“法官”的角色。因此，要求仲裁员应当具有较好的个人信用记录，一方面要求其在日常生活中遵纪守法，一方面要求其不得有严重的债务危机，确保仲裁员在当事人心目中具有权威、公正的形象，其所作出的仲裁裁决才更具信服力。

根据上文对仲裁员职业道德的界定，“保持良好信用记录”符合仲裁员职业道德的三个面向。在面向当事人时，拥有良好信用记录的人被选任为仲裁员时，可以使当事人较为放心地将争议交予该仲裁员解决；在面向社会大众时，拥有良好信用记录的仲裁员也符合社会大众对争议解决者、公断人形象的定位，提升了仲裁制度在社会大众心目中的严肃性和公信力；在面向仲裁员法律职业共同体时，“保持良好信用记录”的要求也有利于仲裁员群体时刻保持对法律的敬畏，珍惜法律职业共同体和自身的名誉和信用。

其次，从实然层面分析。“保持良好信用记录”出现在26个国家和地区的仲裁立法中的概率为15.4%，比例并不算高，相关法条分别出现在

《埃及仲裁法》（1994年）第16条第1款、《阿联酋仲裁法》（2018年）第10条第1款、《中国台湾地区仲裁法》（2015年）第7条和《意大利民事诉讼法》（2014年）第812条。这几条共同的特点是将拥有良好的信用记录作为担任仲裁员的条件，犯过重罪、因违反诚信而犯轻罪、已宣告破产、违反信誉、被“剥夺政治权利”等人员不得担任仲裁员。质言之，仲裁员应当保持良好的信用记录，特别是不得触犯刑法，不得违背诚信原则，不得有金钱债务上的污点。因此，将这几条进行汇总整合，总结为“保持良好信用记录”的人方能担任仲裁员，既可以作为仲裁员的任职条件，也可以从侧面反映仲裁员需要具备的职业道德。这几条法律规则从性质上看，属于间接规定规则。

综上，从应然和实然两个层面考察的结果来看，“保持良好信用记录”应当纳入仲裁员职业道德具体内容的范畴，而且鉴于其被少数国内立法所规定，因此可以将其归为“普通的职业道德”。另外，有的仲裁规则或仲裁员守则还规定了应当从“无违法违纪记录”的人员中选任仲裁员，这里的“无违法违纪记录”与“保持良好信用记录”本质内涵相同，因此可以将“无违法违纪记录”归入“保持良好信用记录”。

（二）按照协议仲裁

首先，从应然层面分析。“按照协议仲裁”是指仲裁员需根据当事人之间签订的仲裁协议的范围进行仲裁，不得超裁或漏裁。根据上文对仲裁员职业道德的界定，“按照协议仲裁”符合仲裁员职业道德的三个面向。在面向当事人时，由于仲裁员是由当事人选定或由仲裁机构指定的争议解决者，仲裁员有义务根据当事人之间的约定对争议事项进行仲裁，此时，仲裁员履行义务的原因既基于其与当事人之间的契约关系，也可以认为是基于仲裁员解决争议的特殊职业功能定位，换句话说，此时契约义务和职业道德义务发生了重合。在面向社会大众时，“按照协议仲裁”体现了仲裁制度尊重当事人意思自治原则，民事诉讼制度中的

“处分原则”要求判决内容不能超出原告的请求范围，而“按照协议仲裁”则要求仲裁员应当尊重当事人的约定，根据仲裁协议的范围进行仲裁。在面对仲裁员职业共同体时，“按照协议仲裁”也是仲裁员职业特点的体现，作为私主体之间选定的争议解决者、公断人，仲裁员有义务根据私主体的要求和意愿进行仲裁，解决当事人间的纠纷。

其次，从实然层面分析。“按照协议仲裁”出现在26个国家和地区的仲裁立法中的概率为7.7%，并不算高，分别出现于《瑞典仲裁法》（2019年）第34条第5款和《美国联邦仲裁法》（1990年）第10条第4款中。《瑞典仲裁法》（2019年）第34条第5款规定，被任命的仲裁员的行为若违反了当事人之间的仲裁协议，当事人可以对仲裁裁决提出异议，并申请宣告部分或全部的裁决无效。《美国联邦仲裁法》（1990年）第10条第4款规定，若仲裁员超出权力进行裁决，当事人有权申请宣告仲裁裁决无效。这两条主要体现出仲裁员应当严格依照当事人之间的仲裁协议进行仲裁，否则当事人有权申请宣告仲裁裁决无效。从性质上看，这两条属于间接规定规则，即从侧面对仲裁员的职业道德作出规定。

综上，从应然和实然两个层面考察的结果来看，“按照协议仲裁”应当纳入仲裁员职业道德具体内容的范畴，而且鉴于其被少数国内立法所规定，因此可以将其归为“普通的职业道德”。

（三）谨慎（审慎）

首先，从应然层面分析。“谨慎”是指，仲裁员在执业过程中，应当时刻注意自己的言行举止，认真细致地对待案件所涉及的事实、证据和规则，严格遵守法律法规和仲裁规则进行仲裁，避免在仲裁程序中违规犯错。需要指出的是，“谨慎”与“勤勉高效”的含义完全不同，互相之间也不存在包含或被包含的关系，因此，需将“谨慎”单独列出进行归类和分析。根据上文对仲裁员职业道德的界定，“谨慎”符合仲裁员职业道德的三个面向。在面向当事人时，仲裁员应当保持谨慎的态度，对仲裁案件的事实、证据和规则进行客观分析，并作出公正裁判；在面向社会大众时，“谨慎”的作风也与争议解决者、公断人的气质和品性相符，使得公众对于仲裁制度产生较高的信赖感；在面向仲裁员职业共同体时，“谨慎”是仲裁员保持较高执业水平的保障，体现了作为精英类法律群体的特点，也是仲裁行业对从业人员最基本的要求。

其次，从实然层面分析。“谨慎”出现在26个国家和地区的仲裁立法中的概率为3.8%，只出现过一次，即《巴西仲裁法》（2015年）第13条第6款。在55份我国大陆地区仲裁机构仲裁员守则中出现的概率为30.9%，在3份仲裁协会规则中出现的概率为0。可以看出，“谨慎”并非被多数国内立法和行业规则所规定的仲裁员职业道德，值得一提的是，不少我国仲裁机构的仲裁员守则比较倾向于将“谨慎”规定为仲裁员职业道德的具体内容。

综上，从应然和实然两个层面考察的结果来看，“谨慎”应当纳入仲裁员职业道德具体内容的范畴，而且鉴于其被少数国内立法和少数仲裁机构仲裁员守则所规定，因此可以将其归为“普通的职业道德”。另外，在中文语境下，“谨慎”和“审慎”意思和内涵差别不大，为论述方便，下文统一使用“谨慎”。

（四）遵守经济性原则

首先，从应然层面分析。“遵守经济性原则”一般表述为“避免不必要的开支或合理开销”，要求仲裁员尽量精简仲裁程序中的开支，为当事人节省解决纠纷的费用，体现了仲裁程序经济性的特点。根据上文对仲裁员职业道德的界定，“遵守经济性原则”符合仲裁员职业道德的三个面向。在面向当事人时，“遵守经济性原则”要求仲裁员应当提高工作效率，积极推进仲裁程序，并尽量节省开支；在面向社会大众时，“遵守经济性原则”体现的是仲裁制度经济高效的优越性，使得潜在争议主体更加愿意选择仲裁来解决纠纷；在面向仲裁员职业共同体时，

"遵守经济性原则"同时也体现了仲裁员的执业水平和促进纠纷解决的素养，能够充分考虑当事人的利益。

其次，从实然层面分析。"遵守经济性原则"出现在26个国家和地区的仲裁立法中的概率为3.8%，只出现过一次，即《英国仲裁法》（1996年）第1条，其措辞是"避免不必要开销"。"遵守经济性原则"在17份境外仲裁机构仲裁规则中出现的概率是23.5%，在17份中国大陆仲裁机构仲裁规则中出现的概率是0，在9份境外仲裁机构仲裁员守则中出现的概率是11.1%，在55份中国大陆仲裁机构仲裁员守则中出现的概率是0，在3份仲裁协会规则中出现的概率是0。可以看出，仅有少数国内立法和境外仲裁机构规则和仲裁员守则对"遵守经济性原则"进行了规定，我国大陆地区的仲裁机构则完全没有规定。

综上，从应然和实然两个层面考察的结果来看，"遵守经济性原则"应当纳入仲裁员职业道德具体内容的范畴，而且鉴于其被少数国内立法和少数仲裁机构仲裁规则和仲裁员守则所规定，因此可以将其归为"普通的职业道德"。

（五）依照法律裁决（以法律为准绳）

首先，从应然层面分析。"依照法律裁决"是指，仲裁员应当以法律为准绳，根据法律作出仲裁裁决。根据上文对仲裁员职业道德的界定，"依照法律裁决"符合仲裁员职业道德的三个面向。在面向当事人时，仲裁员是居中裁判者，在当事人选择了争议所适用的实体法时，仲裁员则按照该实体法进行仲裁，在当事人未选择争议所适用的法律时，仲裁员则通过仲裁协议或当事人之间的补充协议，来判断选择应当适用的法律，若无法达成补充协议的，则有可能适用仲裁所在地的法律，无论哪种情况，在选定所适用的法律后，仲裁员均须按照所适用的法律对争议进行解决；在面向社会大众时，"依照法律裁决"是纠纷解决者、公断人最基本的要求，仲裁员属于较为资深的法律从业人员，更应该具备此项职业道德素养；在面向仲裁员职业共同体时，“依照法律裁决”也是该法律职业共同体最基本的素质和能力。

其次，从实然层面分析。“依照法律裁决”出现在26个国家和地区的仲裁立法中的概率为3.8%，只出现过一次，即《意大利民事诉讼法》第829条第9款，其措辞是“未依照法律仲裁，裁决将被撤销”。“以法律为准绳”在55份中国大陆仲裁机构仲裁员守则中出现的概率是7.2%，在其他行业规则中没有出现。尽管在不少人看来，在国内立法或行业规则中规定“依照法律裁决”是“画蛇添足”的做法，但“依照法律裁决”是仲裁员最基本的职业道德素质和能力，可以在法律或行业规则中予以规定。

综上，从应然和实然两个层面考察的结果来看，“依照法律裁决”应当纳入仲裁员职业道德具体内容的范畴，而且鉴于其被少数国内立法和少数仲裁机构仲裁员守则所规定，因此可以将其归为“普通的职业道德”。另外，“依照法律裁决”属于法言法语，而“以法律为准绳”则是我国立法时常用的表达方式，两者意思差别不大，在下文论述中将统一使用“依照法律裁决”。

（六）如实自我宣传

首先，从应然层面分析。“如实自我宣传”是指，仲裁员可以对其从事仲裁服务进行推广，可以对其经历和背景进行宣传，但信息必须真实和准确。

值得一提的是，在9份境外仲裁机构仲裁员守则中出现了“不主动招揽案件”一项，此项与“如实自我宣传”似乎有相似的地方，但“不主动招揽案件”所指向的是“独立性”和“公正性”，不宜单独作为仲裁员职业道德的具体内容。而且，“不主动招揽案件”和“如实自我宣传”的区别在于仲裁员的动机不同，“不主动招揽案件”体现的是约束过于积极招揽案源的仲裁员，而“如实自我宣传”则是对每一名普通仲裁员的基本要求。

根据上文对仲裁员职业道德的界定，“如实自我宣传”符合仲裁员职业道德的三个面向。在面向当事人时，或者说在面向潜在的当事人时，仲裁员应当根据自身真实的教育背景、执业经历、擅长领域等进行自我宣传推广，不得编造信息，骗取当事人的信任；在面向社会大众时，仲裁员职业属于较为小众而高层次的法律职业，“如实自我宣传”有利于社会大众对仲裁员职业有更为客观全面的了解和认知；在面向仲裁员职业共同体时，“如实自我宣传”也是每一个仲裁员的基本要求，仲裁员群体本身就属于范围较小的圈子，成员之间亲和度较高，相互之间接触的机会也较大，虚假宣传将导致自身无法立足于仲裁员群体，也会受到同行的鄙夷和非议。

其次，从实然层面分析。“如实自我宣传”未出现在国内立法或外国仲裁机构仲裁规则和仲裁员守则之中，仅在55份我国大陆地区仲裁机构仲裁员守则中出现了2次，占比3.6%。尽管就目前的国内立法和行业规则的情况来看，“如实自我宣传”并未被广泛认可，但此项职业道德实现关系到仲裁员职业自身的发展以及仲裁员职业共同体的声誉。

综上，从应然和实然两个层面考察的结果来看，“如实自我宣传”应当纳入仲裁员职业道德具体内容的范畴，而且鉴于其被少数仲裁机构仲裁员守则所规定，因此可以将其归为“普通的职业道德”。

四、不属于职业道德具体内容的事项

根据上文对仲裁员职业道德的界定，本书将“不属于仲裁员职业道德具体内容的事项”分为三大类。

（一）第一类

此类事项不符合上文对仲裁员职业道德的界定，无法与仲裁员职业道德的三个面向相对应的，且未使用专业的仲裁法律术语，容易造成语义模糊，不适宜写入法律或行业规则作为仲裁员职业道德具体内容。具体包括：1．合理仲裁；2．专业；3．公道正派（正直）；4．道德高尚；5．善意；6．妥善解决纠纷（促成纠纷解决）；7．诚实信用；8． 保持客观；9．维护仲裁公信力；10．言行得体；11．有效仲裁；12．遵守礼仪；13． 加强修养；14．谦虚；15．全心全意为当事人服务；16．推广仲裁（提高仲裁公信力）；17．规范收费。

尽管此类规定出现于仲裁机构仲裁规则和仲裁员守则之中，但绝大多数并没有被国内立法所规定，且大多用语并非仲裁领域的专业术语，容易造成歧义，不适合作为仲裁员职业道德的具体内容。

（二）第二类

严格来说，此类事项应当归为仲裁机构规定的纪律要求，属于仲裁员在仲裁程序之外应当对仲裁机构履行的义务。具体包括：1．维护仲裁机构声誉；2．参与仲裁机构举办的业外研讨活动和考核；3．以仲裁机构名义发表文章或参加活动须经同意；4．适格；5．有时间、有精力参加仲裁程序。这一类事项一般出现于仲裁机构仲裁规则和仲裁员守则之中，属于仲裁机构对仲裁员的要求，未能满足上文所述的仲裁员职业道德的三大面向，不能满足上文对仲裁员职业道德的界定，不宜归入仲裁员职业道德的具体内容。

（三）第三类

此类事项属于可以被“严格的职业道德”“较为严格的职业道德”和“普通的职业道德”所包含的内容，没有必要再在法律或行业规则中单独列明的。具体包括：1．公平合理；2．认真；3．不发表影响案件的言论；4．不主动向潜在的当事人招揽案件；5．廉洁；6．遵守正当程序原则。这一类内容比较特殊，严格来说，属于“严格的职业道德”“较为严格的职业道德”和“普通的职业道德”的范围延伸或具体表现，换句话说，此类内容尽管被仲裁规则或仲裁员守则明文单独列出，但其本质仍然属于“独立性”“公正性”“勤勉高效”“谨慎”等上文所述的仲裁员职业道德具体内容的一部分。例如：公平合理、不发表影响案件的言论、不主动向潜在的当事人招揽案件、廉洁等指向的是仲裁员的“独立性”和“公正性”，而“认真”则指向了“谨慎”，因此没有必要再单独列为仲裁员职业道德的具体内容。

另外，需要特别说明的是“遵守正当程序原则”。由于该原则出现在少数国内立法中，即被某些国家或地区归为“严格的职业道德”，因此，若将“遵守正当程序原则”排除在仲裁员职业道德具体内容的范畴之外，应当专门说明其被排除的理由。

首先，从应然层面分析。“正当程序”（due process）或“法律正当程序”（due process of law）最早可以追溯到英国《自由大宪章》（1215年）和《自由令》（1354年），起初的内涵是，“未经法律的正当程序进行答辩，对任何财产和身份拥有者一律不得剥夺其土地或住所，不得逮捕或监禁，不得剥夺其继承权和生命”[①]。1791年通过的《美国联邦宪法》第5条修正案规定“不经正当法律程序，不得被剥夺生命、自由和财产”，并通过第 14 修正案适用于各州。正当程序条款在司法审查中得到广泛地运用。根据适用的对象的不同，可以将其分为实体性正当程序（substantive due process）与程序性正当程序（procedural due process）。实体的正当过程指当政府剥夺公民的生命、自由或财产时，必须提供充分的理由以证明其行为的必要性和正当性。实体性正当过程要求政府必须为其行为提供正当化的理由，主要适用于对立法和政策的正当性审查。程序性正当程序的核心则在于对政府权力的行使施加最基本的程序性要求，即政府权力的行使过程必须满足某种最低限度的公平，“专注于政府政策执行的方法和程序，保证政府施加管制或惩

① 周佑勇：《行政法的正当程序原则》，《中国社会科学》2004年第4期，第115页。

罚的过程的公正性”[①]。因此，可以看出“正当程序原则”的适用主体一般为公权力机关，该原则一般出现于宪法、行政法等部门法之中。若在仲裁法或民事诉讼法的仲裁章节中规定“仲裁员应当遵守正当程序原则”，则会将“正当程序原则”的适用范围扩张至新的部门法领域。

从上文对仲裁员职业道德的界定来看，“遵守正当程序原则”不宜作为仲裁员的职业道德，原因有二。第一，“遵守正当程序原则”在仲裁员职业道德领域可以理解为，仲裁员应当遵守仲裁规则的规定，按照正常的仲裁程序进行仲裁，要求仲裁员提高工作效率，保证仲裁程序顺利、高效、公平，避免不必要的拖延。在此意义上，“遵守正当程序原则”可以被“勤勉高效”原则所包含，没有必要增加一个新的原则；第二，“遵守正当程序原则”在仲裁领域也可以理解为，仲裁员或仲裁庭对仲裁案件的审理应当保持公正性，平等地对待当事人，给予当事人同等的程序性权利，在此意义上，“遵守正当程序原则”可以被“公正性”和“独立性”原则所包含，换句话说，“遵守正当程序原则”也是对“公正性”和“独立性”的体现。

其次，从实然层面分析。“遵守正当程序原则”出现在26个国家和地区的仲裁立法中的概率为7.7%，并不算高，分别出现于《巴西仲裁法》（2015年）第21条第2款和《意大利民事诉讼法》（2014年）第829条第9款中。《巴西仲裁法》（2015年）第21条第2款规定，仲裁员应当始终遵守正当法律程序原则（the principles of due process of law），平等对待当事人，保持公正性以及自由裁量。《意大利民事诉讼法》（2014年）第829条第9款规定，如果在仲裁程序中没有遵守正当程序原则（the due process principle，意大利语：principio del contradditorio），当事人可以申请宣告仲裁裁决无效。从性质上看，这两条属于直接规定规则，

① 王锡锌、傅静：《对正当法律程序需求、学说与革命的一种分析》，《法商研究》2001年第3期，第86—87页。

即直接明确规定仲裁员应当如何行事。但遗憾的是，两个法条均没有就“正当程序原则”一词作出进一步的具体解释。

综上，从应然和实然两个层面考察的结果来看，“遵守正当程序原则”不宜纳入仲裁员职业道德具体内容的范畴，不属于仲裁员职业道德的具体内容。

小结

本章收集整理26个国家和地区的仲裁立法、17份境外仲裁机构仲裁规则、17份中国大陆仲裁机构仲裁规则、9份境外仲裁机构仲裁员守则、55份中国大陆仲裁机构仲裁员守则和3份仲裁协会规则关于仲裁员职业道德内容的规定，分别列出表格，对每一项出现的仲裁员职业道德内容进行数据统计，计算出每一项仲裁员职业道德在上述文件中出现的概率，为之后限定仲裁员职业道德的具体内容、厘清仲裁员职业道德责任提供分析依据。

从数据统计得知，“公正性”和“独立性”是出现概率最高的职业道德，属于各种规范性文件普遍认可、并被绝大多数国家立法上升为程序法律义务的职业道德，可以称为“严格的职业道德”；“勤勉高效”和“保密”出现的概率紧随其后，属于存在一定争议的、被部分国家立法上升为程序法律义务的职业道德，可以称为“较为严格的职业道德”；而“保持良好信用记录”“按照协议仲裁”“谨慎（审慎）”“遵守经济性原则”“依照法律裁决（以法律为准绳）”“如实自我宣传”等出现的概率较低，属于存在一定争议的，但为少数国家立法所确立的，并为部分仲裁机构仲裁规则、仲裁员职业道德规则和行业协会确认的职业道德，可以称为“普通的职业道德”。对仲裁员职业道德的具体内容进行界定之后，进而明确仲裁员违反职业道德之后应当如何追究其职业道德责任，下一章将对责任层面的相关问题展开论述。

第三章

仲裁员职业道德责任的界定与追究

本章将对仲裁员职业道德责任相关问题进行探讨，如果仲裁员违反了上文所述的职业道德的具体内容，应当追究仲裁员何种职业道德责任？仲裁员违反职业道德的程度不同，对应的职业道德责任又是如何？职业道德责任在性质上属于什么责任，职业道德责任和民事责任、刑事责任等其他责任有何区别？哪些主体有权追究仲裁员的职业道德责任？追究责任时应当遵循什么原则？追究责任的具体方式是什么，追究责任的具体程序是什么？本章将对以上问题进行逐一解答，试图明确界定仲裁员职业道德责任和阐明职业道德责任追究制度的框架。

第一节　仲裁员职业道德责任的界定

首先，本节结合仲裁员职业道德具体内容的分类，相应地对仲裁员职业道德责任进行分类，进而对仲裁员职业道德责任进行定义；其次，总结仲裁员职业道德责任的构成要件，并将仲裁员职业道德责任与其他责任进行区分。

一、仲裁员职业道德责任的分类

在法学的语境下，与责任相对应的是义务，要厘清仲裁员的职业道德责任首先应当明确仲裁员的职业道德，亦即仲裁员应当遵守的职业道德义务。如上文所述，仲裁员职业道德的具体内容（义务）可以分为三类，即严格的职业道德（独立性、公正性）、较为严格的职业道德（勤勉高效、保密）和普通的职业道德（保持良好信用记录、按照协议仲裁、谨慎、遵守经济性原则、依照法律裁决、如实自我宣传）。在明确了仲裁员职业道德的具体内容之后，接下来应当回答的问题是：仲裁员违反了这些职业道德具体内容之后应当承担什么样的责任？能否可以直接称这种责任为“仲裁员的职业道德责任”？

本书认为，仲裁员在违反职业道德（指本书所称的仲裁员职业道德的具体内容）之后，应当承担的是仲裁员的职业道德责任，“仲裁员的职业道德责任”这一概念是展开下文探讨的基础概念。与刑事责任、民事责任和纪律责任等其他责任不同，仲裁员的职业道德责任既包括法律责任也包括行业责任，属于特殊的责任形式。

首先，应当明确的是，上文对仲裁员职业道德具体内容的分类依据，即结合了功能主义学说和目前国内立法和行业规则。如上文所述，区分严格的职业道德、较为严格的职业道德和普通的职业道德的关键在于某项具体内容被国内立法、仲裁规则、仲裁员守则、行业协会规则接纳的程度。这种区分标准主要是从实然层面出发，从宏观的角度对各种各样的仲裁员职业道德“事项与内容”进行甄别，进而筛选出符合标准的“具体内容”。对仲裁员职业道德责任的分类也依然遵循这种思路，即着重考察仲裁员职业道德具体内容的渊源性质，从而确定仲裁员职业道德责任的性质。

严格的职业道德一般是由国内法律予以明确规定，因此违反了此种职业道德具体内容所要承担的是法律责任，而从法律的性质上而言，这些法律（如仲裁法、民事诉讼法、国际私法典仲裁章节、司法典仲裁章节等）在性质上均属于程序法，因此也可以说，仲裁员需要承担“程序法律责任”，故本书将其称为“严格的职业道德责任”。

较为严格的职业道德一般是由部分国家或地区的国内法律和行业规则进行规定，在有相关国内立法的国家或地区中，仲裁员违反“勤勉高效”和“保密”，则需承担“程序法律责任”，即“严格的职业道德责任”；而在没有将“勤勉高效”和“保密”明确规定进法律的国家或地区中，“较为严格的职业道德”降格为“普通的职业道德”，此时“勤勉高效”和“保密”则被仲裁规则和仲裁员守则所规定。因此，如果仲裁员违反“勤勉高效”和“保密”，则需承担的是来自行业规则的责任，与“程序法律责任”相对应，本书将其称为“行业规则责任”，由于其与“严格的职业道德责任”相对应，也可以称为“一般的职业道德责任”。

普通的职业道德与较为严格的职业道德相似，只是普通的职业道德为更少的国家或地区的国内立法所规定。在把普通的职业道德规定进国内法律的国家或地区中，仲裁员违反普通的职业道德（例如：保持良好信用记录、按照协议仲裁、谨慎、遵守经济性原则等），则需承担“程序法律责任”，即“严格的职业道德责任”；而在没有将“保持良好信用记录、按照协议仲裁、谨慎、遵守经济性原则”等明确规定进法律的国家或地区中，“普通的职业道德”则被仲裁规则和仲裁员守则所规定。因此，如果仲裁员违反普通的职业道德的内容，则需承担的是来自行业规则的责任，即“行业规则责任”，即“一般的职业道德责任”。

为方便理解，按照严格的职业道德、较为严格的职业道德和普通的职业道德的顺序，将仲裁员职业道德和职业道德责任间的关系列出框架图（见图3.1、图3.2、图3.3），较为清晰地展示仲裁员职业道德和职业道德责任之间的逻辑关系。

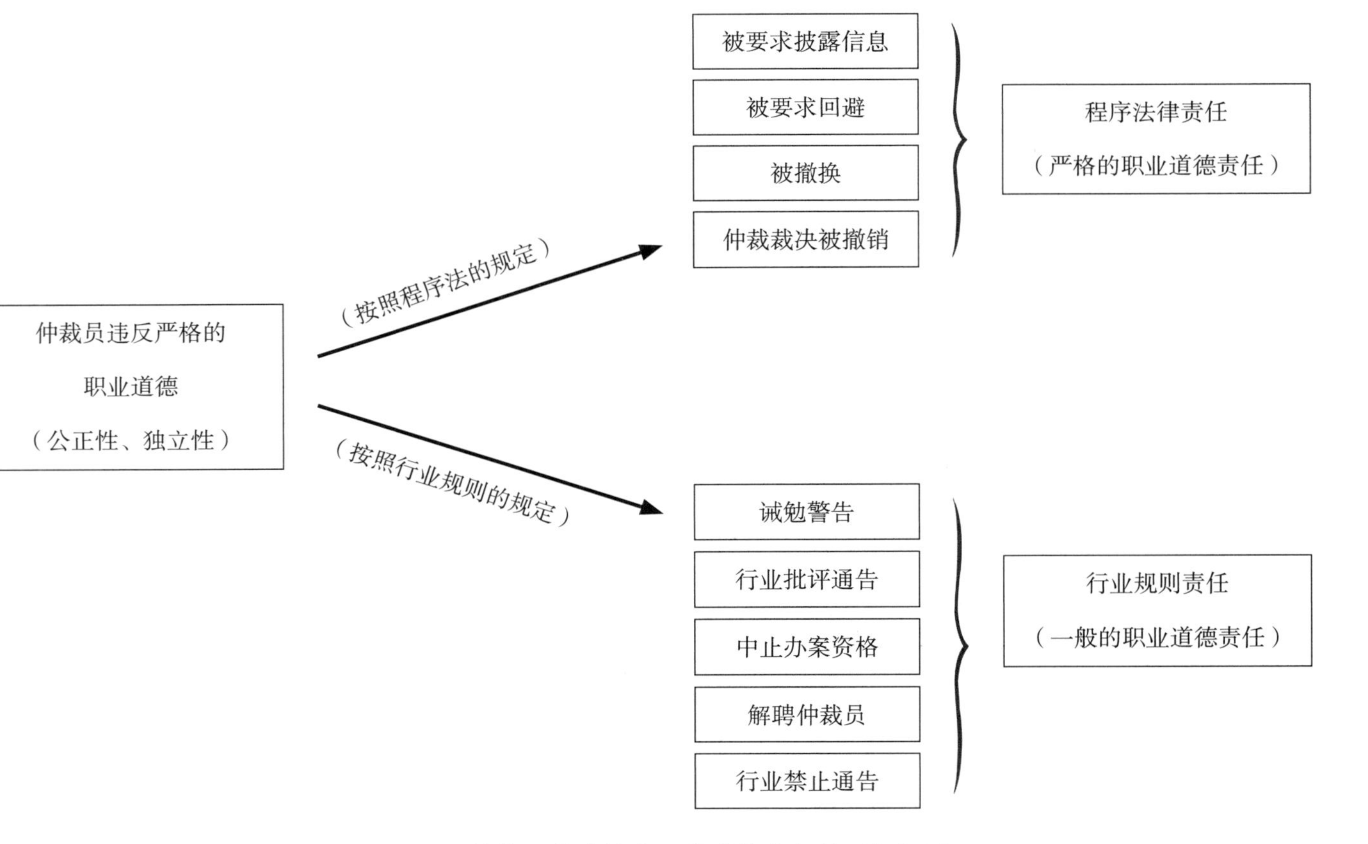

图3.1　严格的职业道德和职业道德责任关系框架图

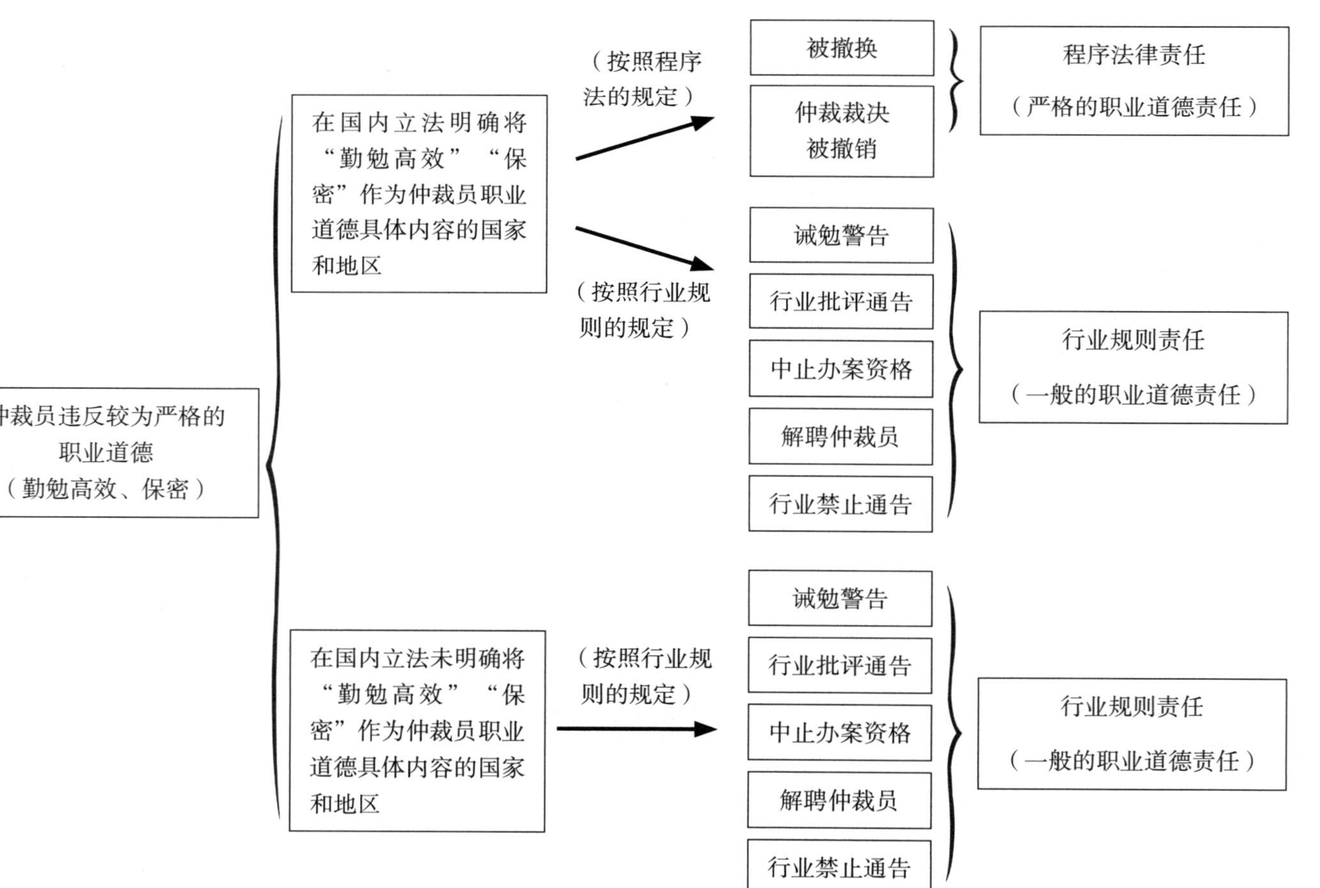

图3.2 较为严格的职业道德和职业道德责任关系框架图

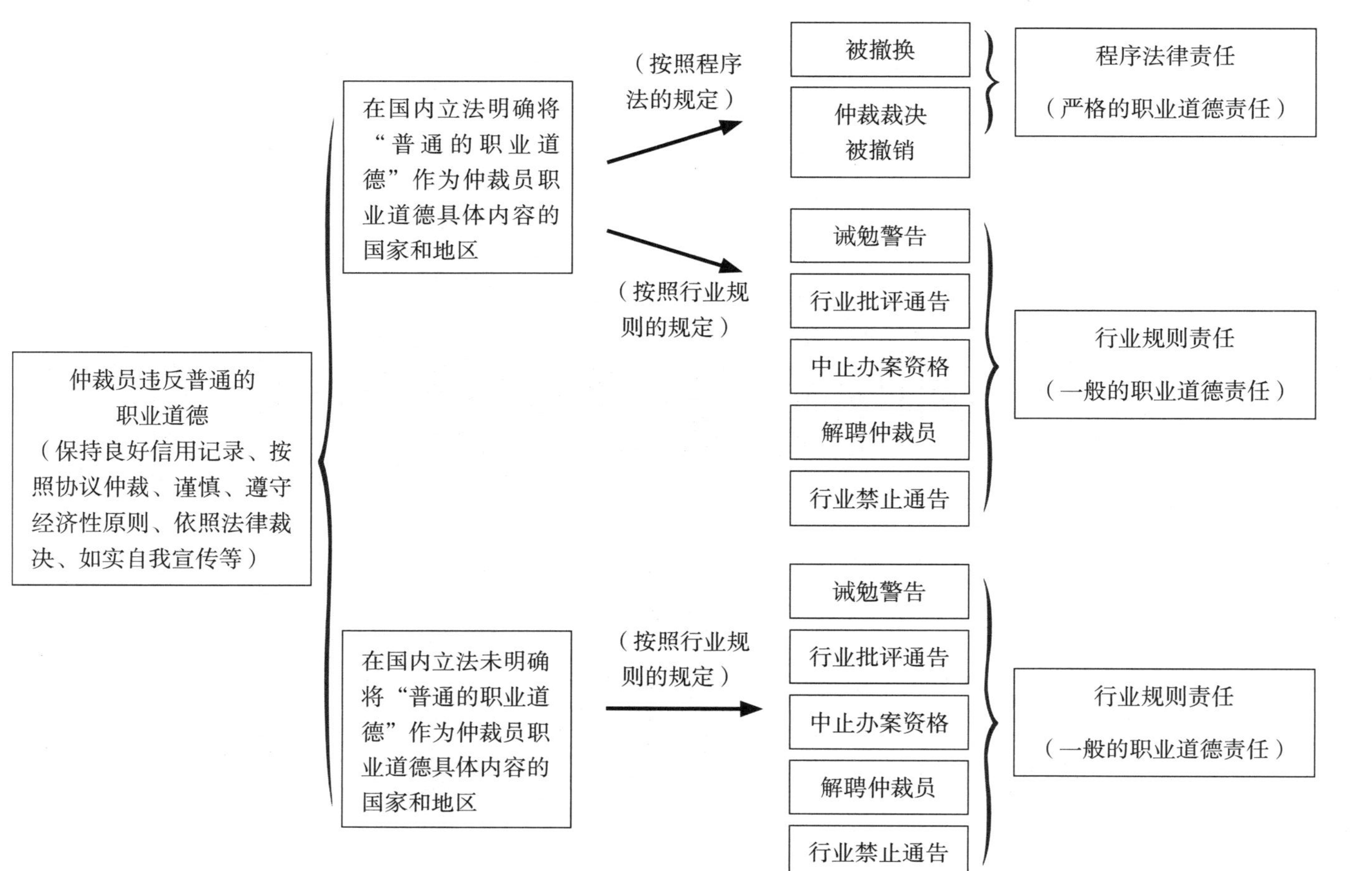

图3.3　普通的职业道德和职业道德责任关系框架图

综上，与严格的职业道德、较为严格的职业道德和普通的职业道德相对应的是严格的职业道德责任（程序法律责任）和一般的职业道德责任（行业规则责任）。

其次，应当进一步回答的是，本书所称的“仲裁员职业道德责任”既包括“法律责任”也包括“行业规则责任”，这与传统意义上的“道德责任”和“法律责任”有何不相同?

一般在讨论某一职业的责任时，传统意义上会分为法律责任和道德责任，这一分类是将法律和道德完全分区开来的分类方法，但基于如上文所述，“职业道德法律化”“职业道德规则化”的趋势已经成为现实，在讨论仲裁员职业道德问题时，简单地将“法律责任”和“道德责任”完全割裂开来或二元对立起来是欠缺妥当的，也不能体现仲裁理论的发展现状。

现代应用伦理学发展的一个重要特征是责任论的发展。责任伦理是从伦理主体本身所应当承担的伦理责任的角度来实现伦理价值，实际上试图解决伦理实现缺乏有效制约的难题，强调通过给予伦理主体切实的责任来实现伦理的实施。[①]法律职业道德如果仅仅强调职业道德的高尚性以及实体性，而不赋予法律职业道德主体的责任和程序性，那么职业道德的实现是非常困难的。奥地利法学家尤根·埃利希也曾表示，如果不具有一定程度的强制，那么伦理习俗规范、道德规范、宗教规范、言行得体规范、礼仪规范、礼节规范和时尚规范这些就毫无意义，它们也构成了人类联合体的秩序，特别是强迫联合体的个体成员去服从这种秩序是它们的特定功能。[②]

还有学者表示，职业道德是社会意识形态中的一种“特殊形式”，

---

① 李本森：《关于法律职业伦理若干基本范畴的探讨》，载许身健主编《法律职业伦理论丛》，知识产权出版社2013年版，第41页。

② ［奥］尤根·埃利希：《法律社会学基本原理》，叶名怡、袁震译，中国社会科学出版社2009年版，第44页。

是“一般社会道德”在职业活动中的具体体现，是一定社会经济关系的反映，因此其作用范围仅限于特定的职业活动，只对从事“特定职业”的人们具有规范性和约束力；而且职业道德总是与职业惩戒相辅相成，在特定的行业，违反职业道德往往会受到职业组织如行会的制裁，严重的甚至会被开除出所在的行业。[①]在探讨律师职业是否具有“理性化”优点时，有学者表示，一个仅有“专业技术”而缺乏对公共利益关怀的“职业”，为了强化律师在市场竞争中的优势，在逐利心的驱动下，也极有可能蜕化为一种纯粹的利益共同体。在这种背景下，自律机制往往难以启动，如果没有外力推动，就无法重振纲纪。而最危险的莫过于，这个纯粹的利益共同体或者利益集团，与学术界默契配合（或者学术界置若罔闻），在谋取特权和利益的过程中，既获得对律师社会作用的精英主义式赞美声，还获得了华丽的“职业主义”理论的包装，特别是得到那种只强调职业特权、忽视社会责任的技术性职业主义的粉饰。[②]换句话说，无论任何职业，仅仅依靠自律性规范是无法保证从业者遵守职业道德的，特别是对于仲裁员这种大多由法学精英构成的法律职业共同体，将职业道德责任上升为法律责任，通过国家强制力保证法律职业者遵守特定的义务，方能有效约束其逐利的心态，避免其以特权谋私利。

因此，具体到仲裁员这一职业，仲裁员职业道德责任则可以理解为，仲裁员违反职业道德规则后（法律或行业规则）所需承担的不利后果或强制性惩戒措施，此种责任是对仲裁员作为仲裁案件裁判者的负面评价。因此，明确仲裁员的职业道德责任的内涵和构成要件，合理规定仲裁员职业道德责任的追究原则和具体方式，设计仲裁员职业道德责任的追究程序，有利于维护仲裁员法律职业共同体的专业性和严肃性，对仲裁员遵守职业道德起着“兜底”和“断后”的作用。制定明确、有效、多层次的职业道

---

① 张利兆：《仲裁员职业道德探讨》，《北京仲裁》2012年第4期，第60页。

② 李学尧：《法律职业主义》，《法学研究》2005年第6期，第14页。

德责任追究机制，可以避免仲裁员的职业道德问题被模糊处理，约束仲裁员在仲裁程序中严格遵守职业道德规则，实现仲裁案件的公正解决。

二、仲裁员职业道德责任的构成要件

将仲裁员职业道德责任进行分类之后，需要继续回答的问题是仲裁员职业道德责任的构成要件有哪些，亦即符合哪些条件方能构成严格意义上的仲裁员职业道德责任。具体是指，构成仲裁员职业道德责任所必需的客观要件和主观要件的总和，即判断仲裁员是否应负职业道德责任的标准。判断仲裁员的行为是否应当承担职业道德责任，需要从以下五个方面的构成要件进行分析：

第一，判断仲裁员的执业行为是否违反仲裁员职业道德规则。评价主体（主要包括法官、仲裁机构主任会议、仲裁机构委员会、仲裁机构职业道德委员会等，此处统称为"评价主体"。"追责主体"问题将在下文展开论述）在判断仲裁员的执业行为是否构成职业道德责任时，应当首先明确仲裁员的行为是否违反职业道德规则，从客观的角度对仲裁员的行为进行考察。评价主体需要确定所适用的法律法规、仲裁规则、仲裁员守则等与仲裁员职业道德相关的规范性文件。

第二，判断仲裁员的执业行为是否违反仲裁员与当事人或仲裁机构之间签订的协议。评议主体应当审查仲裁员在接受选任前是否签订了仲裁机构提供的承诺书、声明书、信息披露表、仲裁委员会告诫书等，还需审查仲裁员与当事人之间是否约定了适用国际仲裁软法（如《IBA冲突指南》）。

第三，判断仲裁员的执业行为是否对当事人或仲裁员群体有造成损害的可能性或已经造成损害结果。对于损害结果的判断相对较为容易，即由于仲裁员违反职业道德而导致仲裁程序或仲裁裁决不公正、不公平，导致其中一方当事人的合法的程序利益受到损失。例如：仲裁员在仲裁程序中未能切实履行“勤勉高效”的职业道德（义务），不合理地拖延仲裁程序，导致当事人财产利益受到损失（如船舶被长期扣押产生的费用）；仲裁员在仲裁程序中对外泄露仲裁庭评议结果或当事人的商业秘密，而对仲裁机构和当事人的名誉、利益造成损失等。

而对于“存在损害后果的可能性”的判断其实已经由法律、仲裁规则、仲裁员守则、行业协会规则予以事先规定。为了使“可能性”一词更具可操作性，《IBA冲突指南》在仲裁员信息披露和回避制度方面作出了很好的尝试。《IBA冲突指南》的“三色清单”设置方法将可能导致仲裁员公正性和独立性遭受怀疑的情况进行分级，将各种“可能性”进行对应归类，最高级别的“可能性”（红色清单）导致的结果是仲裁员不得担任该案仲裁员或者主动对当事人进行披露，当事人同意其继续担任，方能继续担任；稍低级别的“可能性”（橙色清单）导致的结果是一旦仲裁员进行了披露，但当事人没有及时提出异议，则推定当事人已接受该仲裁员；最低级别的“可能性”（绿色清单）导致的结果是仲裁员对这些情形没有主动披露的义务。“三色清单”设置方法在很大程度上解决了披露和回避制度中判断标准的问题，不少仲裁机构陆续开始在仲裁规则中引入《IBA冲突指南》，作为对仲裁员违反公正性和独立性的判断依据。[①]

第四，判断仲裁员的执业行为与损害之间是否存在因果关系。原因和结果是唯物辩证法的一对基本范畴，这对范畴以及因果关系概念反映的是事物、现象之间的相互联系、相互制约的普遍形式之一。仲裁员违反职业道德规则的行为作为原因，损害可能性或损害事实作为结果，在它们之间存在着因果关系。这一点的判断在于对事实和证据的认定，例如在（2016）湘02民特4号（编号第52号案）中[②]，尽管仲裁裁决被法院撤销，但法院给出的理由是：“鉴定机构无权出具鉴定意见而出具鉴定

---

① 参见《伦敦国际仲裁院仲裁规则》（2014年）附件、《澳大利亚国际商事仲裁中心仲裁规则》（2016年）第11条第4款、《拉各斯商会国际仲裁中心仲裁规则》（2016年）第1条第3款。

② 参见本书附录第52号案。

结论，并被仲裁庭采信，均不当，导致仲裁程序违法。”而与仲裁员是否构成利害关系，或是否应当回避无关。在此案中，虽然损害结果已经发生，但造成损害结果的原因是鉴定机构违规，导致仲裁程序违法，而非仲裁员违反职业道德。因此，两者之间不存在因果关系。

第五，判断仲裁员是否存在主观上的过错。仲裁员的主观过错，是指仲裁员在违反职业道德规则时，对于损害后果的主观心理状态，即故意或者过失。对于仲裁员的主观方面的判断（特别是对于过失心态的判断）需要结合仲裁员的客观行为，但由于仲裁员职业道德规则中设立有披露和回避制度，在仲裁员公正性、独立性、按照仲裁协议仲裁、保密、认真、依照法律裁决、遵守经济性原则方面，仲裁员一般很难以过失作为违反职业道德的借口。在勤勉高效方面，则有可能出现仲裁员因过失而导致仲裁程序的延期或仲裁资源的浪费。

综上，应当综合考虑以上五个方面的构成要件，判断仲裁员是否应当承担职业道德责任。

三、与其他责任的区分

对于仲裁员的责任问题学界观点不一。有的学者认为应当将仲裁员的责任分为刑事责任、民事责任和行政责任[①]，而有的学者则将仲裁员的责任区分为刑事责任、民事责任和纪律责任[②]，还有学者认为仲裁员承担的不是刑事责任或行政责任，而是行政性责任[③]。本书所称的仲裁员职业道德责任与国内学者所称刑事责任、民事责任、纪律责任、行政责任、行政性责任不同，需要在此说明其中的差异，区分这些基础概念。

---

① 林一飞：《国际商事仲裁与实务》，中信出版社2005年版，第205页。

② 彭丽明：《仲裁员责任制度比较研究》，法律出版社2017年版，第23页。

③ 邓瑞平、易艳：《商事仲裁责任制度简论》，《重庆大学学报（社会科学版）》2005年第1期，第120页。

（一）道德责任与职业道德责任

有的国内学者认为，仲裁员的法律职业责任应当作广义理解，其涵义是，仲裁员违反相关的职业道德规则所应承担的责任，既包括法律责任，也包括道德责任，其中法律责任主要包括民事责任和刑事责任，而道德责任则是抽象意义上的责任，是以非规范形式反映出来的。[①]事实上，这种分类方法是不严谨的，如上文所述，随着道德规则化、法律化的进程不断加快，仲裁员的职业道德也由一般的品格要求转变为法律、仲裁规则、仲裁员守则、行业协会规则等，因此其职业道德责任不再是“以非规范形式反映出来的”，而是以规范性文件的形式反映出来。随着仲裁制度的发展，以往将仲裁员道德责任与法律责任进行二元区分的方式过于片面和僵化。

本书将仲裁员职业道德责任划分为两类，即严格的职业道德责任和一般的职业道德责任，严格的职业道德责任对应的是程序法律责任，而一般的职业道德责任对应的是行业规则责任。因此，也可以说，仲裁员职业道德责任中即包括法律责任，也包括行业规则责任。此时，仲裁员职业道德责任成为了一个上位的概念，包含了法律责任，而非二元对立关系。问题的关键在于该学者使用的词语是“道德责任”，而非“职业道德责任”，而责任是以结果为导向的概念，通过法律、行业规则的规定，一般意义上的“道德责任”升格为“职业道德责任”，如果再以“道德责任”进行描述，则忽略了“道德义务规则化”这一现实趋势，因此，这种分类方法是欠缺考虑的。

（二）民事责任与职业道德责任

还有国内学者将仲裁员的责任分为民事责任、刑事责任和纪律责任，并认为仲裁员承担责任的基础源于其享有的权力和承担的义务，此种分类方法主要依据的是仲裁员享有的权力和承担的义务的性质。[②]具

① 许身健主编《法律职业伦理》，北京大学出版社2014年版，第215页。

② 彭丽明：《仲裁员责任制度比较研究》，法律出版社2017年版，第23页。

体而言，仲裁员的民事责任是指，仲裁员在仲裁程序中不当行使权力或不当履行义务，违反契约义务或造成侵权，对当事人的损失所需承担的损害赔偿责任。在涉及仲裁员民事责任的案件中，仲裁员的不当行为既有可能表现为违约行为，也有可能表现为侵权行为，即存在违约责任与侵权责任竞合的情形。一种情况是，合同当事人不履行或不适当履行合同义务的行为，不仅违反了合同法的规定，同时也违反了法定的强行性义务，侵害了他人的法定权益。另一种情况是，侵权行为直接构成违约，也即侵权行为是构成违约的直接原因，即“侵权性的违约行为”。①

诚然，仲裁员民事责任与仲裁员职业道德责任最大的不同在于责任的来源，仲裁员民事责任来源于民事实体法律的规定，即仲裁员违反合同义务或有侵权行为，而仲裁员职业道德责任则来源于仲裁立法和仲裁行业规则。从性质上讲，仲裁立法属于程序性法律，而仲裁行业规则属于程序性规则或程序性规范性文件，区别于民事实体法律规则。但从行为后果上看，仲裁员民事责任与仲裁员职业道德责任有可能发生重合。例如：当事人与仲裁员约定，仲裁员应当高效地审理仲裁案件，避免不必要的拖延，而该仲裁地的法律、仲裁机构仲裁规则或仲裁员守则中也有关于“仲裁员应当保持勤勉高效”的规定，此时，若仲裁员因为懒惰拖沓而导致仲裁程序进展缓慢，造成当事人利益受损的，仲裁员既要承担违约责任，又要承担职业道德责任。质言之，仲裁员职业道德责任和民事责任最大的区别在于责任的来源，但两者可能在特定的情况下发生重合。

（三）刑事责任与职业道德责任

仲裁员的刑事责任则是指，仲裁员在仲裁程序中的执业行为触犯了仲裁地国的刑事法律规定，仲裁员将受到刑事处罚。关于仲裁责任是否包括刑事责任的问题，目前国际上存在不同的做法，且此种差异带有明

---

① 韩平：《论仲裁员的民事责任》，《武汉大学学报（哲学社会科学版）》2011年第3期，第32页。

显的地区性，其原因在于各国司法传统以及仲裁制度发展程度和需求有所不同。在欧美等仲裁制度较为发达的国家，其刑事法律中一般不包括枉法仲裁罪，而在亚洲等仲裁制度后起国家或地区，其刑事法律中则有可能包括枉法仲裁罪。①

然而，仲裁员刑事责任与仲裁员职业道德责任的最大区别在于两种责任的层次差异。刑事责任对应的是刑事实体性规则的评价，是最严厉的负面评价，罪犯将受到罚金、徒刑等刑事处罚，罪犯将在金钱利益或人身自由利益方面遭受损失；而职业道德责任对应的是职业道德规则（程序性规则）的评价，属于较轻的评价，违反规则的仲裁员或仲裁员候选人面临的是回避、撤换、诫勉警告、行业批评通告、中止办案资格、解聘、撤销仲裁裁决、行业禁止通告等后果或惩处，违规仲裁员将在任职资质、业内声誉、从业资格方面遭受贬损。

（四）纪律责任与职业道德责任

依据国内学者的观点，仲裁员违反纪律责任是指仲裁员违反了仲裁机构或仲裁协会颁布的规范性文件，如仲裁规则、仲裁员守则、仲裁员道德准则、仲裁员行为规范等。仲裁员的纪律责任主要是指仲裁员违背了其应承担的道义和严格的自律性，违反了自我约束与法律的监督规范所承担的责任，意义在于在内外因素相互作用之下有效保证仲裁的高质量。②从外观上看，“纪律责任”与“职业道德责任”非常相似，此处的纪律责任与本书所说的职业道德责任概念涵义最为相近。虽然不少国内学者将仲裁员责任分为民事责任、刑事责任和纪律责任③，但这种分

---

① 参见罗国强：《枉法仲裁罪思辨——仲裁性质两分法与比较法下的考量》，《中国刑事法杂志》2009年第1期，第69页。

② 彭丽明：《仲裁员责任制度比较研究》，法律出版社2017年版，第28页。

③ 参见范铭超：《仲裁员责任法律制度研究——兼及我国仲裁员责任法律制度的反思与构建》，博士学位论文，华东政法大学，2012，第47页；参见彭丽明：《仲裁员责任制度比较研究》，法律出版社2017年版，第28页。

类的合理性存在一定的问题，两者之间的确存在差异。

首先，从中文的语义出发，“纪律”一词有两方面的含义：第一，指对自身行为起限制作用的约束力，一般表现为行为人必须遵守的行为规则；第二，指对违反一定行为规范所导致的惩罚，通过施加外来约束力达到纠正行为目的手段。一般而言，纪律是在一定社会条件下形成的、集体成员必须遵守的规章规则的总和，是要求行为人遵守秩序、执行命令和履行职责的行为规则。基于此，仲裁员纪律是指在进行执业行为时其必须遵守的规则，是仲裁员的行为准则，比较倾向于规范仲裁员具体的行为，属于实操性较强的规范。

如前文所述“仲裁员职业道德”一词本身既包含了对仲裁员执业行为的要求，也包含了对仲裁员品格的要求，内涵更为丰富。而“纪律”一词更侧重程序技术性的具体行为规范，纪律是在不同社会领域中运用的“程序技术”[①]，缺少了对仲裁员内心违反公平独立等品格品质方面的考量。由于“纪律责任”的上位概念是“仲裁员责任”，这样的分类（民事责任、刑事责任、纪律责任）是不周延的，会造成责任追究的缺失。

其次，“仲裁员纪律责任”一词从表面含义上看，主要面向的是仲裁员和相应的仲裁机构，并没有涉及对当事人、仲裁员群体和社会大众的价值考虑。例如：有的仲裁员守则规定仲裁员在以仲裁机构名义发表文章或参加活动时，应当征得仲裁机构的同意；仲裁员应当参加仲裁机构组织的培训活动并接受考核等。而“仲裁员职业道德责任”一词则面向了仲裁员、仲裁机构、仲裁员群体以及社会大众，不仅仅是在仲裁员和仲裁机构之间形成的责任，而且还包括当事人、仲裁员群体和社会大众。

最后，如前文所述，国外学者在讨论仲裁员职业责任时，少有学者使用“纪律责任”（disciplinary liability）一词，而通常使用“职业道德责任”（professional ethical liability）一词。使用“仲裁员职业道德责

---

① 参见李猛：《论抽象社会》，《社会学研究》1999年第1期，第16页。

任”一词进行表述有助于我国与国外研究和实践的接轨，特别是在国际仲裁的研究中，我国学者应当尽量选用国际上学者们通用的专业词汇，在与外国学界对话时避免误读、误解。

（五）行政性责任与职业道德责任

有的国内学者认为，在商事仲裁中，仲裁责任一般不存在行政责任，但存在行政性的责任。商事仲裁机关并非国家行政机关或法律、法规授权的具有行政职能的其他组织，因此仲裁案件的审理和裁决与行政行为无关，故而仲裁责任的类型不应包括纯粹的行政责任（与仲裁审理和裁决无关的其他方面可能存在行政责任，例如非法设立的仲裁机构被依法撤销）。但对仲裁员而言，可能存在行政性的责任，例如仲裁员因《仲裁法》（2017年）第34条第4项规定的行为，情节严重的，或者仲裁法第58条第6项规定的情形，仲裁委员会应将其除名，这些规定实质上是一种行政性的责任。[①]笔者认为，无论是行政责任还是行政性责任，均不适合用于仲裁员的责任领域。

首先，从性质上讲，仲裁机构和仲裁协会并非行政机关，也不是行政机关的派出单位或组成部分。我国《仲裁法》（2017年）第14条规定，仲裁委员会独立于行政机关，与行政机关没有隶属关系。尽管目前我国实践中对行政机关与仲裁机构之间的关系存在不同的观点，但有一点可以肯定，仲裁机构并非行政机关。因此，仲裁机构对违反职业道德的仲裁员所作出的处罚并非基于行政责任。

其次，有的学者将仲裁员的责任称为“行政性责任”，从该学者的论述来看，其主要想表明的是仲裁机构有权将违反法律的仲裁员除名，基于此，该学者的意思可以理解为“仲裁机构有权对仲裁员进行管理，而违法的仲裁员承担的是基于仲裁机构规则的管理性的责任”。将“管

---

① 邓瑞平、易艳：《商事仲裁责任制度简论》，《重庆大学学报（社会科学版）》2005年第1期，第120页。

理性的责任”称为“行政性责任”在特定中文语境下是可以理解的，但容易产生歧义，而且纵观外国学者对仲裁员责任的界定，尚未发现有学者提出仲裁员“行政性责任”的观点。

因此，不宜将仲裁员的责任称为“行政性责任”，而且在我国目前的仲裁制度中，也不存在仲裁员的行政责任。

第二节　仲裁员职业道德责任的追究

在明确界定仲裁员职业道德责任之后，需要继续探讨如何追究仲裁员职业道德责任的问题，包括在追究仲裁员职业道德责任时应当遵循什么原则、哪些主体有权力或权利追究仲裁员的职业道德责任、追究责任的具体方式有哪些、追究责任的具体程序又是什么。对这些问题的回答有利于阐明仲裁员职业道德责任追究制度的大体框架，为下文构建我国仲裁员职业道德责任追究制度提供依据。

一、责任追究的原则

对仲裁员职业道德责任的追究是仲裁员违反职业道德的结果，也可以理解为对违反职业道德的仲裁员进行的制裁（sanction）。而“制裁”一词来源于拉丁语sancire，原意是“神圣、信守不渝”，“制裁”是从该概念中引申出来的。从性质上说，制裁是一种工具，这种工具规范某种偏离法律规则和原则的行为。制裁又分为积极制裁和消极制裁，积极制裁指给符合规范的行为提供好处和奖赏，而消极制裁则是指给予不符合规范的行为以惩罚。[①]这里所讲的对仲裁员职业道德责任的追究是指

① 参见［德］托马斯·莱塞尔：《法社会学导论》，高旭军等译，上海人民出版社2011年版，第199—201页。

对仲裁员违反职业道德的行为进行消极制裁，对其违反职业道德的行为给予相应的惩处，从而达到追究其职业道德责任的目的。

上文论述了仲裁员职业道德责任的构成要件，在确定需要仲裁员的行为构成了职业道德责任要件之后，应当确定追究仲裁员的职业道德责任所遵循的原则，即在追究仲裁员职业道德时应当坚持的价值和精神。仲裁员职业道德责任追究的原则包括保护当事人利益、维护仲裁员法律职业共同体声誉、促进仲裁事业发展、追责措施符合比例原则及防止追责主体滥用职权五个方面。

（一）保护当事人利益

在追究仲裁员职业道德责任时首先应当遵循的是保护当事人利益原则。仲裁员是由争议当事人选定或由仲裁机构委任或指定的人员，是仲裁程序顺利进行的推动者，也是争议的裁判者、公断人，保护当事人利益原则符合理性当事人的自然正义理念。[①]自然正义理念有两个要件：其一，任何人都不能审理与自己有利害关系的案件；其二，任何一方的证词都要被听取。这两个要件原本仅适用于法官的司法裁判活动，是法官解决纠纷时所要遵循的最低限度程序公正标准；后来逐渐发展成为商事仲裁的重要程序保障，成为仲裁程序正当性的基本根据。[②]

保护当事人利益原则要求仲裁员应为避免当事人利益遭受损害采取预防性措施，即在可能出现不公正仲裁行为，或有可能给当事人利益造成损害结果前，就需要对仲裁员的职业道德品质和执业行为进行观察和预判，时间节点一般设定在仲裁裁决作出前。在仲裁裁决作出前，又可以将仲裁程序分为仲裁程序开启前和仲裁程序进行中两个阶段。在仲裁

---

① 参见张圣翠、张心泉：《我国仲裁员独立性和公正性及其保障制度的完善》，《法学》2009年第7期，第144页。

② 参见周清华、程斌：《第三方资助下仲裁员潜在利益冲突披露的体系建构》，《中国海商法研究》2018年第4期，第45页。

程序开启前，仲裁员信息披露制度、回避制度是保护当事人利益原则的重要体现。而在仲裁程序进行中，则体现为回避制度、诫勉警告、撤换仲裁员等三个方面。

（二）维护仲裁员法律职业共同体声誉

仲裁员群体是圈子相对较小的法律职业共同体，仲裁员法律职业共同体是拥有较高法学素养或其精专于某一领域的职业群体，并且是享有较高社会地位的群体。纵观全球范围内的仲裁员，他们一般是行业内评价较高的专家、学者、律师、前法官等人群。尽管采取普通资格条件形式的国家规定，具有完全行为能力的自然人可以担任仲裁员，但在实践中，特别是在国际仲裁中，能担任仲裁员的往往不仅仅是普通的自然人。从《中华人民共和国仲裁法》（2017年）第13条规定的仲裁员资格条件就可看出，能满足仲裁员任职资格的人员一般都是业界的翘楚，他们也更加爱惜自己特殊的身份和在行业内的名誉。在追究仲裁员的职业道德时，对仲裁员身份和声誉进行制裁，或对违反职业道德的仲裁员施以行业内的负面评价，是维护仲裁员法律职业共同体声誉有效的方式。具体措施有：行业批评通告、限期中止办案资格、解聘、行业禁止通告。“行业批评通告”和“行业禁止通告”针对的是整个国家或地区内的仲裁行业，而“中止办案资格”和“解聘”则针对仲裁员服务的某一仲裁机构或某一具体案件。

（三）促进仲裁事业发展

仲裁作为替代性纠纷解决机制已经得到较为广泛的应用，仲裁制度也成为化解社会商贸矛盾的重要制度，维持仲裁制度的良性发展对仲裁制度的参与人提出了更高的要求。在追究仲裁员职业道德责任时，还应当遵循促进仲裁事业发展原则。仲裁员是仲裁制度的重要参与人，在仲裁制度中处于核心地位，扮演着纠纷公断人、裁决者的角色。法律职业道德（伦理）产生的初衷是避免职业行为与大众道德冲突，或者是在面对大众道德相互冲突时提供一种行为指引规范，而不是纯粹追求职业利益。[1]因此仲裁员也不应以逐利为目的参与仲裁事业，而是应当站在社会纠纷解决者、公断人的位置去对待仲裁事业，去参与纠纷解决，去化解社会中的矛盾与冲突。而仲裁员肆意违反职业道德将会降低当事人乃至人民群众对仲裁制度的评价和期待，追究仲裁员职业道德责任也是为了维护仲裁制度的良好氛围和法治形象，对仲裁事业和仲裁行业的破坏者、违规者给予惩处，为当事人和人民群众创造更好的仲裁法治环境。在追责措施或导致的后果中具体对应的是“撤销仲裁裁决”“行业批评通告”和“行业禁止通告”。

（四）追责措施符合比例原则

追责主体在对违反职业道德的仲裁员采取相应的追责措施时，应当采取与仲裁员违反职业道德的程度相适应的措施，应就追责措施与所达到的惩处效果之间的关系作出权衡，所采取的惩戒措施符合合理的限度。该原则源于行政法中狭义的比例原则，也称“法益衡量原则”“相当性原则”，即指权力的行使，虽是达成目的所必要的，但是不可给予人民超过目的之价值的侵害。[2]也有学者将其称为“均衡性原则”，具体含义是，对基本权利的干预与其所追求的目的之间必须相称，二者在效果上不能不成比例。[3]

比例原则虽是行政法学上重要的原则，但随着各部门法的发展，比例原则也逐渐出现在民法和刑法理论之中，比例原则在民法、刑法中的运用强调的只是双方利益之间的衡量，是数或量上的比较；而在行政法

---

① 参见李学尧：《非道德性：现代法律职业伦理的困境》，《中国法学》2010年第1期，第37页。

② 参见姜昕：《比例原则释义学结构构建及反思》，《法律科学（西北政法大学学报）》2008年第5期，第47页。

③ 参见郑晓剑：《比例原则在民法上的适用及展开》，《中国法学》2016年第2期，第145页。

学中，比例原则还强调目的和方法之间的衡量。民法、刑法之中的比例思想只是对行政法上狭义比例原则的应用，而行政法上的比例原则的范围则较广泛。[①]

具体到仲裁员职业道德领域，用于对仲裁员进行职业道德责任追究的措施包括诫勉警告、撤换仲裁员、发布行业批评通告、限期中止办案资格、解聘仲裁员和发布行业禁止通告。其中，诫勉警告针对的是轻微违反职业道德的情形，撤换仲裁员、发布行业批评通告、限期中止办案资格针对的是较为严重违反职业道德的情形，而解聘仲裁员和发布行业禁止通告则是针对严重违反职业道德的情形。可以看出，对仲裁员进行职业道德责任追究的方式也有层级和限度的差别，分层的主要依据是仲裁员违反职业道德的程度。此时，追责主体就应当根据仲裁员违反职业道德的程度以及预期的追责效果来决定采取何种层级的追责措施。

因此，本书主张将“追责措施符合比例原则”引入仲裁员职业道德领域，主要意义在于要求惩处仲裁员的措施与达到的惩处效果必须相符。也有学者表示，应当根据仲裁员违反职业道德情节的严重程度，对仲裁员违反职业道德责任采取其中最合理的处罚方式。[②]

（五）防止追责主体滥用职权

追责主体行使的权力是否具有正当性也是需要明确的问题。追责主体必须身份适格，且被赋予了作出处罚的权力，此时追责主体方能对违反职业道德的仲裁员进行制裁，或采取惩戒措施。从事物的性质来说，要防止权力的滥用，就必须以权力制约权力。[③]作为仲裁规则的制定者，仲裁机构掌握了规则的制定、解释及适用的权力，而这些权力所带

---

① 参见李燕：《论比例原则》，《行政法学研究》2001年第2期，第41—42页。

② See Martin Rauber, “The Impact of Ethical Rules for Counsel in International Commercial Arbitration - Is There a Need For Developing International Ethical Rules?”, 17 (1) *International Arbitration Law Review* 36 (2014).

③ ［法］孟德斯鸠：《论法的精神》（上册），张雁深译，商务印书馆1961年版，第154页。

来的现实利益与潜在利益无疑是巨大的。同时，仲裁机构作为监管者，在缺乏自觉约束与机制约束的情况下，很可能会滋长强硬的“家长制作风”、对仲裁当事人及仲裁庭进行过度管理，甚至可能结合自身作为仲裁规则制定者的身份，以仲裁规则和其他仲裁辅助性规范为工具，不恰当地压缩、限制甚至褫夺仲裁当事人及案件仲裁员的应有权益。[①]

由于仲裁行业是自治度较高的行业，仲裁员的权力主要来源于当事人、仲裁地法律及仲裁规则。那么当仲裁员违反职业道德时，应由何种主体对其追究责任或进行制裁？目前从各国的仲裁实践来看，对于违反职业道德的仲裁员，司法机关（法院）是当然的权力主体，主要负责裁定是否撤销仲裁裁决；而在仲裁机构层面，权力主体一般包括仲裁机构主任会议、仲裁机构委员会、仲裁机构职业道德委员会等（此处统称为仲裁机构）。仲裁机构有权追究仲裁员的职业道德责任，其权力来源于仲裁机构与仲裁员之间形成的契约关系或管理服务合同关系，双方达成了合意，即仲裁员接受了仲裁机构提出的职业道德（义务）要求，在仲裁员“违约”的情况下，且仲裁机构具有一定的管理、组织、监督职能，其当然享有追究责任的权力；而在仲裁协会（全国性仲裁协会）层面，仲裁员属于仲裁协会的会员，他们之间属于管理合同关系，在仲裁员“违约”的情况下，行业性协会可以在约定的范围内追究违反职业道德者的责任。

如前所述，从本质上看，追究仲裁员职业道德责任是对仲裁员的行为进行“制裁”或负面评价，而在制裁或负面评价的过程中，涉嫌违法违规的仲裁员依然享有正当的权利，也应当受到保护，从而合法“对抗”制裁主体。一般而言，由于法院在撤销仲裁裁决时，可以上诉的主体是案件当事人，而此时仲裁员并没有“对抗”的权利。因此，仲裁员可以“对抗”的制裁主体主要指的是仲裁机构。因此，给予仲裁员申辩

① 杜焕芳、李贤森：《国际商事仲裁当事人程序自治边界冲突与平衡》，《法学评论》2020年第2期，第171页。

异议、申请听证、复核的权利，就是在给予仲裁员“对抗”仲裁机构的权利，也体现了对仲裁员自身程序利益的保障价值，有利于防止制裁主体滥用职权。

二、责任追究的方式

就目前的法律和仲裁规则、仲裁员守则及仲裁员管理办法等规范性文件来看，各仲裁机构的规定不尽相同，追究仲裁员职业道德责任的形式（包括仲裁员违反职业道德所导致的后果和对仲裁员违反职业道德责任的惩处方式）一般包括：回避、撤换仲裁员、诫勉警告、行业批评通告、限期中止办案资格、解聘仲裁员、撤销仲裁裁决、行业禁止通告。

值得一提的是，英国皇家特许仲裁员协会设置了类似仲裁员职业道德委员会的专业行为委员会（The Professional Conduct Committee），《英国皇家特许员仲裁协会仲裁员规则》（2017年）（*The Chartered Institute of Arbitrators Regulations*, 2017）第10条规定了仲裁员违规违纪的相关追究方式，专业行为委员会的职责包括调查仲裁员违规行为及在必要时促使其遵守纪律，给予违反公正性和独立性的仲裁员暂停会籍或开除会籍的处罚。[①]此处的责任追究方式包括暂停会籍或开除会籍，与“限期中止办案资格”和“解聘”有相似之处。由于英国皇家特许仲裁员协会采取的是会员制，“暂停会籍”意味着暂时不得以会员的名义作为仲裁员参与仲裁，和“限期中止办案资格”的效果相同；而“开除会籍”则意味着永久不得以会员的名义作为仲裁员参与仲裁，与“行业禁止通告”的效果相同。

另外，在现实之中，违反职业道德的仲裁员往往会遭到舆论的谴责、同行的鄙夷和良心的谴责，但这些均不是职业道德责任的追究形

① 《英国皇家特许仲裁学会仲裁员规则》（2017年）第10条。

式，因此不在本书讨论的范围之内。由于回避制度和撤销仲裁裁决严格来说并非是对仲裁员职业道德责任的追究，而是仲裁员有可能或已经违反职业道德（义务）所导致的不利后果，不属于严格意义上的“责任追究的方式”，故此处不展开论述。

经过整理各仲裁机构的仲裁员守则和仲裁员管理规定等规范性文件，可以将仲裁员职业道德责任追究方式归纳为六种，包括诫勉警告、撤换仲裁员、发布行业批评通告、限期中止办案资格、解聘仲裁员及发布行业禁止通告。

（一）诫勉警告

仲裁机构职业道德委员会对违反职业道德规则的仲裁员进行法纪教育、诫勉谈话和书面警告，并进行后续跟踪考察。此种处罚方式一般针对轻微违反仲裁员职业道德规则的行为，例如由于仲裁员工作懈怠，未能促使仲裁程序快速高效进行。当事人在仲裁进行的过程中，有权向仲裁机构职业道德委员会投诉仲裁员轻微违反职业道德（义务）的行为，目的在于督促仲裁员在仲裁程序中时刻保持较高的职业道德水准和执业水平，此种追责方式可由仲裁机构主任会议、仲裁机构委员会、仲裁机构职业道德委员会决定并执行。[①]

（二）撤换仲裁员

对于违反职业道德的仲裁员或者发生了当事人约定的情形，当事人有权向仲裁机构职业道德委员会提出撤换仲裁员的申请，该违规仲裁员不得继续从事本案的审理工作。撤换仲裁员的申请一般由当事人提出，仲裁机构主任会议、仲裁机构委员会或仲裁机构职业道德委员会负责接收申请，并予以审核，最终做出是否予以撤换的决定。这种追责形式是仲裁程序与诉讼程序区别较大的一点，在诉讼程序中，即使当事人对法

---

① 《呼和浩特仲裁委员会仲裁员纪律处分办法》（2010年）第13条规定，给予诫勉谈话的，由本会指定人员实施。进行诫勉谈话时应当制作谈话笔录，并将笔录报纪律监督委员会保存。

官、检察官的公正性产生怀疑，也无权申请撤换法官、检察官。①

（三）发布行业批评通告

对于仲裁员轻微违反职业道德的，可以由全国仲裁协会职业道德委员会、仲裁机构主任会议、仲裁机构委员会、仲裁机构职业道德委员会可以在仲裁学会、仲裁机构的官方网站、出版物、公众号、研讨会、年会上发布行业批评通告。②有学者认为，仲裁员违反职业道德责任的行为有损仲裁员的声誉，但仅在裁决书予以公开的情况下方能实现。因此，在仲裁员群体中发布公告，使其他仲裁员得知情况，该仲裁员的声誉便会受到贬损。③

荷兰哲学家巴鲁赫·德·斯宾诺莎（Baruch de Spinoza）指出，耻辱是从我们感觉羞耻的行为中产生的一种痛苦，害羞是畏惧或害怕耻辱的情绪，这种情绪可以阻止人不去犯某些卑鄙的行为。④仲裁员自身情况的相对封闭性，使得社会对仲裁员的了解途径极为有限。虽然可以通过多种手段查阅仲裁员的各种具体资料来对其加以了解，然而，有关仲裁员仲裁事务方面的关键资料基本上无从得知。由于仲裁具有保密性的特

---

① 《中国国际经济贸易仲裁委员会仲裁员行为考察规定》（2009年）第9条第2款规定，仲裁员未尽到勤勉义务的，仲裁委员会主任也可依职权决定更换该仲裁员。《香港仲裁条例》（2019年）第28条规定，指定替代仲裁员：依照第13或14条的规定或因为仲裁员由于其他任何原因辞职或因为当事人约定解除仲裁员的委任或在其他任何情况下终止仲裁员的委任的，应当依照指定所被替换的仲裁员时使用的规则指定替代仲裁员；《斯德哥尔摩商会仲裁院仲裁规则》（2017年）第20条，解除指定：(1)理事会应当解除对仲裁员的指定，如果：(i)理事会接受该仲裁员的辞职；(ii)根据第19条对该仲裁员的异议得到支持； 或者(iii)该仲裁员由于其他原因不能或没有履行仲裁员的职责。(2)在理事会解除对仲裁员的指定前，秘书处可给予当事人及仲裁员提交意见的机会。

② 《台湾仲裁协会仲裁人伦理规范》（2016年）第27条规定，在必要时，可以将对仲裁人的处罚情况刊登于仲裁协会出版的刊物。

③ Martin Rauber, "The Impact of Ethical Rules for Counsel in International Commercial Arbitration - Is There a Need For Developing International Ethical Rules?", 17 (1) *International Arbitration Law Review* 35 (2014).

④ ［荷］斯宾诺莎：《伦理学》，贺麟译，商务印书馆1983年版，第160页。

点，社会对于仲裁员有关其仲裁业务能力、经验、水平等方面的评价与认知基本上都是数量性的，只能简单地从仲裁员先前参与过的仲裁案件数量来判断仲裁员的能力和水平，却无法质量性地加以衡量。[①]发布行业批评通告的目的不仅在于惩罚违反职业道德责任的仲裁员，而且也在于警示整个仲裁行业的从业人员，同时让社会大众对仲裁员法律职业共同体有更清晰的认识。

（四）限期中止办案资格

对于仲裁员违反职业道德，情节严重的，仲裁机构主任会议、仲裁机构委员会、仲裁机构职业道德委员会有权中止该仲裁员在该仲裁机构的办案资格，中止期限视情况严重程度而定。[②]有学者认为，对于仲裁员因疏忽遗漏而轻微违反职业道德责任的行为，应当采取惩罚性较弱的措施，例如行业纪律处分或暂时性从业禁止。[③]

（五）解聘仲裁员

对于仲裁员违反职业道德，情节严重的，可以由仲裁机构主任会议、仲裁机构委员会、仲裁机构职业道德委员会商议，并将仲裁员从该仲裁机构的仲裁员名册上除名，解除与该仲裁员的管理服务合同关系。以我国国内仲裁机构出台的仲裁员守则为例，不少仲裁员守则采用了

---

① 王吉文：《国际商事仲裁中的“仲裁常客”问题》，《西部法学评论》2018年第3期，第85页。

② 《台湾仲裁协会仲裁人伦理规范》（2016年）第26条第2款规定，对于仲裁人违反仲裁人伦理规范的，按照情节轻重，可以停止其担任本协会仲裁人6个月至3年；《深圳国际仲裁院仲裁员守则》（2012年12月1日起施行）第11条规定，仲裁员违反本守则、本会仲裁规则或本会的其他规定，情节严重的，本会理事会仲裁员资格与操守考察委员会有权中止其办案资格，但并没有就中止的期限作出规定；《郑州仲裁委员会仲裁员聘用管理办法 》（2014年6月5日起施行）第41条规定，仲裁员违反本办法有关规定的，本委对其给予相应惩戒处分，其中包括停止执业1年。

③ See Antonio Crivellaro, “Does the Arbitrators’ Failure to Disclose Conflicts of Interest Fatally Lead to Annulment of the Award? The Approach of the European State Courts”, 4 (1) *The Arbitration Brief* 121-141 (2014).

"解聘仲裁员"的追究形式。[①]值得一提的是，《雅安仲裁委员会仲裁员职业道德基本准则》（2018年）对解聘仲裁员的情形进行了较为全面规定[②]，共计12种情形，其中第2种是"无正当理由不参加合议、调查满三次的"，这样的规定方式比较清晰明确，易于判断，为追责主体作出处罚提供了较为清晰的指引。

（六）发布行业禁止通告

对于仲裁员违反职业道德，情节严重的，由全国仲裁行业协会在官方网站和出版物上发布禁止违规者从事仲裁员职业的通告，并抄送全国各仲裁机构，行业禁止处罚的期限视情节而定。在国务院法制办公室于2002年发布的《关于进一步加强仲裁员、仲裁工作人员管理的通知》（国法〔2002〕55号）中，规定了对违法违纪仲裁员实行"禁入"制度。仲裁委员会在对违法违纪的仲裁员依法作出除名决定后，应在10日内通过省级人民法制机构（或商会）将名单报送国务院法制办公室，由国务院法制办公室通报全国仲裁机构和有关部门。被除名的仲裁员同时受聘于几家仲裁委员会的，其他仲裁委员会在接到国务院法制办公室通

① 《深圳国际仲裁院仲裁员守则》（2012年）第11条规定，仲裁员违反本守则、本会仲裁规则或本会的其他规定，情节严重的，本会理事会仲裁员资格与操守考察委员会有权提议理事会对其予以解聘；《西宁仲裁委员会仲裁员守则》（2018年09月05日起施行）第12条规定，仲裁员违反本守则，本会将根据情节轻重予以解聘或除名。

② 《雅安仲裁委员会仲裁员职业道德基本准则》（2018年）第23条规定，仲裁员聘任期限内有下列情形之一的，仲裁委员会有权将其解聘：（一）隐瞒应当回避的事实；（二）无正当理由不参加合议、调查满三次的；（三）无正当理由不到庭审理案件的；（四） 在案件审理中，有违仲裁员的公正立场，多次出现下列情形之一的：1.无故拖延办案时间的；2.拒绝说明理由，坚持有利于一方当事人的裁决事项的；3.故意曲解事实和法律，坚决支持一方当事人的请求和主张，或坚决反对一方当事人的请求和主张的；4.在开庭审理中，违背公正原则，代替一方向另一方质证、辩论、提请求的；5、表现出其他偏袒倾向的。（五）审理案件严重迟延的；（六）向当事人透露本人看法或仲裁庭合议情况的；（七）违反本守则，严重不负责任的；（八）徇私舞弊，枉法裁决的；（九）因个人原因在认定事实、适用法律和仲裁程序上造成重大失误，或因其他个人行为给仲裁委员会造成不良影响的；（十）任职期内，私自会见当事人，接受当事人请客、馈赠或提供的其他利益的；（十一）仲裁员代人打听案件情况、请客送礼、提供好处和利益的；（十二）其他违反本守则，不宜继续担任仲裁员的情形的。

报的10日内必须予以除名。对除名的仲裁员，任何仲裁委员会在任何时候不得再聘请。对仲裁委员会副秘书长以上负责人员因违法违纪行为被解聘的，照此办理。仲裁协会对仲裁员的除名比仲裁委员会对仲裁员的除名更具威慑力，因为，一个仲裁委员会对仲裁员的除名，并不必然影响到其他仲裁委员会对其的聘任，而作为行业协会的仲裁协会，其对仲裁员的除名在整个行业具有约束力。①

另外，值得继续追问的是，在明确仲裁员职业道德责任追究形式的种类之后，需要继续探讨在什么情况下应当采取何种追究形式，也就是根据仲裁员违反职业道德的“度”来选取责任追究方式的类型。对于这一问题的回答关乎如何落实责任追究措施，而且涉及责任追究原则中的“追责措施符合比例原则”。

目前，就中国大陆的仲裁机构而言，《泸州仲裁委员会仲裁员管理办法》（2015年）在这方面的设计较为明确，其中第五章“仲裁员的奖惩”的第34条至第37条分别对“口头警告”“书面警示”“解聘”和“除名”的适用情形作出了较为明确的规定。而且这4种方式之间存在一定的联系，最为明显的是递进关系，例如：第35条规定，仲裁员被口头警告满3次的，仲裁委员会将予以书面警示并记入仲裁员档案。第36条规定，仲裁员一年之内被书面警示3次以上的，或一届聘期内被书面警示累计满5次的，仲裁委员会将予以解聘仲裁员，并收回聘书。这种规定方式实操性较强，仲裁机构只需根据仲裁员管理办法的规定，将仲裁员违反职业道德的行为对号入座，既可以选出恰当的追责方式。

如上文所述，仲裁员职业道德责任体系较为复杂，在回答如何设定相应的责任追究措施时，本书通过整理目前各国国内立法和仲裁机构制定的管理规定等规范性文件，按照严格的职业道德、较为严格的职业道德和普通的职业道德的顺序，列出责任追究措施框架图以说明其中的对应关系。

① 史飚：《商事仲裁监督与制约机制研究》，知识产权出版社2011年版，第131页。

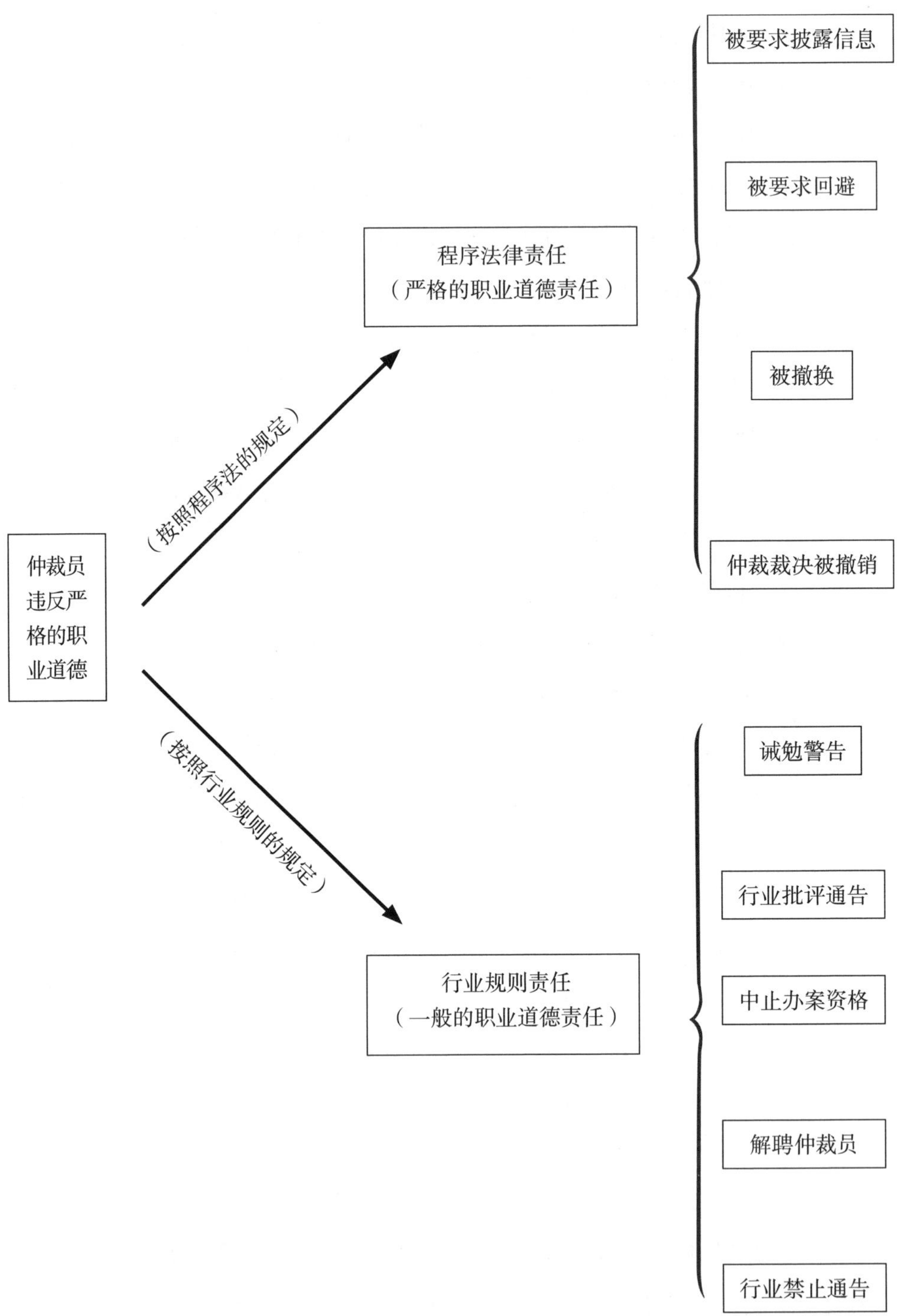

图3.4　违反严格的职业道德（公正性、独立性）追责措施框架图

单一模式：任何导致对仲裁员公正性或独立性产生合理怀疑的情形，均须披露。［《瑞典仲裁法》（2019年）第9条］

模式一：任何导致对仲裁员公正性或独立性产生合理怀疑的情形，均需回避。［《阿联酋仲裁法》（2018年）第14条第1款］

模式二：法律规定几种需要仲裁员回避或当事人可以申请仲裁员回避的情形。［《中华人民共和国仲裁法》（2017年）第34条］

模式一：任何导致对仲裁员公正性或独立性产生合理怀疑的情形，当事人均有权申请撤换仲裁员。［《英国仲裁法》（1996年）第24条第1款］

模式二：因仲裁员回避或其他原因，当事人有权申请撤换仲裁员。［《中华人民共和国仲裁法》（2017年）第37条］

模式一：发生了任何仲裁员不公正或不独立的情况，当事人均有权申请撤换仲裁裁决。［《瑞典仲裁法》（2019年）第34条第6款］

模式二：发生了个别较为严重的情况，当事人才有权申请撤换仲裁裁决。［《中华人民共和国仲裁法》（2017年）第58条第6款］

具体情形：由于仲裁员责任造成所办案件被法院撤销、不予执行或通知重新仲裁［《泸州仲裁委员会仲裁员管理办法》（2015年）第35条第9款］；私下与当事人接触；未能公正、独立审理案件；违反回避规定；未客观、公正、耐心听取当事人陈述；情节轻微的。［《郑州仲裁委员会仲裁员纪律处分办法》（2009年）第12、14、16、20条］

具体情形：在必要时，可以将对仲裁人的处罚情况刊登于仲裁协会出版的刊物。［《台湾仲裁协会仲裁人伦理规范》（2016年）第27条］

具体情形：私下与当事人接触；未能公正、独立审理案件；违反回避规定；未客观、公正、耐心听取当事人陈述；情节轻微的。［《郑州仲裁委员会仲裁员纪律处分办法》（2009年）第12、14、16、20条］

具体情形：一年之内被书面警示3次以上的；一届聘期内被书面警示累计满5次的；拒绝在裁决书上签字且不书面说明理由满2次的；因故意或重大过失行为，使当事人和本会利益受到损害的；担任向人民法院申请撤销或不予执行本会仲裁裁决案件的代理人的；受到刑事处罚的。［《泸州仲裁委员会仲裁员管理办法》（2015年）第36条］

具体情形：在必要的情况下，由专业行为委员会决定开除违反公正性或独立性的仲裁员的会籍。（即禁止在仲裁协会中继续执业）［《英国皇家特许员仲裁协会仲裁员规则》（2017年）第10.1条］

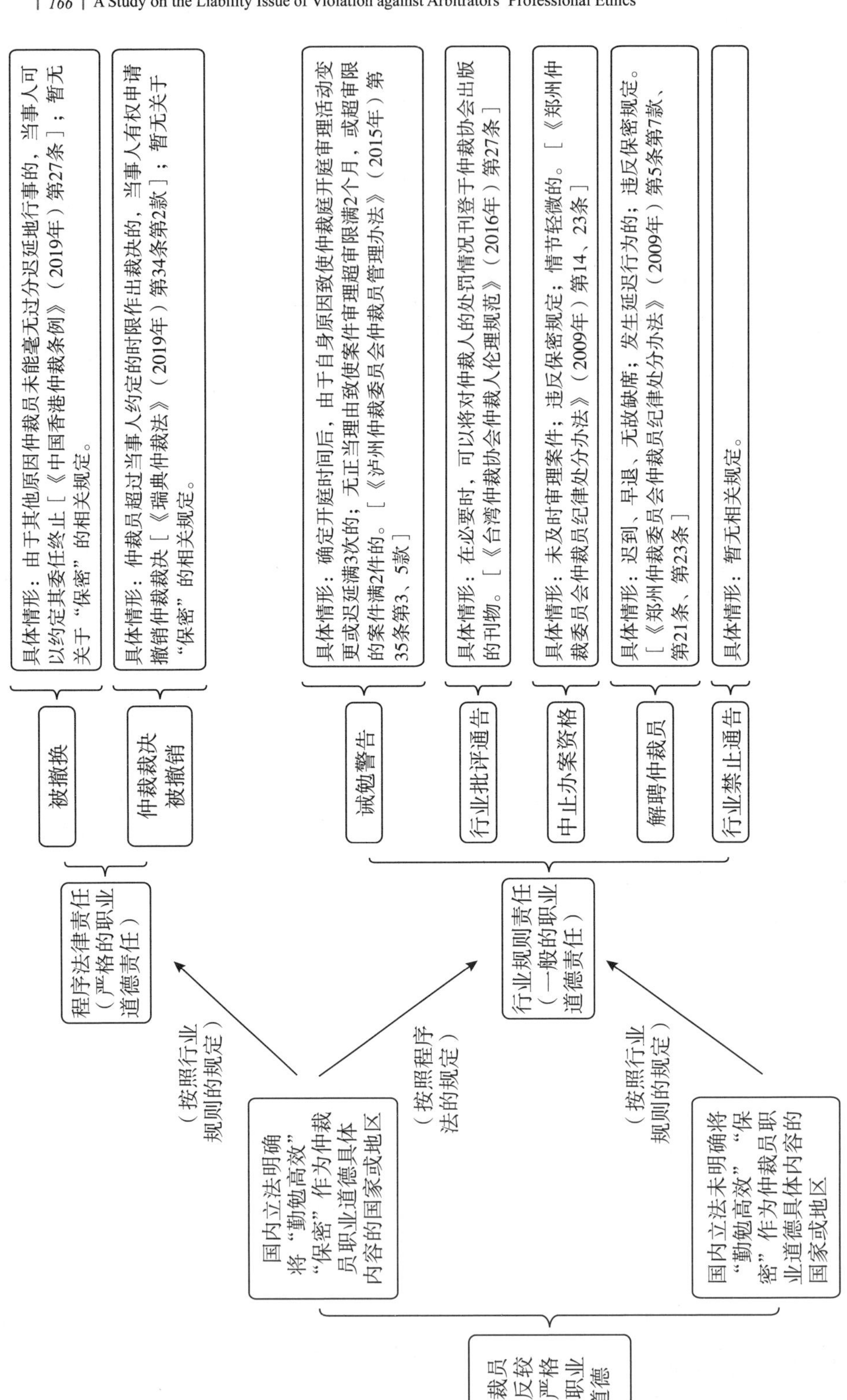

图3.5 违反较为严格的职业道德（勤勉高效、保密）追责措施框架图

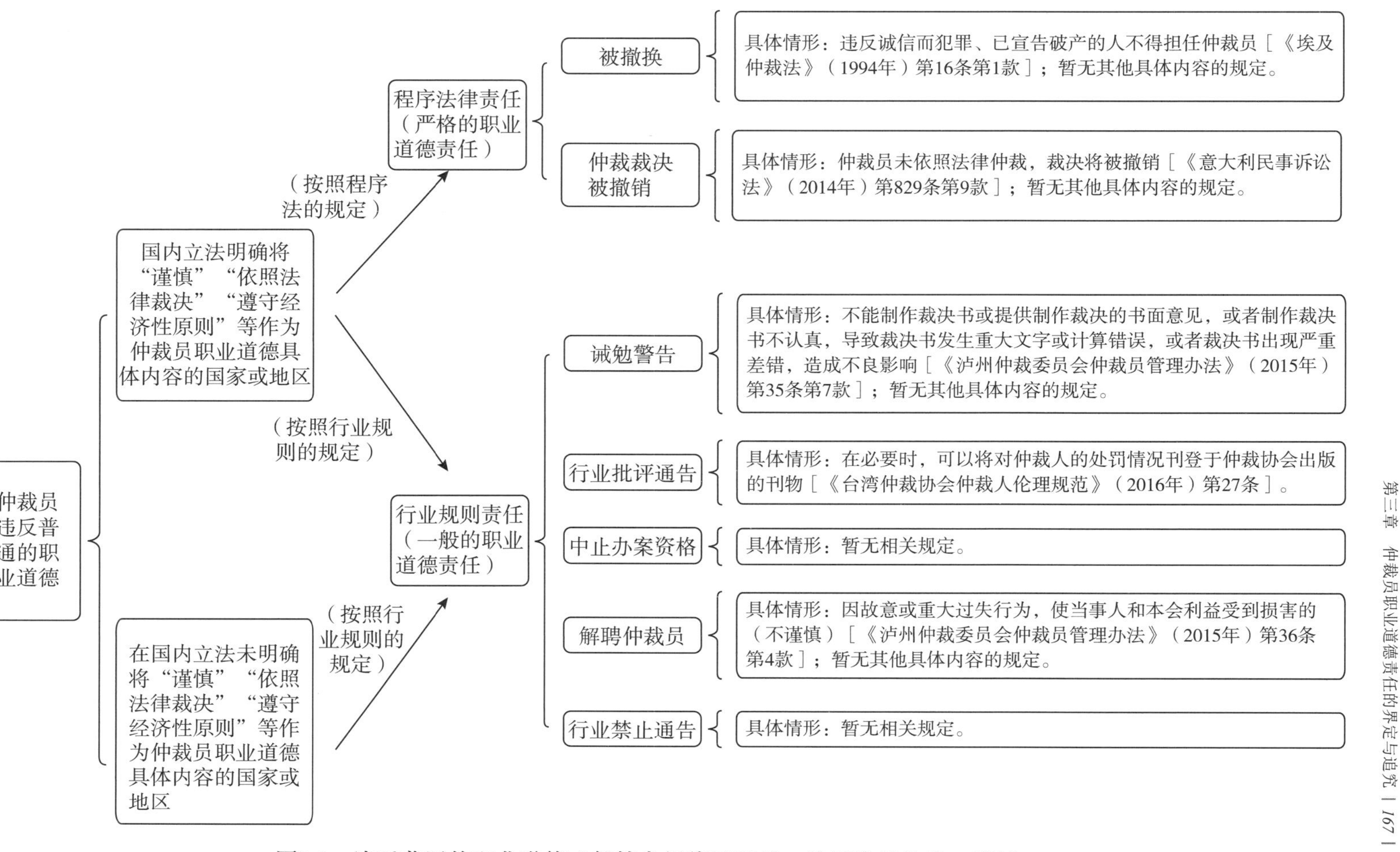

图3.6　违反普通的职业道德（保持良好信用记录、按照协议仲裁、谨慎、遵守经济性原则、依照法律裁决、如实自我宣传等）追责措施框架图

通过分析图3.4、图3.5、图3.6，可以总结出仲裁员职业道德责任追究措施设置的情况，现按照仲裁员职业道德的种类进行逐一分析：

（一）严格的职业道德对应的责任追究措施的情况分析

1. 国内立法对严格的职业道德（公正性、独立性）有明文规定的，其对应的是程序法律责任，即严格的职业道德责任，导致的后果包括：仲裁员被要求披露信息、仲裁员被要求回避、仲裁员被撤换、仲裁裁决被撤销。这几项后果严格来说并不是仲裁员职业道德责任的追究方式，而只是仲裁员违反“公正性”或“独立性”所导致的“不利后果”或“负面评价”。

（1）仲裁员被要求披露信息

具体而言，绝大多数的国内立法对“仲裁员被要求披露信息”的规定采取的模式较为统一，即“任何导致对仲裁员公正性或独立性产生合理怀疑的情形，均须披露”。此时，何为“合理怀疑”（reasonable doubts或justifiable doubts）则需法官或仲裁机构（理事会或仲裁员职业道德委员会）根据具体的案件情况和常识进行判断，这种情况造成的结果就是不同的法官或仲裁机构有不同的衡量标准，各国并没有统一的标准。此时，《IBA冲突指南》设置的“清单制度”将派上用场，若当事人选择适用了《IBA冲突指南》，法官或仲裁机构则可以根据不同颜色清单所列的情形，判断仲裁员未披露信息的严重程度，进而判断仲裁员是否违反“公正性”或“独立性”。换句话说，《IBA冲突指南》解决了“度”的衡量问题，即仲裁员未能履行披露义务达到什么样的“度”，方会导致其违反了严格的职业道德。

（2）仲裁员被要求回避

在各国内立法中，“仲裁员被要求回避”的立法有两种模式。模式一：任何导致对仲裁员公正性或独立性产生合理怀疑的情形，均须回避。模式二：法律规定几种需要仲裁员回避或当事人可以申请仲裁员回避的情形。采取模式一的国家占大多数，其中的内涵与“仲裁员被要求披露信息”一致，通过《IBA冲突指南》的“清单制度”进而判断哪些情况属于仲裁员违反严格的职业道德。

（3）仲裁员被撤换

在各国内立法中，“仲裁员被撤换”的立法有两种模式。模式一：任何导致对仲裁员公正性或独立性产生合理怀疑的情形，当事人均有权申请撤换仲裁员。模式二：因仲裁员回避或其他原因，当事人有权申请撤换仲裁员。

（4）仲裁裁决被撤销

在各国内立法中，“仲裁裁决被撤销”的立法有两种模式。模式一：发生了任何仲裁员不公正或不独立的情况，当事人均有权申请撤换仲裁裁决。模式二：发生了个别较为严重的情况（例如：仲裁员在仲裁该案时有索贿受贿、徇私舞弊、枉法裁决行为的），当事人才有权申请撤换仲裁裁决。

2. 仲裁机构仲裁规则、仲裁员守则、仲裁员管理办法等行业规则对严格的职业道德一般有明文规定的，其对应的是行业规则责任，即一般的职业道德责任。具体的追责方式包括：诫勉警告、行业批评通告、中止办案资格、解聘仲裁员、行业禁止通告。

（1）诫勉警告

什么情况下可以对违反“公正性”或“独立性”的仲裁员采取“诫勉警告”“书面警告”“书面批评”等方式，各仲裁机构做法不一。一般情况下，行业规则将规定若干仲裁员违反“公正性”或“独立性”的具体情形（例如：私下与当事人接触；未能公正、独立审理案件；违反回避规定；未客观、公正、耐心听取当事人陈述），并在句末加上“情节轻微的”，可以对仲裁员进行诫勉警告。也有行业规则规定，由于仲裁员的责任造成所办案件被法院撤销、不予执行或通知重新仲裁的，可以对仲裁员进行诫勉警告。这就是说，各仲裁机构对于“诫勉警告”这一追责方式有各自的判断标准，而且“诫勉警告”既可以“单处”（即单独作出追责措施），也可以“并处”（即可以和其他追责措施并用）。

（2）行业批评通告

在各仲裁机构的规范性文件中，仅有少数仲裁机构对“行业批评通告”这一方式作出规定。一般规定为“在必要时，可以将对仲裁人的处罚情况刊登于仲裁协会出版的刊物”。这种情况下，仲裁员违反“公正性”或“独立性”的情况将公之于众，并在仲裁员行业内产生负面影响，对违反职业道德的仲裁员的声誉具有贬损作用。但值得注意的是，行业规则的措辞中特别强调了“在必要时”，但并没有就何为“在必要时”作出具体解释，这就意味着是否作出该追责措施将由仲裁机构进行自由裁量，仲裁机构的仲裁员职业道德委员会、理事会等有权部门则需要根据案件的具体情况进行判断。

（3）中止办案资格

在各仲裁机构的规范性文件中，仅有少数仲裁机构对“中止办案资格”这一方式作出规定。例如：私下与当事人接触；未能公正、独立审理案件；违反回避规定；未客观、公正、耐心听取当事人陈述；情节轻微的，方能对违反“公正性”或“独立性”的仲裁员采取“中止办案资格”的追责方式。但行业规则并没有就“情节轻微”作出具体规定，此时也需要仲裁机构的仲裁员职业道德委员会、理事会等有权部门则需要根据案件的具体情况进行判断。值得一提的是，一般情况下，行业规则会在“中止办案资格”中加入时间期限，但时间期限的长短有的是固定的（例如：中止办案资格一年），有的是浮动的（例如：中止办案资格一段时间），在浮动的情况下，仲裁员职业道德委员会、理事会等有权部门对于时间期限的长短也有自由裁量权，可以根据仲裁员违反“公正性”或“独立性”的严重性程度来确定期限的长短。

（4）解聘仲裁员

在各仲裁机构的规范性文件中，不少仲裁机构对“解聘仲裁员”作出了相关规定，但各仲裁机构的做法并不一致。例如：一年之内被书面警示3次以上的；一届聘期内被书面警示累计满5次的；拒绝在裁决书上签字且不书面说明理由满2次的；因故意或重大过失行为，使当事人和本会利益受到损害的；担任向人民法院申请撤销或不予执行本会仲裁裁决案件的代理人的；受到刑事处罚的；等等。解聘仲裁员属于较为严厉的追责方式，将导致违反职业道德的仲裁员无法在仲裁机构中继续担任仲裁员，因此，对应的情形均为较为严重的情形，且仲裁员职业道德委员会、理事会等有权部门一般没有自由裁量权。

（5）行业禁止通告

在各仲裁机构的规范性文件中，仅有少数仲裁机构对“行业禁止通告”这一方式作出规定。在必要的情况下，由专业行为委员会决定开除违反“公正性”或“独立性”的仲裁员的会籍（即禁止在仲裁协会中继续执业）。行业禁止通告是最为严厉的责任追究措施，意味着违反“公正性”或“独立性”的仲裁员将无法再涉足仲裁行业，永久失去担任仲裁员的资格。值得一提的是，《英国皇家特许员仲裁协会仲裁员规则》（2017年）第10.1条中的措辞是“在必要的情况下”（if necessary），但其并未就何为“必要的情况”作出进一步规定，这就意味着英国皇家特许员仲裁协会职业行为委员会（the Professional Conduct Committee）对于是否采取“行业禁止通告”具有自由裁量权。

（二）较为严格的职业道德对应的责任追究措施的情况分析

1. 国内立法对较为严格的职业道德（勤勉高效、保密）有明文规定的，其对应的是程序法律责任，即严格的职业道德责任，导致的后果包括：仲裁员被撤换、仲裁裁决被撤销。这两项后果严格来说并不是仲裁员职业道德责任的追究方式，而只是仲裁员违反“勤勉高效”或“保密”所导致的“不利后果”或“负面评价”。

（1）仲裁员被撤换

有部分国内立法规定，由于其他原因仲裁员未能避免不必要的拖延，当事人可以约定其委任终止。亦即仲裁员未能“勤勉高效”地推进仲裁程序，当事人可以约定其委任终止，从而导致发生“仲裁员被撤换”的“不利后果”。但目前尚未有国内立法规定因仲裁员违反“保密”而导致“仲裁员被撤换”的“不利后果”。

（2）仲裁裁决被撤销

有部分国内立法规定，仲裁员超过当事人约定的时限作出裁决的，当事人有权申请撤销仲裁裁决。亦即仲裁员未能“勤勉高效”地推进仲裁程序，作出仲裁裁决，从而导致“仲裁裁决被撤销”的“不利后果”。但目前尚未有国内立法规定因仲裁员违反“保密”而导致“仲裁裁决被撤销”的“不利后果”。

2. 大多数仲裁机构仲裁规则、仲裁员守则、仲裁员管理办法等行业规则对较为严格的职业道德有明文规定的，其对应的是行业规则责任，即一般的职业道德责任，具体的追责方式包括：诫勉警告、行业批评通告、中止办案资格、解聘仲裁员、行业禁止通告。

（1）诫勉警告

各仲裁机构的行业规则对于违反“勤勉高效”或“保密”的仲裁员是否应当处以“诫勉警告”的追责措施做法并不一致。有的行业规则规定，确定开庭时间后，由于自身原因致使仲裁庭开庭审理活动变更或迟延满3次的；无正当理由致使案件审理超审限满2个月，或超审限的案件满2件的。但目前尚未有仲裁机构的行业规则规定，因为仲裁员违反“保密”而可以采取“诫勉警告”的追责措施。

（2）行业批评通告

仅有少数仲裁机构对“行业批评通告”这一方式作出规定。与上文提到的严格的职业道德中的“行业批评通告”相同，行业规则的措辞中特别强调了“在必要时”，但并没有就何为“在必要时”作出具体解释，这就意味着是否作出该追责措施将由仲裁机构进行自由裁量，仲裁机构的仲裁员职业道德委员会、理事会等有权部门则需要根据案件的具体情况进行判断。

（3）中止办案资格

仅有少数仲裁机构对“中止办案资格”这一方式作出规定。例如，行业规则规定，仲裁员未及时审理案件，或违反保密规定，情节轻微的，可以中止仲裁员的办案资格。但行业规则并没有就“情节轻微”作出具体规定，此时也需要仲裁机构的仲裁员职业道德委员会、理事会等有权部门则需要根据案件的具体情况进行判断。同样，中止的期限也可以由有权部门进行自由裁量。

（4）解聘仲裁员

有部分仲裁机构对“解聘仲裁员”这一方式作出规定。例如，仲裁员迟到、早退、无故缺席，仲裁员发生延迟行为的，或违反保密规定的，可以解聘仲裁员。解聘仲裁员属于较为严厉的追责方式，将导致违反职业道德的仲裁员无法在仲裁机构中继续担任仲裁员，因此，对应的情形均为较为严重的情形，且仲裁员职业道德委员会、理事会等有权部门一般没有自由裁量权。

（5）行业禁止通告

仅有少数仲裁机构对“行业禁止通告”这一方式作出规定。此处的分析同上文“严格的职业道德”中的分析，不再赘述。

（三）普通的职业道德对应的责任追究措施的情况分析

1. 国内立法对普通的职业道德（保持良好信用记录、按照协议仲裁、谨慎、遵守经济性原则、依照法律裁决、如实自我宣传）有明文规定的，其对应的是程序法律责任，即严格的职业道德责任，导致的后果包括：仲裁员被撤换、仲裁裁决被撤销。这两项后果严格来说并不是仲裁员职业道德责任的追究方式，而只是仲裁员违反上述普通的职业道德所导致的"不利后果"或"负面评价"。

（1）仲裁员被撤换

由于普通的职业道德仅为少数国内立法所规定，因此违反普通的职业道德而导致"仲裁员被撤换"的情况并不常见。例如，《埃及仲裁法》（1994年）第16条第1款对仲裁员违反"保持良好信用记录"有相关的规定，具体情形是，违反诚信而犯罪、已宣告破产的人不得担任仲裁员。目前暂无其他具体内容的相关规定。

（2）仲裁裁决被撤销

同样，因为仲裁员违反普通的职业道德而导致"仲裁裁决被撤销"的情况在国内立法中也较为少见。通过考察国内立法，《意大利民事诉讼法》（2014年）对仲裁员违反"依照法律裁决"有相关的规定，具体情形是，仲裁员未依照法律仲裁，裁决将被撤销。［《意大利民事诉讼法》（2014年）第829条第9款］。目前暂无其他具体内容（保持良好信用记录、按照协议仲裁、谨慎、遵守经济性原则、如实自我宣传）的相关规定。

2. 少数仲裁机构仲裁规则、仲裁员守则、仲裁员管理办法等行业规则对普通的职业道德有明文规定的，其对应的是行业规则责任，即一般的职业道德责任，具体的追责方式包括：诫勉警告、行业批评通告、中止办案资格、解聘仲裁员、行业禁止通告。

（1）诫勉警告

各仲裁机构的行业规则对于违反普通的职业道德的仲裁员是否应当采取"诫勉警告"的追责措施做法并不一致。有的行业规则规定，不能制作裁决书或提供制作裁决的书面意见，或者制作裁决书不认真，导致裁决书发生重大文字或计算错误，或者裁决书出现严重差错，造成不良影响。［《泸州仲裁委员会仲裁员管理办法》（2015年）第35条第7款］这一条规定指向了仲裁员应当保持“谨慎”的职业道德。目前暂无其他具体内容（按照协议仲裁、遵守经济性原则、依照法律裁决、如实自我宣传）的相关规定。

（2）行业批评通告

通过考察各仲裁机构的规范性文件，仅有少数仲裁机构对“行业批评通告”这一方式作出规定。此处的分析同上文“严格的职业道德”中的分析，不再赘述。

（3）中止办案资格

对于违反普通的职业道德的仲裁员是否应当采取“中止办案资格”的追责措施，目前行业规则暂无相关规定。

（4）解聘仲裁员

有部分仲裁机构对“解聘仲裁员”这一方式作出规定。例如：《泸州仲裁委员会仲裁员管理办法》（2015年）第36条第4款规定，因故意或重大过失行为，使当事人和本会利益受到损害的（即仲裁员未保持“谨慎”），仲裁员将被解聘。目前暂无其他具体内容（按照协议仲裁、遵守经济性原则、依照法律裁决、如实自我宣传）的相关规定。

（5）行业禁止通告

对于违反普通的职业道德的仲裁员是否应当采取“行业禁止通告”的追责措施，目前行业规则暂无相关规定。

综上所述，可以得出以下几个结论：

1. 对于仲裁员违反严格的职业道德（公正性、独立性）而采取的责任追究方式或导致的后果一般由国内立法进行规定。在当事人没有引用相关行业协会规则的情况下，法官或仲裁机构有较大的自由裁量权，可以根据案件的具体情况判断仲裁员采取何种追责措施或导致何种不利后果；在当事人引用了相关行业协会规则（如《IBA冲突指南》）的情况下，法官或仲裁机构的自由裁量权受到了一定的限制。同时，绝大多数行业规则也对仲裁员违反严格的职业道德而采取的责任追究方式或导致的后果作出了规定。一般是追责主体根据案件的具体情况和行业规则的相关规定，分别或同时采取诫勉警告、行业批评通告、中止办案资格、解聘仲裁员、行业禁止通告等追责措施。对于"诫勉警告""行业批评通告""中止办案资格"这三项严厉程度较低的措施，追责主体具有较大的自由裁量权；对于"解聘仲裁员"和"行业禁止通告"这两项严厉程度较高的措施，追责主体则一般根据行业规则谨慎作出决定。

2．少数国内立法对仲裁员违反较为严格的职业道德而采取的追究方式或导致的后果进行了规定。有的国内立法对违反"勤勉高效"所导致的不利后果（仲裁员被撤换、仲裁裁决被撤销）进行了规定，但未就违反"保密"所导致的不利后果进行规定。行业规则方面，违反"勤勉高效"有可能被采取"诫勉警告""行业批评通告""中止办案资格""解聘仲裁员"等措施，违反"保密"则有可能被采取"行业批评通告""中止办案资格""解聘仲裁员"等措施。其中，是否采取"行业批评通告"措施，仲裁机构有较大的自由裁量权。暂无由于违反"勤勉高效"或"保密"而采取"行业禁止通告"的相关规定。

3．极少数国内立法对仲裁员违反普通的职业道德而采取的追究方式或导致的后果进行了规定。有的国内立法对仲裁员违反"保持良好信用记录"作出了相关规定，导致的后果是"仲裁员被撤换"；有的国内立法对仲裁员违反"依照法律裁决"作出了相关规定，导致的后果是"仲裁裁决被撤销"。行业规则方面，仲裁员违反"谨慎"有可能被采取"诫勉警告""行业批评通告""解聘仲裁员"等措施，是否采取"行业批评通告"仲裁机构拥有较大的自由裁量权，而暂无因仲裁员违反普通的职业道德而被采取“中止办案资格”和“行业禁止通告”措施的规定。

4. 在仲裁员违反职业道德所导致的不利后果和将被采取的追责措施的选择上，追责主体可以选择其中的一项适用，也可以同时选择多项适用。违反职业道德的仲裁员有可能被不同的追责主体采取追责措施。例如：因仲裁员违反公正性，而导致仲裁裁决被撤销，情节较为严重的，仲裁机构的职业道德委员会可以对其进行行业批评通告或解聘，全国仲裁协会的职业道德委员会还可以对其采取行业禁止通告的措施。

三、责任追究的主体

上文已经对仲裁员违反职业道德责任的追究方式进行了探讨，其中也涉及了责任追究主体的问题，但未展开论述，本节将就责任追究的主体展开论述。仲裁员职业道德责任追究的主体是指，有权力或权利对仲裁员的执业行为进行判断，并对违反职业道德的仲裁员采取具体惩处措施的机构。

在论述仲裁员职业道德责任的构成要件问题时，提到了“评价主体”一词，主要包括法官、仲裁机构主任会议、仲裁机构委员会和仲裁机构职业道德委员会等。需要进一步说明的是，并非所有的“评价主体”都属于责任追究主体，因为唯有“责任追究主体”才能对违反职业道德的仲裁员采取具体惩处措施的机构。例如：法官属于“评价主体”，但不属于“责任追究主体”。在审理因仲裁员职业道德问题而申请撤销仲裁裁决的案件中，法官将对仲裁员是否违反职业道德进行评价，若仲裁员违反职业道德的行为符合撤销仲裁裁决的相关规定，法官将撤销仲裁裁决。此时，法官并没有对仲裁员本身进行具体的责任追究，没有采取针对仲裁员的具体惩处措施，而是由于仲裁员违反职业道德而对仲裁案件采取了负面评价，或导致了仲裁案件被撤销的后果。因此，“仲裁裁决被撤销”未被列入仲裁员职业道德责任追究的方式，法官或法院也不是仲裁员职业道德责任追究的主体。

另外，在讨论仲裁员职业道德责任分类时所制的三张框架图（图3.4、图3.5、图3.6）中，已经列出由于仲裁员违反仲裁员职业道德可能导致的不利后果和惩处措施。具体包括：被要求披露信息、被要求回避、被撤换、仲裁裁决被撤销、诫勉警告、行业批评通告、中止办案资格、解聘仲裁员、行业禁止通告。通过甄别可以得知，其中的“被要求披露信息”和“被要求回避”属于在仲裁程序中，仲裁庭或当事人发现涉案仲裁员具有公正性或独立性方面的瑕疵而作出的预防措施，不属于真正意义上的惩处或制裁，对涉案仲裁员没有实质性的惩罚；而且此时仲裁裁决尚未作出，当事人的利益尚未受到实质性损害。因此，“被要求披露信息”和“被要求回避”也未被列入仲裁员职业道德责任追究的方式。

因此，“诫勉警告”“行业批评通告”“中止办案资格”“解聘仲裁员”“行业禁止通告”则是真正意义上仲裁员职业道德责任追究的方式。其中，可由仲裁机构内设的仲裁员职业道德委员会采取的追究形式包括诫勉警告、撤换仲裁员、限期中止办案资格和解聘仲裁员；可由全国性的仲裁协会内设的仲裁员职业道德委员会采取的追究形式包括发布行业批评通告和发布行业禁止通告。

相较于仲裁机构仲裁员职业道德委员会，仲裁机构主任会议、仲裁机构委员会、仲裁机构理事会均不宜作为仲裁员职业道德责任追究的主体。法谚有云，任何人不得做自己的法官。因为仲裁机构主任会议、仲裁机构委员会、仲裁机构理事会均为仲裁机构最为核心的权力机关，牵涉仲裁机构自身的利益，很难单独地公正评判仲裁员违反职业道德的行为。

以重庆仲裁委员会第五届委员会职业道德监督委员会为例。职业道德监督委员会成员共15人，他们来自仲裁机构、高校、司法行政机关、工商联、银行协会、律师事务所、国企。仲裁员职业道德监督委员会下设办公室，负责日常具体工作，办公室设在重庆仲裁委员会办公室综合秘书处。其中，仲裁员职业道德监督委员会的主任为重庆仲裁委副主任、重庆仲裁委员会办公室副主任，他们分别是重庆市律师协会会长和西南政法大学教授；委员共12人，来自重庆仲裁办公室的有7人（其中两人主持职业道德监督委员会的工作），其他人分别来自司法局律公处、工商联法律部、银行协会、律师事务所、国企党委，他们是各自单位的部门领导。可以看出仲裁员职业道德监督委员会的组成人员大部分来自重庆仲裁委（共9人，占比53%），其他人员也来自各自单位的法律部门，并且担任领导职务。[①]这样的人员构成可以较好地保证职业道德监督委员会作出公正的决定，对平等保障各方权利均有益处。

综上所述，有权对违反职业道德的仲裁员采取追责措施的主体为仲裁机构内设的仲裁员职业道德委员会和全国性的仲裁协会内设的仲裁员职业道德委员会。

四、责任追究的程序

在追究仲裁员职业道德责任时，应当依照一定的程序进行。目前我国尚未出台对仲裁员职业道德责任追究的程序作出系统规定的文件，但《中华全国律师协会会员违规行为处分规则（试行）》（2017年1月8日修订）对律师违纪处分程序进行了较为详细的规定，在未来制定《中国仲裁协会仲裁员守则》时可以借鉴其经验。大体来说，仲裁员职业道德责任追究的程序主要包括以下六个阶段。

---

① 重庆仲裁委员会：《重庆仲裁委员会第五届委员会职业道德监督委员会》，https://www.cqac.org.cn/zhongqingzhongcaiweiyuanhuizhiyedaodejianduweiyuanhui/，访问日期：2022年11月30日。

（一）追责主体受理立案

当事人可以采用信函、邮件和直接来访等方式向仲裁机构投诉，也可以委托他人代为投诉，仲裁机构主任会议、仲裁机构委员会、仲裁机构职业道德委员会接收投诉之后予以立案。对于没有投诉人投诉的仲裁员涉嫌违反职业道德的，仲裁机构主任会议、仲裁机构委员会和仲裁机构职业道德委员会有权主动立案。

（二）追责主体调查并提出拟处理意见

追责主体对于投诉进行初步调查，可以根据调查报告作出拟处理意见，并将拟处理意见送达涉嫌违反职业道德的仲裁员。此时追责主体出具的仅仅是拟处理意见，而非终局的处理决定，不具有执行力。例如《呼和浩特仲裁委员会仲裁员纪律处分办法》（2010年）第10条规定，纪律监督委员会根据调查情况向本会提交调查报告，并提出拟处理意见，调查报告和拟处理意见应当发送涉嫌违纪的仲裁员。

（三）仲裁员申辩异议

在仲裁员收到拟处理意见之后，追责主体应当告知仲裁员有申辩异议的权利，仲裁员有权就拟处理意见作出陈述申辩，并出示相关证据。《呼和浩特仲裁委员会仲裁员纪律处分办法》（2010年）第9条规定，纪律监督委员会应当书面通知涉嫌违纪的仲裁员，告知其调查内容，并给予5日的申辩期。仲裁员不提出申辩意见的，不影响调查。《开罗区域国际商事仲裁中心仲裁规则》（2011年）第15条规定，若请求撤换仲裁员，则该仲裁员有权利申请口头听证。《台湾仲裁协会仲裁人伦理规范》（2016年）第22条和第24条规定，伦理委员会应当审议投诉仲裁人事件，应当给予投诉人和仲裁人充分陈述的机会，必要时应当调查证据、举行言词辩论、由双方询问证人，被投诉的仲裁人可以向伦理委员会申请再次审议。《加拿大商事仲裁中心职业道德守则》（官方网站未注明生效年份）第14条规定，当仲裁员遭到投诉，仲裁机构可以向任何人询问意见，在询问之后，仲裁机构应当赋予仲裁员听证的权利，在必要的时候作出适当的处罚。《呼和浩特仲裁委员会仲裁员纪律处分办法》（2010年）第11条规定，仲裁员收到调查报告和拟处理意见后5日内应当向本会提交书面意见；不提交意见的，不影响本会作出处分决定。

（四）追责主体复查

追责主体应当举行听证会，听取仲裁员的申辩异议，并针对法律适用、证据事实、处理程序等事项予以复查，并作出是否追究职业道德责任的决定，该决定具有终局性。《台湾仲裁协会仲裁人伦理规范》（2016年）第24条规定，伦理委员会认为再次审议无理由的，可以不经辩论而驳回；认为再次审议有理由的，应当撤销或变更原决定，再次审议之决定为最后之决定，以一次为限。另外，《中华全国律师协会会员违规行为处分规则（试行）》（2017年）第6章专门规定了律师协会会员处分复查程序，其中包括设立会员处分复查委员会、复查委员会的人员组成、复查委员会的职责、复查程序的启动、复查申请人应具备的条件、复查申请书的内容、复查申请书的处理方式、复查程序的展开、复查程序的审查事项、复查决定的作出方式、复查决定的生效方式及复查决定具有终局性。

（五）追责主体执行追究措施

追责主体根据最终的追究决定，对违反职业道德责任的仲裁员执行责任追究措施。如上文所述，可由仲裁机构职业道德委员会采取的追究形式包括：诫勉警告、撤换仲裁员、限期中止办案资格、解聘仲裁员；可由全国性的仲裁协会仲裁员职业道德委员会采取的追究形式包括发布行业批评通告和发布行业禁止通告。对于已经采取执行措施的，追责主体应当做好备案工作。

（六）追责主体向司法行政机关报告

仲裁机构对已经被执行追责措施的仲裁员的案件信息、执行情况进行整理后，向全国性的仲裁协会和国家司法行政机关报告。全国性的仲裁协会对已经被执行追责措施的仲裁员的相关案件信息、执行情况进行整理后，向国家司法行政机关报告，由全国性的仲裁协会和国家司法行政机关做好汇总整理工作。

追责主体报告制度体现了我国司法行政机关对仲裁协会、仲裁机构的监督管理，但也有不少学者对司法行政机关监督仲裁提出批评，认为应当尽量减少对仲裁的干预。因此，追责主体报告制度应当有一个明确定位，即仅仅是要求追责主体报告案件情况和责任追究的执行情况，司法行政机关则只需对情况进行备案，用于调查研究、组织教育、发展仲裁事业等工作，而不得以此进一步追究仲裁员或仲裁机构的责任。这样既可以减少司法行政机关对仲裁案件及仲裁机构的干预，又可以起到一定的统筹监督效果。

小结

仲裁员职业道德责任则可以理解为，仲裁员违反职业道德规则后（法律或行业规则）所需承担的不利后果或强制性义务，此种责任是对仲裁员作为仲裁案件居中裁判者的负面评价。仲裁员的职业道德责任可以分为严格的职业道德责任和一般的职业道德责任，严格的职业道德责任是指，仲裁员违反了国内立法中的相关规定，应当承担的不利后果或强制性义务，也可称为程序法律责任。一般的职业道德责任是指，仲裁员违反了行业规则中的相关规定，应当承担的不利后果或强制性义务，也可以称为行业规则责任。

仲裁员职业道德责任的构成要件包括5个方面，应当从仲裁员的执业行为是否违反仲裁员职业道德规则、仲裁员的执业行为是否违反仲裁员与当事人或仲裁机构之间签订的协议、仲裁员的执业行为是否对当事人或仲裁员群体有造成损害的可能性或已经造成损害结果、仲裁员的执业行为与损害之间是否存在因果关系以及仲裁员是否存在主观上的过错，来判断仲裁员是否应当承担职业道德责任。

在仲裁员职业道德责任追究方面，仲裁员职业道德责任追究的原则包括保护当事人利益、维护仲裁员法律职业共同体声誉、促进仲裁事业发展、追责措施符合比例原则和防止追责主体滥用职权5个方面。而追究仲裁员职业道德责任的形式（或曰仲裁员违反职业道德所导致的后果）一般包括回避、撤换仲裁员、诫勉警告、行业批评通告、限期中止办案资格、解聘仲裁员、撤销仲裁裁决、行业禁止通告等。而严格来说，仲裁员职业道德责任追究方式总共有6种，包括诫勉警告、撤换仲裁员、发布行业批评通告、限期中止办案资格、解聘仲裁员和发布行业禁止通告。

对于仲裁员违反严格的职业道德而采取的责任追究方式（或导致的后果）一般由国内立法进行规定，追责主体如何选择追责措施的自由裁量权较大，对于"诫勉警告""行业批评通告""中止办案资格"这三项严厉程度较低的措施，追责主体拥有较大的自由裁量权，对于"解聘仲裁员"和"行业禁止通告"这两项严厉程度较高的措施，仲裁机构则根据遵守行业规则谨慎作出。对仲裁员违反较为严格的职业道德而采取的责任追究方式或导致的后果一般由国内立法和行业规则进行规定，行业规则方面，违反"勤勉高效"有可能被采取"诫勉警告""行业批评通告""中止办案资格""解聘仲裁员"等措施，违反"保密"则有可能被采取"行业批评通告""中止办案资格""解聘仲裁员"等措施。对仲裁员违反普通的职业道德而采取的追究方式（或导致的后果）一般由行业规则进行规定，追责主体拥有较大的自由裁量权。

在仲裁员违反职业道德所导致的不利后果和将被采取的追责措施的选择上，追责主体可以选择其中的一项适用，也可以同时选择多项适用。违反职业道德的仲裁员有可能被不同的追责主体采取追责措施。

有权对违反职业道德的仲裁员采取追责措施的主体，是仲裁机构内设的仲裁员职业道德委员会和全国性的仲裁协会内设的仲裁员职业道德委员会。仲裁员职业道德责任追究的具体程序可以设计为追责主体受理立案、追责主体调查并提出拟处理意见、仲裁员申辩异议、追责主体复查、追责主体执行追究措施和追责主体向司法行政机关报告。

第四章

我国仲裁员职业道德制度的现状分析

本章首先通过对我国仲裁立法、仲裁机构规则、司法裁判文书进行分析，揭示我国大陆地区仲裁员职业道德制度的现状；主要从仲裁员职业道德规则体系和仲裁员职业道德责任追究制度两个方面进行归纳和总结，为下一章构建我国仲裁员职业道德制度提供分析基础。

第一节 仲裁员职业道德规则体系不完善

目前，我国大陆地区的仲裁员职业道德规则体系尚不完善，仲裁立法和行业规则中均存在一定的问题，本节分别就仲裁立法存在的问题和行业规则存在的问题展开论述。

一、仲裁立法存在的问题

我国仲裁立法中并没有明确系统地对仲裁员的职业道德作出规定。首先，《中华人民共和国仲裁法》（2017年）及相关司法解释没有对仲裁员的职业道德进行明确界定，尽管《仲裁法》（2017年）第8条规定，仲裁依法独立进行，不受行政机关、社会团体和个人的干涉，此条属于间接规定规则。严格来讲，此条并非真正意义上对仲裁员职业道德的规定，而侧重于仲裁程序的“独立进行”，与国外立法中规定的“仲裁员独立性”并非同一概念。

其次，《仲裁法》（2017年）第13条规定，仲裁委员会应当从公道正派的人员中聘任仲裁员，但并未就“公道正派”的内涵进行进一步规定。在中文的语境下，该条也非国外立法中规定的仲裁员“公正性”。

再次，《仲裁法》（2017年）第34条列举了4类仲裁员回避情形，要求由当事人提出，如“与本案有利害关系”“与本案当事人、代理人有其他关系，可能影响公正仲裁的”等，但并未就“利害关系”“其他关系”作出具体解释。而从国外立法来看，在回避问题上，一般的法条措辞是“当事人可以就任何可能对仲裁员公正性和独立性产生合理怀疑的情况，申请仲裁员回避”，其范围比《仲裁法》（2017年）第34条规定的范围更广。

又次，《仲裁法》（2017年）没有对“披露”制度进行规定，这与大多数外国立法不同。从本质上说，披露制度与回避制度是同一个问题的两个方面。披露制度侧重于仲裁候选人在选任阶段对其可能影响公正性和独立性信息的披露义务；回避制度则侧重于仲裁候选人被成功选任，已经担任案件的仲裁员一职后，才发现有可能影响其公正性和独立性的情形，此时仲裁员需进行回避。因此，为了全面保障当事人的权益，两个制度缺一不可。这方面，《仲裁法》（2017年）存在立法空白。

最后，《仲裁法》（2017年）也未对“勤勉高效”和“保密”两项职业道德进行规定，尽管如前文所述，这两项职业道德属于“较为严格的职业道德”。在统计的26个国家和地区中，有53.8%的国家和地区将“勤勉高效”列入仲裁员的职业道德，有34.6%的国家和地区将“保密”列入仲裁员的职业道德。是否需要将这两项列入我国仲裁法中，下文将展开论述。

总体来说，目前《仲裁法》（2017年）对仲裁员职业道德还没有作出明确系统的规定，在专业名词的使用、披露制度设计、“勤勉高效”和“保密”义务的性质界定等方面，《仲裁法》（2017年）仍有改进的空间。下一章将就如何完善我国仲裁法展开论述。

二、行业规则存在的问题

与其他大多数国家不同，我国目前并没有统一的"仲裁员职业道德守则"，目前的现状是各地仲裁机构制定各自的仲裁员职业道德守则，但这些守则之间相似度较高，其中存在不少设计缺陷。

全国范围内共出台55份与仲裁员职业道德有关的规范性文件。其中，以"仲裁员守则"命名的文件42份，占比76.4%；以"仲裁员行为规范"命名的文件4份，占比7.2%；以"仲裁员职业道德基本准则"命名的文件4份，占比 7.2%；以"仲裁员行为考察规定"命名、以"仲裁员职业道德行为规范"命名、以"仲裁人员守则及违法仲裁责任追究办法"命名、以"仲裁员管理办法"命名、以"仲裁员纪律处分办法"命名的文件各1份，各占比1.8%。①

在仲裁员职业道德规范性文件的命名上，"仲裁员守则"比较符合仲裁员职业道德的特征与内涵，"守则"可以理解为应当遵守的规则和原则。"仲裁员行为规范"重在强调仲裁员的行为方式和职业方式，很难将仲裁员内心所应具备的品格品质纳入范畴，而仲裁员职业道德是由"应当遵守的职业道德"和"具备的品格品质"两方面构成，如若将仲裁员职业道德规范性文件取名为"仲裁员行为规范"，则在内容的完整性方面有所缺失。值得一提的是，《台湾仲裁协会仲裁人伦理规范》（2016年）所用的措辞是"伦理规范"。从中文的角度看，"伦理规范"一词更倾向于描述行为主体所具备的品格品质，而且此处的"伦理规范"并没有强调仲裁员的职业性，更准确地说应当是"职业伦理规范"。至于"仲裁员行为考察规定""仲裁员职业道德行为规范""仲裁员委任实务指引""仲裁员职业道德基本准则""仲裁人员守则及违法仲裁责任追究办法""仲裁员管理办法""仲裁员纪律处分办法"等命名，同样没有周延地描述仲裁员

---

① 参见表2.9。

职业道德的全部内涵，仅仅突出了仲裁员职业道德内涵的某一方面。

因此，单从仲裁员职业道德规范性文件的名称上看，采用“仲裁员守则”为我国大多数仲裁机构的做法。在日后出台全国统一的仲裁员职业道德规则时，建议命名为“中国仲裁协会仲裁员守则”。

另外，与其他仲裁机构发布的仲裁员守则不同，汕尾仲裁委员会于2013年11月29日在官方网站发布的《仲裁员守则》一栏并没有按照一般规范性法律文件的条目结构进行规定，而是按照教科书或论文的结构对关键词、仲裁员资格、概念、责任进行规定，在篇尾还列举了关于仲裁员法律责任的不同理论、确立有限的仲裁员豁免责任的理由等。纵观国内仲裁机构制定的仲裁员守则，汕尾仲裁委员会发布的并非“仲裁员守则”，更为准确地说，官网中此栏目应该为“仲裁员责任的相关知识”。

从具体内容上看，目前的55份中国大陆仲裁机构仲裁员守则之间有相当多的重合之处，本书以近两年出台施行的《西宁仲裁委员会仲裁员守则》（2018年9月5日起施行）、《雅安仲裁委员会仲裁员职业道德基本准则》（2018年6月12日起施行）、《石家庄仲裁委员会仲裁员守则》（2018年4月1日起施行）为例，对比分析3份文件的重合之处及各自的优缺点。

三份国内仲裁机构仲裁员守则

《西宁仲裁委员会仲裁员守则》

（2018年9月5日起施行）

第1条　为了推动仲裁事业的发展，规范仲裁员的行为，制定本守则。

第2条　西宁仲裁委员会（以下简称本会）的仲裁员应当严格遵守本会章程，严格执行本会仲裁规则。

第3条　本会仲裁员应当公正、公平、勤勉、高效地为当事人解决争议。

第4条　仲裁员具备以下条件，方可接受当事人的选定或本会主任的指定：（1）能够中立地履行仲裁员的职责；（2）具有解决争议所需的知识、经验和能力；（3）能够投入相应的时间、精力，按照本会仲裁规则规定的期限，积极地推进仲裁程序，尽力避免案件的不当拖延。

第5条　仲裁员应当披露可能会影响其公正性、独立性或引起对其公正性、独立性产生合理怀疑的任何事由，包括但不限于：（1）是案件当事人、代理人或当事人、代理人近亲属，以及有任何与本案当事人、代理人有经济、共同利益等社会关系的；（2）与案件结果有利害关系或其他关系；（3）私自会见当事人、代理人，或者接受当事人、代理人的宴请、礼品或提供其他利益的；（4）为当事人推荐、介绍代理人的；（5）其他可能影响公正仲裁的事项。前款（2）所称的“其他关系”所指：A．对于承办的案件事先提供过咨询的；B．与当事人、代理人在同一单位工作的；C．担任当事人的法律顾问或代理人的；D．因介绍案件收受好处的；E．其他可能影响公正仲裁的事项。披露是持续性的，仲裁员在接受选定或指定后至仲裁程序终结前，上述情形出现均有义务进行披露。仲裁员应当严格遵守《仲裁法》关于回避的规定，有上述情形的，应当自动请求回避。

第6条　仲裁员不得在申请撤销本会裁决或不予执行本会裁决的案件中担任代理人，也不得利用仲裁员的身份打听代理的或其他正在本会审理的案件情况或代人向仲裁庭、本会工作人员请客送礼或提供其他利益。

第7条　仲裁员审理案件时，应当尊重参加仲裁活动的各方当事人，服装整洁、语言规范、谦虚有礼。

第8条　仲裁员应讲求办案效率，及时接案，及时结案。不得随意积压或拖延案件。

第9条　仲裁员应当忠诚地履行保密义务，仲裁员中途退出仲裁程序或在案件审理终结前，均不得向当事人或案外人透露本人的看法、合议庭意见，对涉及仲裁程序、仲裁裁决、当事人商业秘密等相关问题均应保守秘密。

第10条　仲裁员应积极推行仲裁法律制度。

第11条　仲裁员以本会或仲裁员名义对外参加有关仲裁的会议或活动、发表文章或作演讲，必须事先得到本会的同意，自觉维护本会的形象和利益，不得作出有损本会形象的行为。

第12条　仲裁员违反本守则，本会将根据情节轻重予以解聘或除名。

第13条　本守则由西宁仲裁委员会负责解释。

第14条　本守则自2018年9月5日起施行。

《雅安仲裁委员会仲裁员职业道德基本准则》

（2018年6月12日起施行）

第1条　为规范仲裁员办案，确保办案质量，及时、公正、有效地审理案件，维护当事人的合法权益，特制定本守则。

第2条　仲裁员必须遵守《中华人民共和国仲裁法》及国家相关法律规范，严格执行《雅安仲裁委员会仲裁规则》（以下简称《仲裁规则》）。

第3条　仲裁员应当以事实为依据，依照法律，参考交易习惯，遵循公平合理原则，独立、公正、认真、勤勉、高效地审理案件，并在《仲裁规则》规定的期限内尽快结案。

第4条　仲裁员在办理案件期间应当完全保持独立、公正，平等对待双方当事人，不得偏袒任何一方当事人，不得因外界压力或私利而影响裁决，确保当事人行使合法权利。

第5条　仲裁员应当熟悉仲裁程序，熟练运用庭审方法，不断提高专业水平和办案能力。

第6条　仲裁员之间应当相互尊重，在案件审理中积极配合与支持。

第7条　仲裁员接受当事人选定或仲裁委员会主任指定时，应确信自己具备解决案件的经验和能力，并且能够保证案件及时审理。有下列情形之一，可能影响案件审理的，应主动说明情况并拒绝接受选定或指定：（一） 案件涉及的专业不熟；（二） 审理期限内外出20天（含本数，下同）以上的；（三） 不能保证案件审理时间的；（四） 因其他工作任务较重，难以专心完成案件审理工作的；（五） 因健康原因难以参加案件审理工作的；（六） 在本会未审结案件在5件以上的（合理审理的案件按1件计算）。

第8条　仲裁员在接受当事人选定或仲裁委员会主任指定时，应签署声明，说明其独立与公正在任何情况下都是不容置疑的，并保证时间，认真、勤勉、高效地解决案件争议。

第9条　有下列情况之一的，应当向仲裁委员会披露，并主动请求回避：（一）是本案当事人或者当事人、代理人的近亲属；（二）与本案有利害关系；（三）与本案当事人、代理人有其他关系，可能影响公正仲裁的；（四）私自会见当事人、代理人，或者接受当事人、代理人的请客送礼的。前款第（三）项“其他关系”系指：1．对于承办的案件事先提供过咨询的；2．现任当事人法律顾问或代理人的，或者曾任当事人的法律顾问且离任不满两年的；3．与当事人或其代理人在同一单位工作的，或者曾在同一单位工作且离开不满两年的；4．为本案当事人推荐、介绍代理人的；5．担任过本案或与本案有关联的案件的证人、鉴定人、勘验人、代理人的；6．其他可能影响公正仲裁的事项。

第10条　仲裁员接受当事人选定或仲裁委员会主任指定的，应主动告知书记员自己可供办案的时间。普通程序的仲裁案件，仲裁庭应自组庭之日起30日（涉外仲裁案件45日）内，首次开庭审理；简易程序的仲裁案件，应于组庭之日起15日内进行。再次开庭的，其开庭时间与上次开庭间隔一般不得超过30日；仲裁庭限期当事人补充证据的，应自当事人提交证据期限届满之日起20日内，再次开庭审理。

第11条　仲裁员应当详细审阅当事人提交的证据材料，做好开庭审理的准备工作。开庭前，首席仲裁员可根据案情明确开庭审理的范围、重点（审理方案由首席仲裁员提出）和分工。

第12条　仲裁庭开庭日期确定后，仲裁员不得随意因个人事由影响开庭。仲裁员能够预见自己不能参加开庭的，应于首次开庭7日（再次开庭3日）前通知首席仲裁员和秘书处并作出合理补救。未遵守前款规定的，为无正当理由缺席。

第13条　仲裁员应按时参加开庭、合议、现场调查及其他案件审理工作，不得无正当理由缺席、迟到、早退。仲裁庭组庭后，案件审结前，仲裁员外出一周以上，可能影响开庭、合议、制作裁决书的，应提前通知并将相关联系方式告知首席仲裁员或秘书处。未遵守前款规定，致使开庭、合议、制作裁决迟延的，为无正当理由迟延。

第14条　仲裁员在办理案件期间不得接受当事人、代理人请客、馈赠或提供的其他利益；不得私自会见一方当事人、代理人，接受其提供的证据材料；不得以任何方式（包括电话、传真、电传、电子邮件等直接或间接的方式）同一方当事人、代理人谈论有关仲裁案件的情况。在调解过程中，仲裁庭决定由仲裁员单独会见一方当事人、代理人的，应当在仲裁委员会办公地点进行并有经办书记员在场。

第15条　开庭审理时，仲裁员应当客观、公正、耐心地听取当事人、代理人的陈述及辩论意见，语言规范、准确，注意提问和表达意见的方式方法，避免随意性和倾向性。除调解程序外，仲裁员在事实未查清前，不得对案件性质、是非责任发表意见，不得与当事人争论，避免出现与当事人争议或对抗的局面。在开庭审理结束前，首席仲裁员或独任仲裁员应当征询当事人的最后意见。

第16条　仲裁员应注重仪表，服装整洁，举止得体，在开庭、调查询问时不得查看或使用与庭审无关的电子设备，不得随便出入仲裁庭或从事其他与审理无关的事项。

第17条　仲裁庭应自最后一次开庭之日起30日内，完成裁决书制作。最后一次开庭后，仲裁庭限期当事人书面质证期限届满之日起30日内，制作裁决书。最后一次开庭审理结束后，首席仲裁员应在当日或者最迟不超过7日内，就案件事实、证据、性质、责任、适用法律以及处理结果待裁决书的主要内容组织合议；合议后，首席/独任仲裁员或首席指定的仲裁员应根据合议内容在7日内拟制裁决书草稿。如果仲裁庭对裁决书草稿分歧较大，首席仲裁员可再次组织合议，仲裁庭在合议后7日内，制作裁决书。

第18条　仲裁庭组成人员必须共同参加案件审理，认真阅卷、开庭、合议并对裁决书内容充分发表意见；有不同意见的，应说明理由并提出修改方案。合议情况由书记员记录在案。仲裁员应自收到裁决书草稿后5日内，将审核意见书面告知首席仲裁员或书记员，对草稿有不同意见的，应写明修改意见和理由。

第19条　首席/独任仲裁员无正当理由，超过审理期限未结案的，仲裁委员会秘书处可以发函督促并限期审结，逾期仍未审结的，视为严重迟延。

第20条　仲裁员应当严格保守仲裁秘密，不得对外界透露任何有关案件的情况，包括案情、审理过程、案件涉及的商业秘密等内容，亦不得向当事人透露本人的看法和仲裁庭合议的情况。未经仲裁委员会同意，仲裁员不得对尚未审结的案件，私自与案件无关人员进行商讨，亦不得在会议、课堂、互联网等公共场合公布或讨论仲裁案件情况。

第21条　仲裁员不得代人打听与自己无关的案件情况、请客送礼、提供利益。仲裁员不得代理当事人向人民法院申请撤销或申请不予执行自己制作或参与制作的仲裁裁决。

第22条　仲裁员在代理仲裁案件的，应当遵守下列要求：（一）不得违反出庭时间和提交法律文书的期限；（二）在当事人或对方代理人在场的情况下，不得与本案仲裁员或书记员谈论其作为仲裁员承办的其他案件；（三）不得与本案仲裁员或书记员私下讨论案件情况；（四）不得向当事人、代理人表示自己与本案仲裁员、书记员间有亲密关系；（五）知悉自己担任代理人有可能出现仲裁员回避的情况时，应主动向当事人讲明；（六）不得向仲裁庭和书记员提出与代理人身份不符的要求。

第23条　仲裁员聘任期限内有下列情形之一的，仲裁委员会有权将其解聘：（一）隐瞒应当回避的事实。（二）无正当理由不参加合议、调查满三次的。（三）无正当理由不到庭审理案件的。（四）在案件审理中，有违仲裁员的公正立场，多次出现下列情形之一的：1．无故拖延办案时间的；2．拒绝说明理由，坚持有利于一方当事人的裁决事项的；3．故意曲解事实和法律，坚决支持一方当事人的请求和主张，或坚决反对一方当事人的请求和主张的；4．在开庭审理中，违背公正原则，代替一方向另一方质证、辩论、提请求的；5．表现出其他偏袒倾向的。（五）审理案件严重迟延的。（六）向当事人透露本人看法或仲裁庭合议情况的。（七）违反本守则，严重不负责任的。（八）徇私舞弊，枉法裁决的。（九）因个人原因在认定事实、适用法律和仲裁程序上造成重大失误，或因其他个人行为给仲裁委员会造成不良影响的。（十）任职期内，私自会见当事人，接受当事人请客、馈赠或提供的其他利益的。（十一）仲裁员代人打听案件情况、请客送礼、提供好处和利益的。（十二）其他违反本守则，不宜继续担任仲裁员的情形的。

第24条　仲裁员应当参加仲裁委员会组织的业务学习培训、研讨和经验交流活动，并接受必要的考核。

第25条　仲裁员需要以仲裁委员会名义对外参加有关仲裁的会议或活动，发表文章或作讲演，必须事先得到仲裁委员会的同意。

第26条　仲裁员在聘任期内，联系电话、通信地址变化的，或者长期出国的，应及时报告仲裁委员会秘书处。

第27条　仲裁员可以随时向仲裁委员会或秘书处，提出工作意见、建议和要求。

第28条　本守则自2018年6月12日起施行。

《石家庄仲裁委员会仲裁员守则》

（2018年4月1日起施行）

第1条　为规范仲裁员行为，提高仲裁公信力，制定本守则。

第2条　石家庄仲裁委员会（以下简称本会）的仲裁员应当遵守《石家庄仲裁委员会章程》《石家庄仲裁委员会仲裁员管理办法》，执行《石家庄仲裁委员会仲裁规则》（以下简称《仲裁规则》）。

第3条　仲裁员应当独立公正、勤勉高效、廉洁自律，为当事人保守秘密。

第4条　仲裁员应当审慎地接受选定或指定：（一）仲裁员具备以下条件，方可接受当事人的选定或本会主任的指定：1．能够公正地履行仲裁员职责；2．具有解决争议所需的知识、经验和能力；3．能够投入相应的时间、精力，按照本会《仲裁规则》规定的期限，积极地推进仲裁程序，避免案件审理的不当拖延。（二）仲裁员具有下列情形时，可以不接受选定或指定，但应及时向本会申明：1．对案件涉及专业不熟悉；2．不能保证按时参加仲裁活动；3．在本会有未审结案件5件以上；4．因工作或身体原因不能正常履行职责；5．有其他不能保证在审理期限内结案的情形。（三）仲裁员为谋求选定而与当事人接触的，属于不符合仲裁员职业操守的行为。

第5条　仲裁员应当向本会披露可能影响其公正性、独立性或引起对其公正性、独立性产生合理怀疑的任何事由，包括但不限于：（一）是本案当事人、代理人或当事人、代理人的近亲属的；（二）本人或其近亲属与当事人或代理人有同事、代理、雇佣、顾问关系，近两年内有经常性工作接触或有过业务往来的；（三）本人或其近亲属与案件有利害关系的；（四）担任过本案或与本案有关联案件的证人、鉴定人、勘验人、辩护人、代理人、翻译人员的；（五）违反规定私自联系当事人、代理人的；（六）索取、接受当事人、代理人的宴请、馈赠或提供的其他利益、参加由其支付费用的活动的；（七）向本案当事人或代理人借用款物的；（八）为本案当事人推荐、介绍代理人，或者为律师、其他人员介绍代理本案的；（九）对于承办的案件事先提供过咨询的；（十）其他可能影响公正仲裁的事项。披露是持续性的，仲裁员在接受选定或指定后至仲裁程序终结前，出现上述情形均有义务进行披露。仲裁员接受选定或指定后，知悉与案件当事人或者代理人存在应当回避情形以外的其他可能影响独立、公正审理案件情形的，仲裁员应自行向本会披露。仲裁员应当严格遵守《中华人民共和国仲裁法》关于回避的规定，有法定回避情形的，应当自动请求回避。

第6条　仲裁员不得代理申请撤销、不予执行本会裁决的案件，也不得利用仲裁员的身份获取其他正在本会审理的案件情况或代人向仲裁庭、本会工作人员请客送礼或提供其他利益。

第7条　仲裁员审理案件时，应当尊重参加仲裁活动的各方当事人，服装整洁、语言规范、举止文明。

第8条　仲裁员应当守时，讲求办案效率，及时接案，及时结案。不得随意积压或拖延案件。

第9条　仲裁员在案件审理中、审理终结或中途退出仲裁庭（时），均不得向当事人或案外人透露本人的看法、仲裁庭意见，对涉及仲裁程序、仲裁裁决、当事人商业秘密等相关问题均应保守秘密。

第10条　仲裁员应当参加本会组织的仲裁培训，并接受考核。

第11条　仲裁员应积极宣传、推行仲裁法律制度。

第12条　仲裁员以本会或仲裁员名义对外参加有关仲裁的会议或活动、发表文章或作演讲，必须事先得到本会的同意，自觉维护本会的形象和利益，不得作出有损本会形象的行为。

第13条　本守则自2018年4月1日起施行。

这3份文件均规定的内容有：制定文件的目的；仲裁委员会的仲裁员应当遵守该规则；仲裁员职业道德内容的原则性规定；仲裁员的任职条件；仲裁员应当披露的情形；不得作为本仲裁委员会案件的代理人；不得打听本仲裁委员会的案件情况，或代人向仲裁庭及本会工作人员请客送礼或提供其他利益；审理案件时的衣着举止要求；仲裁员应积极宣传；推行仲裁法律制度；仲裁员需要以仲裁委员会名义对外参加有关仲裁的会议或活动、发表文章或讲演，必须事先得到仲裁委员会的同意；仲裁员不得作出有损本会形象的行为；等等。

这3份文件也有各自的特点与优点。例如，《石家庄仲裁委员会仲裁员守则》（2018年）专门规定了“仲裁员可以不接受选定或指定的情形”，其对仲裁员应当披露的情形规定得最详细也最严格，具体情形包括10种，是这3份文件中数目最多的。

《雅安仲裁委员会仲裁员职业道德基本准则》（2018年）篇幅最长，内容也最多，亮点也最明显，特别规定的内容有：仲裁员可以不接受选定或指定的情形；仲裁员不能参加开庭的应对措施；仲裁员外出的应对措施；仲裁员在仲裁程序中禁止的行为；仲裁庭作出裁决的程序性要求；仲裁员对裁决书有不同意见的处理方式；仲裁员超期审理的处理方式；仲裁员保密的具体要求；仲裁员不得打听与自己无关的案件情况（而非本仲裁委员会的案件）；仲裁员不得代理当事人向人民法院申请撤销或申请不予执行自己制作或参与制作的仲裁裁决；仲裁员在代理案件时应当遵守的规则；解聘仲裁员的情形；仲裁员在聘任期内，联系电话、通信地址变化的，或者长期出国的，应及时报告仲裁委员会秘书处；仲裁员应当接受必要的考核；仲裁员可以随时向仲裁委员会或秘书处，提出工作意见、建议和要求。可以看出，雅安仲裁委员会对这份仲裁员职业道德基本准则的起草投入了大量精力，借鉴了国际仲裁软法的立法经验。从全国范围来看，《雅安仲裁委员会仲裁员职业道德基本准则》（2018年）可以算得上我国仲裁员职业道德规范性文件的典范，值得其他仲裁机构参考学习。

《西宁仲裁委员会仲裁员守则》（2018年）的亮点是：在仲裁员应当披露的事项“与案件结果有利害关系或其他关系”中，对“其他关系”进行专门的解释，增强了条文的明确性。另外，守则还特别规定了仲裁员违反本守则的处罚办法，即将根据情节轻重予以解聘或除名。另一个亮点是，该守则特别规定了仲裁员应当接受考核。

通过比较分析这三份文件，不难看出，仲裁机构出台的关于仲裁员职业道德规范性文件有很多相似之处，但这些规范性文件之间的立法质量还是存在明显的差距。

令人惊讶的是，有不少仲裁机构目前依然使用的是2000年之前发布的仲裁员守则，如《中国国际经济贸易仲裁委员会仲裁员守则》（1994年5月6日修订）、《厦门仲裁委员会仲裁员守则》（1997年1月7日起施行）、《上海仲裁委员会仲裁员守则》（1995年8月2日起施行）。仲裁员职业道德制度历经了10多年的发展，这些仲裁机构并没有与时俱进，对仲裁员职业道德规则进行修订。更有甚者，还有不少仲裁机构根本没有出台过关于仲裁员职业道德的规范性文件，例如：上海国际经济贸易仲裁委员会（1988年成立）、镇江仲裁委员会（1998年成立）、惠州仲裁委员会（1997年成立）、清远仲裁委员会（2001年成立）、兰州仲裁委员会（未设立官方网站，未能查到成立时间）。

另外，值得一提的是，在这55份仲裁员守则中，仅有4份文件提供了相应的官方英文翻译版本，占比7.3%，分别来自中国国际经济贸易仲裁委员会、深圳国际仲裁院（深圳仲裁委员会）和北京仲裁委员会，这几家仲裁机构在国内的受案量也遥遥领先。

与国外著名的仲裁机构相比，我国仲裁机构在仲裁员职业道德规范性文件的翻译工作上依然是有很大差距的。例如：瑞典斯德哥尔摩商会仲裁院在官方网站上发布了瑞典文、英文、中文、俄文、西班牙文、德文、阿拉伯文和意大利文版的仲裁规则；另外，《斯德哥尔摩商会仲裁院仲裁规则》还规定，英文文本优先于其他语言文本。

综上所述，我国目前仲裁机构出台的仲裁员职业道德守则存在以下几个缺陷：第一，不少仲裁机构没有及时更新，版本过于久远；第二，相互之间有不少雷同之处，均有对职业道德原则性的规定，但不尽相同；第三，某些仲裁员守则对披露、回避的具体情形进行了具体规定，但大多数仅是原则性规定，未充分借鉴国际仲裁软法的经验；第四，我国仲裁机构普遍不重视仲裁员守则的翻译工作，只有少数几个仲裁机构提供了英文翻译版本。

第二节　仲裁员职业道德责任追究制度不完善

我国仲裁员职业道德责任追究制度是仲裁员职业道德制度的组成部分，就目前的情况来看，存在设计上的不完善。本节主要从仲裁机构和司法行政机关两个方面分别展开论述，为下一章完善仲裁员职业道德责任追究制度提供分析基础。

一、仲裁机构存在的问题

（一）仲裁员职业道德责任追究方式设定不全面

我国仲裁机构对仲裁员职业道德责任追究规则的篇章安排并不一致。有的仲裁机构是在仲裁员守则中规定仲裁员职业道德责任的追究制度，而有的仲裁机构则另行出台仲裁员管理规则、仲裁员处分条例等文件，对仲裁员职业道德责任追究制度进行规定。

但就责任追究方式而言，我国仲裁机构的设定并不全面。有的仲裁员守则仅规定了解聘仲裁员或将仲裁员除名一种方式，如《雅安仲裁委员会仲裁员守则》（2017年）、《马鞍山仲裁委员会仲裁员守则》（官方网站未列明生效时间）、《德州仲裁委员会仲裁员守则》（2018年）、《佛山仲裁委员会仲裁员守则》（官方网站未列明生效时间）；有的仲裁员守则规定了更换仲裁员、解聘仲裁员（或除名）两种方式，如《广州仲裁委员会仲裁员守则》（2003年）；有的仲裁员管理规则规定了口头警告、书面警示、解聘（或除名）等3种追究形式，如《泸州仲裁委员会仲裁员管理办法》（2015年）；有的仲裁员守则甚至没有规定职业道德责任追究形式，如《石家庄仲裁委员会仲裁员守则》（2018年）。不难看出，由于我国各仲裁机构对于仲裁员守则的规定并不一致，仲裁员守则或仲裁员管理规则对于仲裁员职业道德责任的追究方式规定较为混乱，缺乏统一的设计。经过整理，大体包括以下几类处分类型，即诫勉谈话、口头警告、书面警告、记入仲裁员档案、扣发部分或全部办案报酬、批评、限期停止执业、解聘、除名、发布除名公告等。[①]

对于适用处分的具体情形，不少仲裁机构的措辞比较含糊，如“轻

---

① 参见《湖州仲裁委员会仲裁人员守则及违法仲裁责任追究办法》第11条、《郑州仲裁委员会仲裁员纪律处分办法》第4条、《济宁仲裁委员会仲裁员管理办法》第13条、《呼和浩特仲裁委员会仲裁员纪律处分办法》第5条、《泸州仲裁委员会仲裁员管理办法》（2015年）第35条。

微违纪”“情节严重”等。《泸州仲裁委员会仲裁员管理办法》（2015年）在这方面规定得比较详细，将处分归为3个层次，并在每个层次规定了具体的情形，第34条规定了处以口头警告的6种情形，第35条规定了处以书面警示的10种情形，第36条规定了处以解聘的6种情形。[①]这样，仲裁机构内部的仲裁员监管部门可以根据规定作出相应的处罚。这种设置方式虽然限制了仲裁机构内部监管部门的自由裁量权，但极大地提升了追责规则的可操作性。

（二）缺乏仲裁员职业道德责任追究程序的具体设计

如上文所述，对仲裁员进行职业道德责任的追究应当遵循一定的程序，但纵观我国目前的仲裁机构仲裁规则和仲裁员守则，其中并没有对仲裁员违反职业道德的责任具体追究程序进行详细系统的规定，大多数行业规则也没有就相关的仲裁员异议申诉程序等救济制度作出规定，亦

---

① 《泸州仲裁委员会仲裁员管理办法》（2015年）第34条：仲裁员有下列情形之一的，本会将予以口头警告：（一）开庭时迟到、早退2次以上的；（二）开庭审理时使用手机，随意出入仲裁庭或进行与庭审无关的活动的；（三）酒后开庭或开庭审理时吸烟、睡觉等影响仲裁庭形象的；（四）开庭审理或调解中与当事人发生无理争执，情节轻微的；（五）衣冠不整影响本会形象的；（六）不阅卷或不认真阅卷、不草拟开庭提纲、不研究案情、不发表意见、不认真审查仲裁裁决的。第35条：仲裁员有下列情形之一的，本会将予以书面警示并记入仲裁员档案：（一）口头警告满3次的；（二）未依照本办法第二十六条的规定，履行回避或披露义务的；（三）确定开庭时间后，由于自身原因致使仲裁庭开庭审理活动变更或迟延满3次的；（四）开庭审理时或仲裁庭调查、合议时无故缺席的；（五）无正当理由致使案件审理超审限满2个月，或超审限的案件满2件的；（六）将制作裁决书的职责委托给仲裁庭以外的人；（七）不能制作裁决书或提供制作裁决的书面意见，或者制作裁决书不认真，导致裁决书发生重大文字或计算错误，或者裁决书出现严重差错，造成不良影响；（八）因工作失职，造成仲裁案件材料被盗、丢失、损毁并给仲裁工作造成不良后果；（九）由于仲裁员责任造成所办案件被法院撤销、不予执行或通知重新仲裁；（十）仲裁员在聘任期间内未能每年参加至少1次培训。第36条：仲裁员有下列情形之一的，本会将予以解聘，并收回仲裁员聘书：（一）1年之内被书面警示3次以上的；（二）1届聘期内被书面警示累计满5次的；（三）拒绝在裁决书上签字且不书面说明理由满2次的；（四）因故意或重大过失行为，使当事人和本会利益受到损害的；（五）担任向人民法院申请撤销或不予执行本会仲裁裁决案件的代理人的；（六）受到刑事处罚的。仲裁员因以上情形被解聘的，不得继续审理案件。被解聘的仲裁员向本会提出担任仲裁员申请的，本会不予接受。

没有系统完整地规定责任追究主体、责任追究的启动程序、责任追究的监督申诉程序、责任追究的执行程序等。这将导致违反职业道德的仲裁员无法有效地保障申辩的权利，也将导致追责主体滥用职权。

二、司法行政机关存在的问题

（一）司法机关层面存在的问题

本节通过比较分析我国2011年至2019年共73份申请撤销仲裁裁决的裁判文书，整理制作了《73份申请撤销仲裁裁决的裁判文书关键信息汇总表》[①]，以说明我国司法机关在认定仲裁员是否违反职业道德时存在的问题。

经过统计，从案件裁决结果看，撤销仲裁裁决的裁定书有4份，占比5.5%，驳回申请人申请的有69份，占比94.5%。在4份撤销仲裁裁决的裁决书中，有2份裁决书的撤销仲裁裁决理由与仲裁员的公正性或利害关系有关。

具体而言，在4份撤销仲裁裁决的裁决书中，（2018）辽04民初76号案（编号第15号案）撤销仲裁裁决的理由是：仲裁员提前介入案件，可能影响公正仲裁。（2016）吉01民特27号案（编号第56号案）中，撤销仲裁裁决的理由是：辞去仲裁员职务的原因系工作繁忙，不属于仲裁员回避的情形。在这两份裁定书中，法官引用了《仲裁法》（2017年）第58条及相应的仲裁规则，说理均较为充分。

而另外2份裁决书尽管裁判结果是撤销仲裁裁决，但理由并不涉及仲裁员的公正性或利害关系问题。（2016）湘02民特4号案（编号第52号案）中，鉴定机构无权出具鉴定意见而出具鉴定结论，并被仲裁庭采信，均不当，导致仲裁程序违法。（2016）苏01民特127号之一案（编

① 参见本书附录。

号第53号案）中，仲裁庭在无正当合法事由及正当理由的情况下，长期不审不裁，仲裁时间长达6年8个月，导致当事人之间的法律关系长期处于不稳定状态，且无法获得及时有效的救济，严重损害了当事人的合法权益。

在驳回申请人要求撤销仲裁裁决的申请的裁决书中，申请人对仲裁员公正性或利害关系的质疑理由主要集中在以下4个方面：

第一，仲裁员与被申请人或被申请人的代理人存在利害关系，且仲裁员没有按照规定进行信息披露，例如：仲裁员现在或曾经与被申请人、被申请人的代理人存在亲戚、同学、同事、师生关系或均同为某仲裁委仲裁员；仲裁员毕业于被申请人单位（某高校）；首席仲裁员与被申请人指定的仲裁员在其他单位有上下级关系。

第二，仲裁员曾经的职业、目前兼职或兼职单位与案件公正审理存在利害关系，例如：仲裁员曾经担任法官，对类似案件已有自己的观点，影响案件公正审理；仲裁员兼职当地政府的法律顾问，而被申请人为政府机构；仲裁员曾以律师身份代理过被申请人的案件；仲裁员为某律师事务所律师或主任，与被申请人的代理人同在一家律所。

第三，仲裁员与仲裁程序的参加人存在利害关系，例如：仲裁员与鉴定人存在同事关系。

第四，申请人根据主观或片面证据质疑仲裁员的公正性，例如：仲裁员为被申请人选定的仲裁员，必定与被申请人存在利害关系；仲裁员颐指气使，完全充当了对方当事人的代理人的角色；仲裁员与被申请人住同一栋楼房、同一单元；仲裁员曾经被处以行业行政处罚；申请人未收到或被告知仲裁员声明书内容等。

而法官在裁决书中对申请人的质疑的否定主要集中在以下几个方面：

第一，申请人未能举证证明仲裁员存在利害关系或作出不公正裁决；第二，申请人未在法定时间前提出回避申请，仲裁庭询问双方当事人对仲裁员有无异议时，申请人表示并无异议；第三，申请人申请回避的理由不是《仲裁法》（2017年）第34条或相应仲裁规则规定的回避事由；第四，申请人的法律依据和事实依据不充分，或者对申请人提交证据的真实性不予认可；第五，仲裁员已经签署保证独立、公正仲裁的声明书，表明案件不存在可能引起当事人对本人的独立性或公正性产生合理怀疑的任何事实或情况，或仲裁委主任已作出《某仲裁委员会关于某仲裁员不予回避的决定》。

另外，涉外仲裁案件裁定书有2份，占比2.7%；涉港仲裁案件裁定书1份，占比1.4%。在这3份裁定书中，法官均表现出较高的业务水平，不仅在论述部分正确引用了仲裁规则的条文，还对仲裁员与当事人之间是否构成利害关系进行了充分说理和解释。

通过分析这73份裁决书引用法律、仲裁规则的情况和法官说理的情况，可以总结裁定书中存在的两大问题：

第一，法官在裁决书中未规范引用仲裁规则的概率偏高。

经统计，在这73份裁决书中，有7份裁决书未引用任何相关法条和仲裁规则，占比9.6%；有1份裁决书引用法条错误，占比1.3%；引用了仲裁规则的裁决书有23份，占比31.5%。也就是说，未引用仲裁规则的裁决书总共有50份，占比68.5%。

引用的法条主要集中在《中华人民共和国仲裁法》（2017年）第34条、第35条、第58条和《最高人民法院关于适用〈中华人民共和国仲裁法〉若干问题的解释》第17条、第20条。被引用的仲裁规则有：《中国国际经济贸易仲裁委员会仲裁规则》第29条（1次）、第31条（3次）、第32条，《中国国际经济贸易仲裁委员会仲裁员行为考察规定》第7条（1次）、第8条（2次），《中国海事仲裁委员会仲裁规则》第35条（1次）、第36条（2次），《广州仲裁委员会仲裁规则》第25条（1次）、第32条（1次）、第33条（2次），《重庆仲裁委员会仲裁规则》第34条

（4次），《重庆仲裁委员会仲裁员守则》（2次），《抚顺仲裁委员会仲裁暂行规则》第29条（1次），《吉林仲裁委员会仲裁规则》第40条（1次），《株洲仲裁委的仲裁规则》第25条（1次），《扬州仲裁规则》第24条（1次），《长春仲裁委员会仲裁规则》第28条（1次），《永州市仲裁委员会仲裁规则》第28条（1次），《昭通仲裁委员会仲裁规则》第24条（1次）。

从以上数据可以看出，法官在裁定中倾向于直接引用《仲裁法》的相关条文，而忽视引用当事人选择适用的仲裁规则。

第二，法官在裁决书中分析说理不充分的概率偏高。

从法官在裁决书中的说理情况看，法官仅仅是直接引用法律条文或仲裁规则条文就直接作出结论的裁定书有67份，占比91.8%；说理较为充分的裁决书仅有6份[①]，占比8.2%。在这6份裁决书中，法官除了规范引用法律条文或仲裁规则外，还对仲裁员公正性、利害关系等概念进行了解释说明。法官引用的仲裁规则包括：《中国国际经济贸易仲裁委员会仲裁规则》第29条、第31条，《中国国际经济贸易仲裁委员会仲裁员行为考察规定》第7条、第8条，《中国广州仲裁委员会仲裁规则》第32条、第33条。

法官在裁定书中说理较为充分的案件是（2018）京04民特502号案（编号第17号案）、（2018）京04民特409号（编号第19号案）和（2014）潍仲撤字第19号案（编号第67号案）。

在（2018）京04民特502号案（编号第17号案）中，法官论述道："仲裁员应当披露的事项，应为仲裁员知悉存在可能导致当事人对其公

① 这6份裁定书分别为：（2018）京04民特502号（编号第17号案）、（2017）京04民特40号（编号第32号案）、（2016）粤19民特319号（编号第50号案）、（2016）京02民特240号（编号第55号案）、（2014）潍仲撤字第19号（编号第67号案）、（2014）二中民特字第09403号（编号第70号案）。

正性、独立性产生合理怀疑的事项，如果不主动披露，当事人就可能无法及时知晓。对于是否属于应当披露的事项，以及是否可能导致当事人产生合理怀疑，人民法院在对仲裁案件进行司法审查时，应当把握合理的判断标准。”

在（2018）京04民特409号（编号第19号案）中，法官论述道：“仲裁员应当披露的事项，应为仲裁员知悉存在可能导致当事人对其独立性、公正性产生合理怀疑的事项，如果不主动披露，当事人就可能无法及时知晓。对于是否属于应当披露的事项，以及是否可能导致当事人产生合理怀疑，人民法院在对仲裁案件进行司法审查时，应当把握合理的判断标准。因工作、生活、学习等社会活动需要，人与人之间的交往不可避免，仲裁员在工作、生活、学习中都会与人接触、交往，也会与人产生同单位、同校的关系，上述情况的存在并不一定构成回避规则中规定的利害关系或其他影响公正仲裁的关系。在仲裁司法审查中，对于利害关系认定的关键在于仲裁员是否知悉可能导致当事人对其独立性、公正性产生合理怀疑，以及仲裁员是否有意不主动披露上述相关情况。”

在（2014）潍仲撤字第19号案（编号第67号案）中，法官论述道：“在我国的仲裁委员会担任仲裁员必须是从事法律相关工作并具有一定的从业经历的人员，具有一定从业经历的律师是我国仲裁员的重要组成部分，仅因为仲裁员所在律师事务所与当事人之间可能存在的业务联系即否定其在某一具体案件中的仲裁员资格和公正裁决的能力，缺少充分的依据，也不符合仲裁法关于仲裁员资格、回避规定的立法原意，更不利于仲裁制度的发展。”

总的来说，法官在这几份裁决书中不仅规范地引用了法律条文和仲裁规则，还对仲裁员的公正性问题作出了较为详细的解释说明，有力地支撑了判决理由，做到法理和情理相结合。

（二）行政机关层面存在的问题

目前我国行政机关层面出现的问题是，以公权力机关的身份行使行业协会的处罚职能。就我国目前立法状况来看，《仲裁法》（2017年）第15条规定，中国仲裁协会是仲裁委员会的自律性组织，根据章程对仲裁委员会及其组成人员、仲裁员的违纪行为进行监督。但遗憾的是，我国目前尚未成立仲裁协会。

国务院法制办公室于2002年发布了《关于进一步加强仲裁员、仲裁工作人员管理的通知》，通知要求对仲裁员、仲裁工作人员的违法违纪现象进行监督，进一步加强对仲裁员、仲裁工作人员的管理，具体需要建立的监管处罚制度包括重大违法违纪事件报告制度和对违法违纪仲裁员实行“禁入”制度。值得注意的是，“重大违法违纪事件报告制度”中的原文是“仲裁委员会对所聘任的仲裁员、仲裁工作人员发生的重大违法违纪事件，要及时报告所在市人民政府（或商会）和省级人民政府法制机构，并报国务院法制办公室（中国仲裁协会成立前，下同）”。此处注明了仲裁员违法违纪事件的报送单位为国务院法制办公室，但后面的括号注明的是“中国仲裁协会成立前”。可以推知，目前国务院法制办公室在监管处罚违法违纪仲裁员方面，行使的是尚未成立的中国仲裁协会的职能。

中国仲裁协会自1994年筹建以来至今仍未成形，而由国务院法制办公室代为行使仲裁行业协会的监管处罚会员（仲裁员均需加入仲裁协会）的职能。2006年，国务院法制办发布了《关于天津仲裁委员会仲裁员戚天常违反仲裁法的规定私自会见当事人被除名的通报》，更是直接对某一仲裁员的违纪行为进行处理，并强调了严格实行仲裁违纪行为报告制度，重大仲裁违纪事件要在规定的时间内报告国务院法制办公室，对仲裁违法行为的举报和投诉人，应当指派专人查处，查处结果应当告知举报和投诉人。对仲裁委员会副秘书长以上负责人员的举报和投诉，应当抄报国务院法制办公室。此外，该文件规定，各仲裁委员会要根据仲裁员、仲裁工作人员管理工作的特点，认真完善仲裁操守管理制度，严格各项仲裁纪律，积极探索仲裁操守述职制度，把事先、事后、事中监督有机结合起来，确保仲裁权、仲裁工作管理权受到有效制约和监督。

从国务院法制办公室发布的两份文件来看，我国行政机关正在行使原本属于仲裁协会的监管处罚职能，尽管《仲裁法》（2017年）第14条规定，仲裁委员会独立于行政机关，与行政机关没有隶属关系，但不可否认的是，我国仲裁员确实受到了行政机关较为严格的监督，并在违反职业道德时将受到处罚。

小结

本章首先分析了我国仲裁员职业道德责任制度面临的困境，具体包括仲裁员职业道德规则体系不完善和仲裁员职业道德责任追究制度不完善两个方面。在我国仲裁员职业道德规则体系方面，我国仲裁法未明确界定仲裁员职业道德的内容，目前并没有全国统一的仲裁员守则，各地仲裁机构出台自家的仲裁员职业道德守则。本章具体对比分析了3家国内仲裁机构的仲裁员守则，并提出我国仲裁机构仲裁员守则存在的设计缺陷：不少仲裁机构没有及时更新，版本过于久远；相互之间有不少雷同之处，均有对职业道德原则性的规定，但不尽相同；某些仲裁员守则对披露、回避的具体情形进行了具体规定，但大多数仅是原则性规定，未充分借鉴国际仲裁软法的经验；我国仲裁机构普遍不重视仲裁员守则的翻译工作，只有少数几个仲裁机构提供了英文翻译版本。

在我国仲裁员职业道德责任追究制度方面，就仲裁机构而言，我国仲裁机构仲裁规则和仲裁员守则对仲裁员职业道德责任追究方式的设定不全面，同时也缺乏责任追究程序的具体设计。就司法机关而言，本章比较分析了我国2011年至2019年共73份申请撤销仲裁裁决的裁判文书，发现存在法官在裁决书中未规范引用仲裁规则的概率偏高和法官在裁决书中分析说理不充分的概率偏高两方面的问题。而行政机关层面，我国行政机关正在行使原本属于仲裁协会的监管处罚职能。下一章将针对这些存在的问题提出相应的完善建议。

第五章

我国仲裁员职业道德制度的完善建议

本章通过借鉴国外立法和我国其他行业立法经验，针对我国目前仲裁员职业道德制度的不足之处提出建议，试图构建更为完善的仲裁员职业道德规则体系，并设计配套的仲裁员职业道德责任追究制度。

第一节　构建仲裁员职业道德规则体系

通过上文的探讨不难发现，一国内部的仲裁员职业道德规则体系主要包括相关的仲裁立法和行业规则（主要为仲裁机构仲裁规则和仲裁员守则）。因此，构建我国仲裁员职业道德规则体系主要从两个方面出发，即完善国内立法和仲裁行业规则。

一、国内立法的完善建议

在完善国内仲裁立法方面，主要是在《仲裁法》中明确规定仲裁员职业道德的具体内容。在修订《仲裁法》时，应当在总则部分增加仲裁员职业道德原则性规定，但考虑到将另行出台《中国仲裁协会仲裁员守则》，在《仲裁法》中不宜规定仲裁员职业道德的具体内容，而仅作原则性的规定。

如上文所述，“独立性”和“公正性”属于“严格的职业道德”，应当在修改《仲裁法》时，将这两项明确直白地规定出来。例如：仲裁员应当在仲裁程序全过程中保持独立性和公正性；就任何可能引起对仲裁员独立性和公正性产生合理怀疑的情形，仲裁候选人应当及时予以披露；就任何可能引起对仲裁员独立性和公正性产生合理怀疑的情形，当事人有权申请仲裁员回避；等等。

而“勤勉高效”和“保密”属于“较为严格的职业道德”，是否需要将“勤勉效率”和“保密”上升为仲裁员“严格的职业道德”，即写入《仲裁法》，有以下两点分析：

第一，通过第二章对国家或地区立法和仲裁规则、仲裁员守则的比较分析，“勤勉效率”和“保密”这两项职业道德在国内立法、仲裁规则和仲裁员守则中均有出现。在本书统计的26个国家和地区立法中，“勤勉高效”出现的概率是53.8%，“保密”出现的概率是34.6%；①而在17份国外或地区的仲裁机构制定的仲裁规则中，“勤勉高效”出现的概率是82.4%，“保密”出现的概率是70.6%；②在国外或地区仲裁机构制定的仲裁员守则中，“勤勉高效”出现的概率是55.6%，“保密”出现的概率是66.7%；③在我国仲裁机构制定的仲裁规则中，“勤勉高效”出现的概率是94.1%，“保密”出现的概率是52.9%；④在我国仲裁机构制定的仲裁员守则中，“勤勉高效”出现的概率是96.3%，“保密”出现的概率是83.6%。⑤总体而言，“勤勉高效”在国家或地区立法、仲裁规则和仲裁员守则中出现的概率更高，“保密”出现的概率相对低一些，特别是在国内立法中。

第二，从本书第一章对仲裁员职业道德的界定来看，在判断某个职业道德品质是否属于仲裁员的职业道德（严格的职业道德）时，应当着重考虑仲裁员和仲裁制度的性质特点以及该职业道德所对应的面向（即当事人、社会大众以及仲裁员群体），而“勤勉效率”和“保密”均符合要求。

① 参见本书表2.2。

② 参见本书表2.4。

③ 参见本书表2.8。

④ 参见本书表2.6。

⑤ 参见本书表2.10。

因此，在我国的仲裁制度中，可以将“勤勉效率”和“保密”这两项升格为“严格的职业道德”，在修订《仲裁法》时，将这两项正式列入仲裁员职业道德的范畴。针对“勤勉高效”，法条可以设计为：仲裁员应当勤勉高效地办理案件。针对“保密”，法条可以设计为：仲裁员应当忠实履行保密义务，不得向当事人或外界透露本人的看法和仲裁庭合议的情况，对涉及仲裁程序和实体、仲裁裁决等所有相关问题均应保守秘密。

而对于“普通的职业道德”，例如保持良好信用记录、按照协议仲裁、谨慎、遵守经济性原则、依照法律裁决、如实自我宣传等内容，笔者认为不宜将它们上升至“严格的职业道德”或“较为严格的职业道德”，即无须将它们列入《仲裁法》，而只需通过仲裁规则和仲裁员守则进行规定即可，在性质上属于仲裁行业规则义务。对于每一项义务的具体分析详见本书第三章。

二、行业规则的完善建议

对我国仲裁员职业道德行业规则进行完善具体包括三个方面，即成立中国仲裁协会、出台全国统一的仲裁员守则和积极参与国际仲裁员职业道德规则体系建设。

（一）成立中国仲裁协会

完善我国仲裁员职业道德规则体系首先要解决我国全国性仲裁协会的设置问题，有了全国性的仲裁协会方能制定全国统一的仲裁员守则。仲裁协会对于一个国家仲裁事业的发展至关重要，是仲裁行业最重要的行业组织。仲裁协会是仲裁行业的自律性组织，其功能在于对仲裁委员会和仲裁员的违纪行为进行监督管理，协调仲裁委员会事务，并服务于仲裁制度的发展。法律职业共同体组织的自治意味着，它的内部行会组织，如律师协会等，可以自主地制定本行业的职业伦理规范、新成员的录取标准，决定对违反职业伦理的惩戒，甚至可以决定一个法学院的合格与否。[①]

从仲裁协会的功能上分类，可以分为非管理仲裁程序的仲裁协会（如瑞士仲裁协会）和管理仲裁程序的协会（如美国仲裁协会）。有的仲裁协会还会参与国家立法工作，如美国仲裁协会虽不以影响立法为目的，但也积极参与了立法工作，包括美国统一仲裁法和统一调解法。[②]但一般来说，仲裁协会对仲裁员均起到监督管理的作用，具体方式包括起草仲裁员职业道德规则、对仲裁员违法违纪行为作出处罚和提供教育培训等。

早在1994年，国务院办公厅就下发了《关于做好重新组建仲裁机构和筹建中国仲裁协会筹备工作的通知》，要求筹建中国仲裁协会，但中国仲裁协会至今仍未成立。《仲裁法》（2017年）第15条规定，中国仲裁协会是仲裁委员会的自律性组织，根据章程对仲裁委员会及其组成人员、仲裁员的违纪行为进行监督。有学者认为，中国仲裁最大的特色之一是只能进行机构仲裁，而且存在的机构众多，参差不齐。仲裁协会倘认为需要扶持，应当是考虑如何更好优化仲裁环境，提高仲裁素质，保护仲裁人才，增强仲裁公信。中国仲裁协会应当能够成为中国数以百计的仲裁机构对外的统一代表，是仲裁机构的协调和服务机构，而非中国各个独立的仲裁机构的管理机构。仲裁协会还可以作为全国各仲裁机构的协调部门，组织有关会议，沟通仲裁信息，推广仲裁制度；提供有关仲裁员的教育培训服务，提高仲裁界的整体素质。[③]

专家学者对我国仲裁协会的定位主要分为两派。一派主张仲裁协

---

① 孙笑侠、李学尧：《论法律职业共同体自治的条件》，《法学》2004年第4期，第26页。

② 陈聪：《赴美国仲裁协会考察报告——对仲裁机构管理的思考》，《北京仲裁》2007年第2期，第185页。

③ 参见林一飞：《中国仲裁协会与仲裁机构的改革》，《北京仲裁》2007年第2期，第47—49页。

会不带有行政管理职能。这一派的专家学者表示，仲裁协会是仲裁机构的自律性组织，或者仲裁行业自办的协会，应体现仲裁机构民间性特点，体现会员自主、自治、自律的特点，不能办成有浓厚官方色彩的、可以对会员发号施令的管理机构，除赋予协会监督实施行业自律的职能外，主要职能应是为会员提供服务，发挥沟通、交流和协调的作用。另一派主张仲裁协会带有行政性管理职能。这一派的专家学者认为，既然仲裁协会是行业协会，应归类于行业管理协会，应实行“统一管理”。因此，就为仲裁协会设计了一些带有行政性的管理职能，如可直接干预各个仲裁机构领导成员和组成人员的选聘，可过问各个仲裁机构的收支和分配，审批各个仲裁机构的对外考察访问活动等。[①]也有学者将中国仲裁协会的功能界定在协调、整合、维权、监督四个方面，其中，仲裁协会的监督功能不同于司法监督，而是一种间接的、外部的、抽象的监督，不同于司法监督的直接性和具体个案性。[②]

无论仲裁协会是否具有行政管理职能，其对会员的监督管理是名正言顺的，对违反职业道德责任的仲裁员进行追究也是在其应有职责之内。问题的关键在于，在追究仲裁员职业道德责任上，如何定位国家司法行政机关的角色。目前我国国务院法制办公室代为行使着仲裁协会的职能，如发布禁业通告。在成立仲裁协会之后，发布禁业通告等职业道德责任追究职能理应归于仲裁协会，但可以增设追责主体报告制度，即仲裁协会将已经被执行追责措施的仲裁员和相关的案件信息向国家司法行政机关报告，仲裁协会和国家司法行政机关做好备案工作。这样既满足了仲裁协会自律的组织属性，也兼顾了国家司法行政机关对仲裁制度的监督作用。这样既满足了仲裁协会自律的组织属性，也兼顾了国家司

① 肖志明：《关于成立仲裁协会的意见和建议》，《北京仲裁》2008年第4期，第38页。

② 参见汪祖兴：《中国仲裁制度的境遇及改革要略》，法律出版社2010年版，第135—137页。

法行政机关对仲裁制度的监督作用。值得一提的是，中国仲裁协会于2022年10月14日在民政部登记成立，业务主管部门是司法部，业务范围包括规则制定、自律监督、信用建设、会员服务、业务培训、理论研究、交流合作及宣传推广等。[①]

（二）出台全国统一的仲裁员守则

成立全国性的仲裁协会之后，继而仲裁协会需组织各地仲裁机构、仲裁专家、学者制定仲裁员守则，并在全国范围内的仲裁机构统一适用，可以命名为《中国仲裁协会仲裁员守则》。值得一提的是，《宜宾仲裁委员会仲裁规则》（2014年）第113条规定，中国仲裁协会制定全国统一的仲裁规则后，本仲裁委员会按统一仲裁规则适用。

在《中国仲裁协会仲裁员守则》具体内容的设计上，应当注意以下三个方面：

1．仲裁员守则应当既包括仲裁员职业道德义务规则，也应当包括仲裁员职业道德责任追究规则。从仲裁员职业道德守则所囊括的内容上看，仲裁员守则不仅应当包含仲裁员职业道德的原则性规定和具体内容，而且应当包括对仲裁员违反职业道德责任的追究。目前我国仲裁机构的规则采取了两种模式：

（1）模式一

此种模式将仲裁员职业道德的原则性规定和内容和对仲裁员违反职业道德责任的追究规定于同一个文件之中，如《宜昌仲裁委员会仲裁员管理暂行办法》（2002年）、《雅安仲裁委员会仲裁员守则》（2017年）。

---

① 广州仲裁委员会微信公众号：《仲裁周报|中国仲裁协会在民政部注册成立》，2022年12月25日。https://mp.weixin.qq.com/s?__biz=MzA4MTU1MTQyMw==&mid=2650423277&idx=1&sn=046b119e918e4e1d287f3253a2571f90&chksm=879dd6bdb0ea5fabf262f0ae864e3a13713b6d60e63965d6ab40e718bcab113988383bf3eeed&scene=27。

（2）模式二

此种模式将仲裁员职业道德的原则性规定和具体内容规定于仲裁员守则内，将对仲裁员违反职业道德责任的追究规定在仲裁员管理办法内。中国国际经济贸易仲裁委员会发布的《中国国际经济贸易仲裁委员会仲裁员守则》（1994年）属于此种模式，本书也更倾向于这种模式，且应当将文件的名称确定为《中国仲裁协会仲裁员守则》。一个完整的法律规范在结构上由行为条件、行为模式和法律后果三个要素组成，即"假定""处理"和"制裁"，法律规范是一种在逻辑上周全的规范。

仲裁员守则的制定也应当遵循这种逻辑，即应当包括仲裁员的行为条件、行为模式及法律后果。仅仅只规定行为条件和行为模式的仲裁员守则很难被仲裁员严格遵守，而规定了法律后果（对仲裁员违反职业道德责任的追究）的仲裁员守则方能保证规则的真正实施，也增强了仲裁员守则的强制力。从我国律师行业规则来看，中华全国律师协会分别规定了《律师执业行为规范》和《律师协会会员违规行为惩戒规则》；[①]《中华人民共和国律师法》（2017年9月1日修正）既规定了律师职业道德的具体内容，也规定了律师违反职业道德的惩罚方式。[②]

本书认为采取模式二更为合理，因为仲裁员职业道德规则体系应当既包括仲裁员职业道德义务规则部分，也应当包括仲裁员违反职业道德责任追究部分，这样才能构成一个完整的职业道德规则体系。仲裁员职业道德责任追究规则的设计将在下文展开论述。

2. 仲裁员守则应当明确仲裁员职业道德的类型，即严格的职业道德、较为严格的职业道德和一般的职业道德。将职业道德进行分类规定，

---

① 《中华全国律师协会律师执业行为规范》（2009年12月27日修订）第105条规定，律师和律师事务所违反本《规范》的，律师协会应当依据《律师协会会员违规行为惩戒规则》和相关行业规范性文件实施处分。

② 《中华人民共和国律师法》（2017年9月1日修正），第4章、第6章。

是为之后规定仲裁员职业道德责任追究制度作铺垫——唯有明确了职业道德的层级，才能相应地设计责任追究方式。通过上文的分析，原本属于较为严格的职业道德的“勤勉高效”和“保密”在《仲裁法》（2017年）中应当升格为严格的职业道德，因此在制定仲裁员守则时，应当将严格的职业道德的内容确定为“独立性、公正性、勤勉高效和保密”。因此，其余职业道德均归入普通的职业道德，包括保持良好信用记录、按照协议仲裁、谨慎、遵守经济性原则、依照法律裁决、如实自我宣传。

3．在制定全国统一的仲裁员守则的同时，应当提供相应的外文翻译版本。并且借鉴瑞典斯德哥尔摩商会仲裁院制定《斯德哥尔摩商会仲裁院仲裁规则》的经验，规定中文文本优先于其他语言文本，具体条文可以设计为“本规则最初用中文起草，当中文版与其他语言版本不一致时，以中文版为准”[①]。在“一带一路”倡议下，中国的仲裁机构应当作为中国仲裁制度的传播者和推动者，要为我国的仲裁机构吸引更多的国际仲裁案源，当务之急是让世界了解中国的仲裁制度，而仲裁机构出台的文件是重要的传播仲裁法律制度的媒介，将仲裁规则和仲裁员职业道德规范性文件翻译成多国语言已成为现实紧迫的需要。

（三）积极参与国际仲裁员职业道德规则体系建设

近年来，我国与其他国家、地区的商贸往来日益频繁，随之产生了不少民商事纠纷，国际商事仲裁和国际投资仲裁是争议主体较为偏好的纠纷解决方式，但在国外仲裁机构任职的中国籍仲裁员并不算多[②]。我

---

① 英文为：These Rules were originally drafted in Chinese. In the event of any inconsistency or difference between the Chinese version and the Rules in any other language, the Chinese version will prevail。

② 肖永平教授在以“‘一带一路’国际争端解决机制”为主题的第二届东湖国际法论坛的专访中提到，在国际投资争端解决中心（ICSID）所处理的500多件案子当中，有47%的案件涉及“一带一路”沿线国，但只有17%的仲裁员来自“一带一路”沿线国，所以说很多案子是被西方发达国家的仲裁员垄断的，他们完全根据这种强制性的法律去解决纠纷，与“一带一路”的建设原则与目标是不太契合的。参见《北京晚报》官方网站：《武汉大学国际法研究所肖永平教授专访》（2017年11月30日），https://www.takefoto.cn/viewnews-1337625.html，访问日期：2022年11月30日。

国学者指出，需要进一步倡导仲裁人才国际化，通过专门培养一支具备世界眼光、国际视野，熟悉国际仲裁规则，有能力处理国际商事争议的仲裁员队伍，以更好地应对日益复杂的国际商事纠纷对仲裁所提出的要求和挑战。①

国际仲裁规则的建设离不开各国仲裁专家的参与，就目前全球国际仲裁中仲裁员职业道德规范性文件来看，《IBA冲突指南》是各国、各法系仲裁专家学者共同努力的成果，是高水平国际仲裁软法的立法典范。《IBA冲突指南》（2004年版）显示，指南起草委员会的19位成员（含专职书记员）来自14个国家，而《IBA冲突指南》（2014年版）增加了26位扩大附属委员会成员（含专职书记员），他们来自17个国家，增加起草委员会成员的数量是为了让更多代表不同法律文化背景的仲裁专家参与到仲裁员职业道德国际规范的建设中来，扩大《IBA冲突指南》的全球影响力。根据统计，来自英国的成员最多，高达7位，美国、德国、瑞士各有4位成员，来自比利时、法国的成员有3位，来自阿联酋、加拿大的有2位，其余国家各有1位（包括墨西哥、新加坡、澳大利亚、新西兰、瑞典、南非、荷兰、尼日利亚、印度、西班牙、巴西、日本、韩国、阿根廷、中国）。其中，主席来自荷兰，副主席来自西班牙，复查程序副主席有两位，分别来自加拿大和比利时。②在45人中，来自英美法系的共19人，占比42.2%，来自大陆法系的共22人，占比48.9%，来自阿拉伯法系的共2人，占比4.4%，来自混合法系的共1人（南非），占比2.2%，来自社会主义法系的共1人（中国大陆），占比2.2%。另外，根据《2018年联合国人类发展指数》排名计算，来自发达国家的成员共36人，占比80%，来自发展中国家的成员共9位，占比20%。

---

① 黄进：《提升公信力是推动仲裁事业发展的关键》，泸州仲裁委员会官方网站，http://www.lzzcwyh.com/content/578.html，访问日期：2022年11月30日。

② 《IBA冲突指南》，第i–ii页。

从《IBA冲突指南》起草者的构成看，目前来自西方发达国家的仲裁专家、学者话语权最强，特别是英国、美国、德国、瑞士、比利时、法国等。不难看出，这些国家的仲裁制度发展较为完善，也是老牌盛产知名仲裁员的国家。

另外，中国国际经济贸易仲裁委员会发布的《中国国际商事仲裁年度报告2017》显示，中国国际经济贸易仲裁委员会2017年受理的案件中，外籍或境外共47位仲裁员参与审理的案件有71件。新一届中国国际经济贸易仲裁委员会仲裁员名册共有仲裁员1437名；其中，港澳台及外籍仲裁员有405名，占仲裁员总数的28.2%，分别来自世界65个国家和地区，外籍仲裁员的所属国籍较上届仲裁员名册增加了24个国家，涉“一带一路”共建国从15个增至28个，为当事人提供更多的选择空间。2017年，ICC案件的仲裁员来自85个国家和地区。和2016 年相同，仲裁员出现最多的前6位国家为：英国（219位）、法国（141位）、瑞士（116位）、美国（100位）、德国（99 位）和巴西（77位）。

一方面，中国已经进行了积极的法律改革，使其仲裁法律制度和实践趋向跨国标准；另一方面，中国的文化和司法实践业已对世界其他国家和地区的仲裁法律与实践产生了潜在的影响。[①]值得庆幸的是，近年来，越来越多的中国籍仲裁员出现在国际仲裁的舞台之上。2017年9月20日，根据世界银行解决国家与他国国民间投资争议中心（International Center for Settlement of Investment Disputes, 以下简称ICSID）官方网站消息，我国有9人获任ICSID这一顶级国际投资争议解决机构的调解员和仲裁员。除了张月姣（由ICSID主席指派），其余专家均由中国指派。单文华仲裁员指出，中国商务部负责推荐人选，财政部则负责与世界银行对接流程。这些名单最初是由中国国际经济贸易仲裁委员会和中国国

① 樊堃：《仲裁在中国：法律与文化分析》，法律出版社2016年版，第253页。

际贸易法学会各推荐10人，再从20人中层层筛选出来。任职要求是熟悉实际业务，能够在组织中接到大案，还能赢得大案。[①]此外，在国际商事争议解决领域，我国还不断加深与国际商事法律专家的交流和互动。2018年8月26日，最高人民法院成立国际商事专家委员会，特聘32名中外专家为国际商事专家委员会首批专家委员，其中的17位拥有外国国籍，占比53%。国际商事专家委员会制度是我国法院改革创新的成果体现和现实需要，也是我国进一步加强与外国司法合作的重要体现，同时为"一带一路"倡议部署提供法律服务保障，有利于打造我国在国际上的司法形象，争取国际商贸规则制定话语权，从而进一步为我国对外开放服务。因此，我国应当鼓励中国仲裁法专家、学者积极参与国际仲裁中仲裁员职业道德规则的制定，增强中国仲裁法专家学者在国际仲裁界的话语权。

近年来，我国仲裁实务界越来越注重与国外仲裁界的交流与学习，中国国际经济贸易仲裁委员会、深圳国际仲裁院、北京仲裁委等国内仲裁机构通过作为观察员参加国际会议、举办研讨会、进行海外推广、与国外仲裁机构互访等方式，宣传我国仲裁的实践发展，其中也不乏对仲裁员职业道德责任问题的探讨。2018年8月29日，以中国仲裁法学研究会为支持单位的国际仲裁研讨会在北京召开，此次会议由中国国际经济贸易仲裁委员会和亚洲与太平洋法律协会（LAWASIA）共同举办的，主题为"仲裁员职责"。[②]联合国国际贸易法委员会（United Nations Commission on International Trade Law）第二工作组（争议解决）第69届会议于2019年2月4日至8日在美国纽约联合国总部举行。会议开启了全新的主题，围绕快速

---

① 搜狐网：《中国力量加速融入国际投资仲裁》（2017年9月20日），http://www.sohu.com/a/193178831_115124，访问日期：2022年11月30日。

② 中国仲裁法学研究会：《"仲裁员职责"国际研讨会在京召开》（2018年9月4日），中国仲裁法学研究会官方网站，http://caal.chinalaw.org.cn/portal/article/index/id/869/cid/4.html，访问日期：2022年11月30日。

仲裁和仲裁员独立性及公正性问题进行了讨论和审议，北京仲裁委员会/北京国际仲裁中心受邀作为观察员参加会议。[①]

第二节　完善仲裁员职业道德责任追究制度

除了需完善我国的仲裁员职业道德规则体系，与之配套的仲裁员职业道德责任追究制度也需要进行完善。具体而言，需从行业机构和司法行政机关两个层面对上述问题进行考量和制度设计。

一、行业机构的完善建议

（一）全国性的仲裁协会制定仲裁员职业道德责任追究规则

在制定《中国仲裁协会仲裁员守则》时，应当规定仲裁员职业道德责任追究规则，与仲裁员职业道德规则相呼应。如上文所述，在追究方式方面，可以统一设计为“诫勉警告、撤换仲裁员、发布行业批评通告、限期中止办案资格、解聘仲裁员和发布行业禁止通告”。

另外，应当根据职业道德的层次，在仲裁员守则中合理设置相应的追责措施。对于违反严格的职业道德的仲裁员，可以由仲裁机构的仲裁员职业道德委员会采取解聘仲裁员的措施，可以由全国性仲裁协会的仲裁员职业道德委员会发布行业禁止通告。对于违反一般的职业道德的仲裁员，可以由仲裁机构的仲裁员职业道德委员会采取诫勉警告、撤换仲裁员、发布行业批评通告、限期中止办案资格等追责方式。

---

① 张皓亮：《参加联合国贸易法委员会第二工作组（争议解决）第69届会议总结报告》（2019年2月25日），北京仲裁委员会官方网站，http://www.bjac.org.cn/news/view?id=3381，访问日期：2022年11月30日。

仲裁员职业道德责任追究的具体程序可以设计为：追责主体受理立案、追责主体调查并提出拟处理意见、仲裁员申辩异议、追责主体复查、追责主体执行追究措施、追责主体向司法行政机关报告。

（二）全国性的仲裁协会和各地仲裁机构设立职业道德委员会

从我国目前仲裁机构出台的仲裁员守则、仲裁员管理办法等有关仲裁员职业道德的规范性文件来看，追究仲裁员职业道德责任的主体多种多样，包括仲裁机构本身（在条文中一般称“本会”）、仲裁机构理事会仲裁员资格与操守考察委员会、仲裁机构全体会议[①]，也有仲裁机构规定惩罚措施由仲裁机构秘书处提出，报仲裁委员会研究决定[②]。与仲裁行业不同，我国律师行业，中华全国律师协会设立了“惩戒委员会”，负责律师行业处分相关规则的制定及对地方律师协会处分工作的指导与监督。[③]资深仲裁员Michael Hwang拥有多年在不同国际仲裁机构的执业经验，他提出，仲裁机构应当设立纪律委员会，该纪律委员会的成员应当是来自不同法律行业的资深从业者，纪律委员会可下设小组委员会，并负责对仲裁员违纪行为进行受理、调查、报告、听取各方陈述、组织视频会议等。

另外，值得内地仲裁协会借鉴的是香港国际仲裁中心设置“小组遴选委员会”（Panel Selection Committee）的经验，该委员会的职责是调查当事人对仲裁员的投诉，并确定仲裁员是否应受到处罚，以及提出处罚种类的建议。香港国际仲裁中心仲裁庭将审议投诉是否合理，并将审

---

① 《深圳国际仲裁院仲裁员守则》（2012年12月1日起施行）第11条规定，深圳国际仲裁院理事会仲裁员资格与操守考察委员会有权中止违规违纪仲裁员的办案资格。《郑州仲裁委员会仲裁员聘用管理办法》（2014年6月5日起施行）第41条规定，郑州仲裁委员会对其给予相应惩戒处分。《宜昌仲裁委员会仲裁员管理暂行办法》（2002年1月16日起施行）第16条规定，对仲裁员的奖励，由本会主任会议决定；对仲裁员的解聘、除名，由本会全体会议决定。

② 《宝鸡仲裁委员会仲裁员管理办法》（1998年9月12日起施行）第10条规定，仲裁员的解聘由仲裁委员会秘书处提出，报仲裁委员会研究决定。

③ 《中华全国律师协会会员违规行为处分规则（试行）》（2017年1月8日修订）第8条。

理意见发回小组遴选委员会，并由小组遴选委员会作出处罚决定。①

在成立中国仲裁协会之后，可相应设立仲裁员职业道德委员会，各地仲裁机构也应当设立仲裁员职业道德委员会，仲裁员职业道德委员会专门负责仲裁员违反职业道德责任的追究。中国仲裁协会仲裁员职业道德委员会对各仲裁机构的仲裁员职业道德委员会进行指导和监督。组成人员在针对具体案件的审查时，也应当注意遵守披露、回避规则，保持公正。

仲裁员职业道德委员会的组成人员应当是法律界名誉声望较高的人，可以不局限于仲裁机构本身或仲裁界本身。例如：《台湾仲裁协会仲裁人伦理规范》（2016年）第17条规定，本协会设"仲裁人伦理委员会"，委员13至17人，由本协会理事会就社会上道德声望较高且熟悉仲裁制度之公正人士聘任之，其中一人为主任委员，由委员互选之，任期三年，可以续聘一次，其任务包括：1.研究讲解仲裁人伦理规范；2.促进仲裁人伦理教育；3.审议仲裁人违反本规范事件。

（三）仲裁机构仲裁规则制定需借鉴国际仲裁软法成果

如前所述，不少国外仲裁机构已经在仲裁规则中正式引入国际仲裁软法，以供当事人选择适用。只要不违反仲裁准据法的强制性规定，在意思自治原则的前提下，在一些容易产生不同法律文化传统冲突的领域制定具有国际水准的软法，这样才能提高我国仲裁的国际化水平，增强我国仲裁机构在国际上的竞争力。②例如在制定仲裁员信息披露和回避章节时，可以参考《IBA冲突指南》设立不同颜色清单的方式，对不同程度可能引起公正性合理怀疑的情形进行分类规定，也可以在仲裁员规则中规定"当事人对于仲裁员信息披露或回避的要求可以共同约定适用

---

① Michael Hwang & Jennifer Hon, "A New Approach to Regulating Counsel Conduct in International Arbitration", 33 (3) *ASA Bulletin* 668-669 (2015).

② 严红：《国际商事仲裁软法探究》，《社会科学战线》2016年第10期，第207页。

《国际律师国际仲裁利益冲突指南》的相关规定”。

二、司法行政机关的完善建议

（一）法官应当在裁定书中加强说理

进一步规范人民法院对申请撤销仲裁裁决案件的审理与裁定书的撰写。根据上文的分析，总的来说，少数法院对于涉及仲裁员职业道德的仲裁案件在正确引用法律条文上做得不错，但从全国范围来看，法官在裁定书中需要从以下两个方面进行改进：第一，注意在法官论述说理部分引用当事人选定的仲裁规则、仲裁员守则等与仲裁员职业道德相关的规范性文件，写清所引用规则的条目，提升裁定书的质量；第二，在对仲裁员是否违反公正性的判断上，法官应当坚持“以事实为依据，以法律为准绳”的原则，严格依照《仲裁法》和相关仲裁规则、仲裁员守则的规定，结合公平正义观念，对仲裁员与当事人或当事人的代理人之间存在利害关系作出较为准确的判断。

（二）法官应当在裁定书中正确引用仲裁规则

如上文所述，除了正确引用法律条文和仲裁规则、仲裁员守则条文外，我国法官仍需在裁决书中加强针对仲裁员公正性、利害关系等概念的解释说明，并展开法理论述，不仅要依照法条和公平正义观念，也需要进行个案考察，对新情况、新诉求应当结合全案，充分阐释概念和说明理由。

（三）行政机关明确相关职责

在行政机关监管方面，目前主要由国务院法制办公室通过向全国仲裁机构发布相关公告，对仲裁员违规违纪的情况予以处罚。另外，国务院法制办公室还发布了加强仲裁员职业道德教育的公告，为各仲裁机构教育、监管仲裁员群体提供指导原则和方针。例如：要求仲裁委员会主任向全体仲裁员、仲裁工作人员作本委仲裁操守建设和仲裁纪律执行情况的报告；要求仲裁员就受聘任职以来恪守仲裁操守、遵守仲裁纪律的情况撰写书面报告，并对本机构在仲裁员管理方面存在的问题提出意见；组织全体仲裁员、仲裁工作人员对自身存在的问题提出整改意见，对本委在仲裁员、仲裁工作人员管理上存在的问题提出整改建议；组织全体仲裁员、仲裁工作人员推荐评选仲裁操守优秀、仲裁纪律严明的仲裁员、仲裁工作人员典型；教育活动结束后要进行认真总结，并书面报告所在地的市人民政府、省级人民政府法制办公室和国务院法制办公室等。[①]在中国仲裁协会成立之后，在以上内容中，哪些部分应当属于中国仲裁协会的职能，哪些部分应当属于国家行政机关的职能，应当予以明确界定，不能让国家行政机关代行业协会行使职权。

小结

上一章分析了我国仲裁员职业道德责任制度面临的困境之后，本章对我国仲裁员职业道德责任制度的构建进行了具体设计，主要包括职业道德规则体系和职业道德责任追究制度两大方面。

在构建职业道德规则体系方面，应当在《仲裁法》中明确规定仲裁员职业道德的具体内容，并建立仲裁员职业道德行业规则体系，具体包括成立中国仲裁协会、出台全国统一的仲裁员守则、积极参与国际仲裁员职业道德规则体系建设三个方面。在全国统一的仲裁员守则中，应当既规定仲裁员职业道德义务规则，也应当规定仲裁员职业道德责任追究规则。仲裁员守则应当明确职业道德的类型，严格的职业道德包括独立性、公正性、勤勉高效、保密，一般的职业道德包括保持良好信用记录、按照协议仲裁、谨慎、遵守经济性原则、依照法律裁决、如实自我宣传。在制定全国统一的仲裁员守则的同时，应当提供相应的外文翻译

① 参见国务院法制办公室《关于广泛开展以“严格仲裁操守，严肃仲裁纪律”为主题的教育活动的意见》，“二、具体安排：第3条至第5条”。

版本，并规定中文文本优先于其他语言文本。

同时，应当从两个层面对我国仲裁员职业道德责任追究制度进行构建。

一是仲裁协会和仲裁机构层面。具体完善措施包括三个方面：第一，在全国性的仲裁员守则中制定责任追究规则，追究方式方面可以统一设计为诫勉警告、撤换仲裁员、发布行业批评通告、限期中止办案资格、解聘仲裁员和发布行业禁止通告。仲裁员职业道德责任追究的具体程序可以设计为追责主体受理立案、追责主体调查并提出拟处理意见、仲裁员申辩异议、追责主体复查、追责主体执行追究措施、追责主体报告制度。第二，全国性的仲裁协会和各仲裁机构设立职业道德委员会，专门负责仲裁员违反职业道德责任的追究。中国仲裁协会仲裁员职业道德委员会对各仲裁机构的仲裁员职业道德委员会进行指导和监督。第三，仲裁机构仲裁规则引入国际仲裁软法成果，在仲裁员规则中规定“当事人对于仲裁员信息披露或回避的要求可以共同约定适用《国际律师国际仲裁利益冲突指南》的相关规定”。

二是司法行政机关层面。具体完善措施包括三个方面：第一，法官应当在裁定书中加强说理；第二，法官应当在裁定书中正确引用仲裁规则；第三，行政机关应当明确职责，不得代为行使全国性仲裁协会的职权。

结　论

"唯有好的仲裁员方能带来好的仲裁"不只是一句简单的口号，更是仲裁员作为争议公断人的社会价值和使命担当。笔者期望通过对仲裁员违反职业道德责任问题的研究，对仲裁员职业道德进行明确界定和合理分类，明确仲裁员职业道德责任追究制度，并为构建我国的仲裁员职业道德制度提供建议。

一、仲裁员职业道德的界定和分类

仲裁员职业道德具体内容的界定应当从相关的理论入手，探究仲裁员职业道德的根源和本质属性，确定理论依据，继而考察目前的法律和规则，全面总结仲裁员职业道德具体内容的现实情况，确定界定的现实依据。综合考虑理论依据和现实依据，从而对仲裁员的职业道德作出界定。

理论依据方面，功能主义学说和功能理论着重从仲裁的社会功能和仲裁员的性质特点出发。根据功能主义学说和功能理论，应当着重考虑仲裁制度在社会中发挥的特殊作用，即提供了一种解决平等主体之间商事争议的、具有民间性特征的争议解决方式。同时，结合仲裁员的性质特点，仲裁员的职业道德具有三个"面向"，即面向当事人、社会大众和仲裁员法律职业共同体。而就当前关于仲裁员职业道德的法律和行业规则而言，呈现出仲裁员职业道德规则化的趋势，法律对仲裁员职业道德的具体内容作出了原则性规定，而行业规则进一步明确、细化了仲裁员的行为方式，规则化趋势使仲裁员职业道德这一较为抽象的概念变得更为具体，增强了仲裁员职业道德规则的实操性。因此，仲裁员职业道德可以界定为，仲裁员在执业过程中，面对当事人、社会大众和仲裁员职业共同体时，应当遵守的职业道德规则及具备的品格品质。

现实依据方面，通过整理26个国家和地区的仲裁立法、17份境外仲裁机构仲裁规则、17份中国大陆仲裁机构仲裁规则、9份境外仲裁机构仲裁员守则、55份中国大陆仲裁机构仲裁员守则和3份仲裁协会规则关于仲裁员职业道德内容的规定，对每一项具体出现的仲裁员职业道德进行数据统计。“公正性”和“独立性”是出现概率最高的职业道德，属于各种规范性文件普遍认可，并被绝大多数国家立法上升为程序法律义务的职业道德，可以称为“严格的职业道德”；“勤勉高效”和“保密”出现的概率紧随其后，属于存在一定争议，被部分国家立法上升为程序法律义务的职业道德，可以称为“较为严格的职业道德”；“保持良好信用记录”“按照协议仲裁”“谨慎”“遵守经济性原则”“依照法律裁决”“如实自我宣传”等出现的概率较低，属于存在一定争议的，为少数国家立法确立的，为部分仲裁机构仲裁规则、仲裁员职业道德规则和行业协会确认的职业道德，可以称为“普通的职业道德”。

二、仲裁员职业道德责任的界定与追究

在界定了仲裁员职业道德的具体内容之后，须对仲裁员违反职业道德应当如何相应地追究其职业道德责任展开探讨。仲裁员职业道德责任可以理解为，仲裁员违反职业道德规则后所需承担的不利后果或强制性义务，此种责任是对仲裁员作为仲裁案件居中裁判者的负面评价。

仲裁员的职业道德责任可以分为严格的职业道德责任和一般的职业道德责任。严格的职业道德责任也可称为程序法律责任，指仲裁员违反了国内立法中的相关规定，应当承担的不利后果或强制性义务。一般的职业道德责任也可以称为行业规则责任，具体是指仲裁员违反了行业规则中的相关规定，应当承担的不利后果或强制性义务。

应当考察仲裁员职业道德责任的构成要件。从仲裁员的执业行为是否违反仲裁员职业道德规则、仲裁员的执业行为是否违反仲裁员与当事

人或仲裁机构之间签订的协议、仲裁员的执业行为是否对当事人或仲裁员群体有造成损害的可能性或已经造成损害结果、仲裁员的执业行为与损害之间是否存在因果关系、仲裁员是否存在主观上的过错等5个方面来判断仲裁员是否应当承担职业道德责任。

仲裁员职业道德责任追究的原则包括保护当事人利益、维护仲裁员法律职业共同体声誉、促进仲裁事业发展、追责措施符合比例原则、防止追责主体滥用职权5个方面。而追究仲裁员职业道德责任的形式或仲裁员违反职业道德所导致的后果一般包括回避、撤换仲裁员、诫勉警告、行业批评通告、限期中止办案资格、解聘仲裁员、撤销仲裁裁决和行业禁止通告等形式。而严格来说，仲裁员职业道德责任追究方式有6个，包括诫勉警告、撤换仲裁员、发布行业批评通告、限期中止办案资格、解聘仲裁员和发布行业禁止通告。

有权对违反职业道德的仲裁员采取追责措施的主体为仲裁机构内设的仲裁员职业道德委员会和全国性的仲裁协会内设的仲裁员职业道德委员会。仲裁员职业道德责任追究的具体程序可以设计为追责主体受理立案、追责主体调查并提出拟处理意见、仲裁员申辩异议、追责主体复查、追责主体执行追究措施、追责主体向司法行政机关报告。

三、我国仲裁员职业道德制度的构建

首先，考察我国仲裁员职业道德制度的现状，具体包括仲裁员职业道德规则体系存在的问题和仲裁员职业道德责任追究制度存在的问题。在我国仲裁员职业道德规则体系方面，我国仲裁法未明确界定仲裁员职业道德的内容，目前并没有全国统一的仲裁员守则，各地仲裁机构出台自家的仲裁员职业道德守则，不少仲裁机构没有及时更新，版本过于久远；相互之间有不少雷同之处，均有对职业道德原则性的规定，但不尽相同；某些仲裁员守则对披露、回避的具体情形进行了具体规定，但大多数仅是原则性规定，未充分借鉴国际仲裁软法的经验；我国仲裁机构普遍不重视仲裁员守则的翻译工作，只有少数几个仲裁机构提供了英文翻译版本。

在我国仲裁员职业道德责任追究制度方面，就仲裁机构而言，我国仲裁机构仲裁规则和仲裁员守则对仲裁员职业道德责任追究方式的设定不全面，同时也缺乏责任追究程序的具体设计。就司法机关而言，本书比较分析了我国2011年至2019年共73份申请撤销仲裁裁决的裁判文书，整理制作对比表格，经过统计分析，发现存在法官在裁决书中未规范引用仲裁规则的概率偏高和法官在裁决书中分析说理不充分的概率偏高两方面的问题。行政机关层面，通过分析国务院法制办公室发布的两份文件，发现我国行政机关正在行使原本属于仲裁协会的监管处罚职能。

应当从仲裁员职业道德规则体系和职业道德责任追究制度两大方面进行完善。

在构建仲裁员职业道德规则体系方面，应当在《仲裁法》中明确规定仲裁员职业道德的具体内容，并建立仲裁员职业道德行业规则体系，具体包括成立中国仲裁协会、出台全国统一的仲裁员守则、积极参与国际仲裁员职业道德规则体系建设三个方面。在全国统一的仲裁员守则中，应当既规定仲裁员职业道德义务规则，也规定仲裁员职业道德责任追究规则。全国统一的仲裁员守则应当明确职业道德的类型，严格的职业道德包括独立性、公正性、勤勉高效、保密，一般的职业道德包括保持良好信用记录、按照协议仲裁、谨慎、遵守经济性原则、依照法律裁决、如实自我宣传。在制定全国统一的仲裁员守则的同时，应当提供相应的外文翻译版本，并规定中文文本优先于其他语言文本。

在构建仲裁员职业道德责任追究制度方面，应当从两个层面进行考量。

一是仲裁协会和仲裁机构层面。具体完善措施包括三个方面：第一，在全国性的仲裁员守则中制定责任追究规则，在追究方式方面，可以统一设计为诫勉警告、撤换仲裁员、发布行业批评通告、限期中止办案资格、解聘仲裁员和发布行业禁止通告。而仲裁员职业道德责任追究的具体程序可以设计为追责主体受理立案、追责主体调查并提出拟处理意见、仲裁员申辩异议、追责主体复查、追责主体执行追究措施、追责主体报告制度。第二，全国性的仲裁协会和各仲裁机构设立职业道德委员会，专门负责仲裁员违反职业道德责任的追究。中国仲裁协会仲裁员职业道德委员会对各仲裁机构的仲裁员职业道德委员会进行指导和监督。第三，仲裁机构仲裁规则引入国际仲裁软法成果，在仲裁员规则中规定“当事人对于仲裁员信息披露或回避的要求可以共同约定适用《国际律师国际仲裁利益冲突指南》的相关规定”。

二是司法行政机关层面。具体完善措施包括三个方面：第一，法官应当在裁定书中加强说理；第二，法官应当在裁定书中正确引用仲裁规则；第三，行政机关应当明确职责，不得代为行使全国性仲裁协会的权力。基于此，本书为我国仲裁员职业道德责任制度的构建描绘出大体的框架，并设计了其中的具体制度，以期为完善我国仲裁员职业道德制度提供参考。

仲裁员职业道德责任制度问题依然存在不少研究空白，是一个值得长期研究的问题，笔者将继续深入钻研下去。文中的不足之处，还请读者批评指正。

参考文献

一、中文文献

（一）著作类（含编著、译著）

1. 王进喜、陈宜主编《新编法律职业伦理》，高等教育出版社2022年版。
2. 谭世贵：《律师法学》，法律出版社2022年版。
3. ［马来］孙德砬铢：《仲裁的规则、程序与实践（第二版）》，韦彦婷、［马来］陈行昌译，知识产权出版社2022年版。
4. 李本森主编《法律职业伦理（第四版）》，北京大学出版社2021年版。
5. 李瑜青主编《法律职业伦理：问题与思考》，华东理工大学出版社2021年版。
6. 贺嘉：《奥林匹克体育仲裁中运动员权利保障研究》，法律出版社2021年版。
7. 齐凯悦：《法律职业伦理》，厦门大学出版社2021年版。
8. 文学国：《法律职业伦理导论》，上海大学出版社2021年版。
9. 王琳主编《法律职业伦理》，中国人民大学出版社2021年版。
10. 王新清主编《法律职业伦理》，法律出版社2021年版。
11. 王进喜：《法律职业伦理（第二版）》，中国人民大学出版社2021年版。
12. 沈四宝、张丽霞、田锐华主编《中国商事仲裁与调解百问》，北京大学出版社2021年版。
13. 许身健：《法律职业伦理（第三版）》，中国政法大学出版社2021年版。

14. 杨秀清：《仲裁司法审查裁判规则理论与实务》，法律出版社2021年版。
15. ［波兰］玛格丽特克尔主编《法律职业伦理：原理、案例与教学》，许身健译，北京大学出版社2021年版。
16. 马占军：《商事仲裁员独立性问题研究》，法律出版社2020年版。
17. 江国华、彭超、周紫阳编著：《法律职业伦理》，武汉大学出版社2020年版。
18. 马长山主编《法律职业伦理》，人民出版社2020年版。
19. 孙巍：《中国商事仲裁法律与实务（第二版）》，法律出版社2020年版。
20. 赵汉根：《商事仲裁法律与实务》，中国法制出版社2020年版。
21. 巢容华：《法律职业伦理》，北京大学出版社2019年版。
22. 李旭东编著：《法律职业伦理》，华南理工大学出版社2019年。
23. 石先钰、韩桂君、陈光斌主编《法律职业伦理学》，高等教育出版社2019年版。
24. 石先钰：《仲裁员职业道德建设研究》，中国社会科学出版社2019年版。
25. 袁钢编著：《法律职业伦理案例研究指导》，中国政法大学出版社2019年版。
26. 中国国际经济贸易仲裁委员会主编《涉“一带一路”国家仲裁案例选编》，法律出版社2019年版。
27. 杨磊主编《法律职业道德实训》，浙江工商大学出版社2014年版。
28. 李政主编《法律职业道德》，法律出版社2017年版。
29. 魏则胜主编《职业道德理论与实践》，中山大学出版社2017年版。
30. 刘晓兵、程滔主编《法律人的职业伦理底线》，中国政法大学出版社2017年版。

31. 范永丽主编《职业道德与法律（第二版）》，人民卫生出版社2017年版。
32. 彭丽明：《仲裁员责任制度比较研究》，法律出版社2017年版。
33. 王新清主编《法律职业道德（第二版）》，法律出版社2016年版。
34. 樊堃：《仲裁在中国：法律与文化分析》，法律出版社2016年版。
35. 林一飞：《商事仲裁实务精要》，北京大学出版社2016年版。
36. 夏扬：《法律如何长成——制度进化的独立品格与自觉理性》，法律出版社2016年版。
37. 中国行为法学会司法行为研究会、天津大学法学院主编《构建法律职业共同体研究》，中国法制出版社2016年版。
38. ［英］罗杰·科特威尔：《法律社会学导论》，彭小龙译，中国政法大学出版社2015年版。
39. ［美］加里·B.博恩：《国际仲裁法律与实践》，白麟等译，商务印书馆2015年版。
40. 杭州仲裁委员会主编《仲裁员实务》，浙江大学出版社2015年版。
41. 蒋婷：《仲裁员调解话语的人际意义研究》，科学出版社2015年版。
42. 涂卫：《仲裁机构监管与治理机制研究》，法律出版社2015年版。
43. 张勇：《律师职业道德》，法律出版社2015年版。
44. 高其才：《司法制度与法律职业道德（第二版）》，清华大学出版社2014年版。
45. 任继鸿主编《律师实务与职业伦理》，中国政法大学出版社2014年版。
46. 韩德培主编《国际私法》，高等教育出版社、北京大学出版社2014年版。
47. 冷罗生主编《法律职业伦理》，北京师范大学出版社2014年版。
48. 杨玲：《仲裁法专题研究》，上海三联书店2013年版。

49. ［美］罗伯特·N.威尔金：《法律职业的精神》，王俊峰译，北京大学出版社2013年版。
50. 许身健主编《法律职业伦理论丛》，知识产权出版社2013年版。
51. 蒋志如：《法律职业与法学教育之张力问题研究——以美国为参照的思考》，法律出版社2012年版。
52. 李莉、乔欣主编《东盟国家商事仲裁制度研究》，中国社会科学出版社2012年版。
53. 赵秀文：《国际商事仲裁法》，中国人民大学出版社2012年版。
54. 王进喜：《法律职业行为法》，中国人民大学出版社2012年版。
55. ［德］托马斯·莱塞尔：《法社会学导论》，高旭军等译，上海人民出版社2011年版。
56. 石文龙：《法伦理学（第二版）》，中国法制出版社2011年版。
57. 石现明：《国际商事仲裁：当事人权利救济制度研究》，人民出版社2011年版。
58. 杨玲：《国际商事仲裁程序研究》，法律出版社2011年版。
59. 史飚：《商事仲裁监督与制约机制研究》，知识产权出版社2011年版。
60. 周慧：《法律的道德之维——德沃金法伦理思想研究》，湖南师范大学出版社2011年版。
61. 卢学英：《法律职业共同体引论》，法律出版社2010年版。
62. 汪祖兴：《中国仲裁制度的境遇及改革要略》，法律出版社2010年版。
63. 刘正浩、胡克培主编《法律伦理学》，北京大学出版社2010年版。
64. 黄进主编《国际商事争议解决机制研究》，武汉大学出版社2010年版。
65. 宋连斌主编《仲裁法》，武汉大学出版社2010年版。

66. 赵秀文：《国际商事现代化研究》，法律出版社2010年版。

67. 刘晓红、袁发强主编《国际商事仲裁》，北京大学出版社2010年版。

68. 林一飞主编《国际贸易法律与诉讼仲裁实务》，对外经济贸易大学出版社2010年版。

69. 于健龙主编《〈纽约公约〉与国际商事仲裁的司法实践》，法律出版社2010年版。

70. 张森年主编《司法职业道德概论》，广西师范大学出版社2009年版。

71. ［美］蒙罗·H. 弗里德曼、［美］阿贝·史密斯：《律师职业道德的底线（第三版）》，王卫东译，北京大学出版社2009年版。

72. 康宝奇主编《司法良知》，人民法院出版社2009年版。

73. ［奥］尤根·埃利希：《法律社会学基本原理》，叶名怡、袁震译，中国社会科学出版社2009年版。

74. 廖奕：《法律职业道德实训教程——高境界法律人才培养示范》，武汉大学出版社2009年版。

75. 刘爱龙：《立法的伦理分析》，法律出版社2008年版。

76. 刘思达：《失落的城邦：当代中国法律职业变迁》，北京大学出版社2008年版。

77. 司莉：《律师职业属性论》，中国政法大学出版社2006年版。

78. 李建华等：《法律伦理学》，湖南人民出版社2006年版。

79. 于喜富：《国际商事仲裁的司法监督与协助：兼论中国的立法与司法实践》，知识产权出版社2006年版。

80. 杨良宜、莫世杰、杨大明：《仲裁法：从1996年英国仲裁法到国际商务仲裁》，法律出版社2006年版。

81. 李本森主编《法律职业伦理》，北京大学出版社2005年版。

82. 林一飞：《国际商事仲裁与实务》，中信出版社2005年版。

83. 孙笑侠：《法律人之治：法律职业的中国思考》，中国政法大学出版社2004年版。

84. 张文显、信春鹰、孙谦主编《司法改革报告：法律职业共同体研究》，法律出版社2003年版。

85. 王永成、赵波主编《职业道德要论》，中国社会科学出版社2003年版。

86. ［美］罗斯科·庞德：《法律与道德》，陈林林译，中国政法大学出版社2003年版。

87. 乔欣：《仲裁权研究——仲裁程序公正与权利保障》，法律出版社2001年版。

88. ［美］博登海默：《法理学——法律哲学与法律方法》，邓正来译，中国政法大学出版社1999年版。

89. ［美］伯尔曼：《法律与革命》，贺卫方等译，中国大百科全书出版社1993年版。

90. ［荷］斯宾诺莎：《伦理学》，贺麟译，商务印书馆1983年版。

91. ［法］孟德斯鸠：《论法的精神》（上册），张雁深译，商务印书馆1961年版。

（二）期刊论文

1. 胡海容：《斯德哥尔摩商会仲裁院仲裁员回避规则的实证分析及其启示——以1995—2019的实践为分析视角》，《商事仲裁与调解》2022年第2期。

2. 张傲霜：《我国商事仲裁机构仲裁员名册信息披露标准研究》，《广西政法管理干部学院学报》2022年第4期。

3. 欧阳钦：《论仲裁员的公正性与独立性——以仲裁员信息披露义务为视角》，《仲裁研究》2021年第1期。

4. 张建、丁忆柔：《仲裁员独立性与公正性问题研究——以ICSID仲裁规则为切入》，《行政科学论坛》2021年第12期。
5. 孙珺、王雨蓉：《第三方资助国际仲裁中仲裁员与受资助方披露义务之比较研究》，《商事仲裁与调解》2021年第4期。
6. 陈婕、刘天姿：《第三方资助仲裁之披露义务规则探析》，《海关与经贸研究》2021年第2期。
7. 杜焕芳、李贤森：《国际商事仲裁当事人程序自治边界冲突与平衡》，《法学评论》2020年第2期。
8. 杜焕芳、李贤森：《仲裁员选任困境与解决路径——仲裁员与当事人法律关系的视角》，《武大国际法评论》2020年第2期。
9. 李虎：《试论仲裁机构管理和仲裁庭独立裁决的有机结合》，《商事仲裁与调解》2020年第1期。
10. 张洋：《“一带一路”背景下第三方资助国际仲裁之披露规则》，《石河子大学学报（哲学社会科学版）》2020年第2期。
11. 朱若菡：《快速仲裁中强势独任仲裁员条款之检视》，《上海对外经贸大学学报》2019年第5期。
12. 郁恒娟、张圣翠：《“一带一路”倡议下我国仲裁员制度的创新研究》，《国际商务研究》2019年第3期。
13. 谈晨逸：《第三方资助仲裁对仲裁员独立性的挑战与防范》，《国际商务研究》2019年第1期。
14. 王申：《法律职业伦理规范建设必须回应新时代的道德需求》，《南京社会科学》2019年第1期。
15. 周清华、程斌：《第三方资助下仲裁员潜在利益冲突披露的体系建构》，《中国海商法研究》2018年第4期。
16. 蒋婷、任晓茹：《仲裁员调解话语中语气系统的人际意义研究》，《重庆三峡学院学报》2018年第6期。
17. 刘国伟：《身份冲突视角下的仲裁员回避问题研究》，《潍坊学院学报》2018年第4期。

18. 李铁喜：《论商事仲裁员的责任及其在我国的制度完善》，《湖南工程学院学报（社会科学版）》2018年第2期。

19. 王吉文：《国际商事仲裁中的“仲裁常客”问题》，《西部法学评论》2018年第3期。

20. 张燕：《论法律职业伦理道德责任的价值基础》，《法学》2018年第1期。

21. 王徽：《论我国国际商事仲裁证据制度的症结及完善——以国际商事仲裁证据“软法”为切入点》，《上海对外经贸大学学报》2018年第4期。

22. 傅攀峰：《单边仲裁员委任机制的道德困境及其突围——以Paulsson的提议为核心》，《当代法学》2017年第3期。

23. 严红：《国际商事仲裁软法探究》，《社会科学战线》2016年第10期。

24. 丁夏：《国际投资仲裁案件中“客观行为标准”的适用——以质疑仲裁员公正性为视角》，《国际经贸探索》2016年第32卷第3期。

25. 刘立群：《仲裁员公正性制度保障浅析》，《山西省政法管理干部学院学报》2016年第3期。

26. 韩永红：《“一带一路”国际合作软法保障机制论纲》，《当代法学》2016年第4期。

27. 辛柏春：《国际商事仲裁保密性问题探析》，《当代法学》2016年第2期。

28. 郑晓剑：《比例原则在民法上的适用及展开》，《中国法学》2016年第2期。

29. 马占军：《我国商事仲裁员任职资格制度的修改与完善》，《河北法学》2015年第7期。

30. 马占军：《缺员仲裁法律制度的修改与完善》，《法学论坛》2015年第4期。
31. 宋文娟：《仲裁员职业道德规范体系的建构》，《法制与社会》2015年第4期（下）。
32. 周鑫霖：《主要大陆法系国家仲裁员职业道德》，《法制与社会》2015年第3期（中）。
33. 公丕潜、杜宴林：《法治中国视域下法律职业共同体的建构》，《北方论丛》2015年第6期。
34. 阮小茗：《仲裁员职业道德的他律》，《开封教育学院学报》2015年第7期。
35. 张晓瑞：《我国建立仲裁员有限民事责任制度的合理性探析》，《法大研究生》2014年第1期。
36. 徐显明：《对构建具有中国特色的法律职业共同体的思考》，《中国法律评论》2014年第3期。
37. 谢鸿飞：《违约责任与侵权责任竞合理论的再构成》，《环球法律评论》2014年第6期。
38. 范铭超：《仲裁员与仲裁当事人法律关系模型的困境及其解决》，《北方法学》2014年第6期。
39. 宋连斌、颜杰雄：《申请撤销仲裁裁决：现状·问题·建言》，《法学评论》2013年第6期。
40. 朱伟东：《法国最新〈仲裁法〉评析》，《仲裁研究》2013年第3期。
41. 刘作翔、刘振宇：《对法律职业共同体的认识和理解——兼论中国式法律职业共同体的角色隐喻及其现状》，《法学杂志》2013年第4期。
42. 乔欣：《仲裁公正性基础：披露与回避制度的完善》，《民事程序法研究》2013第2期。

43. 向子云：《试论仲裁员的民事责任》，《法制与社会》2012年第10期（下）。

44. 李学尧：《转型社会与道德真空：司法改革中的法律职业蓝图》，《中国法学》2012年第3期。

45. 张利兆：《仲裁员职业道德探讨》，《北京仲裁》2012年第4期。

46. 刘晓红、李超、范铭超：《国际商事与贸易仲裁员（公断人）责任制度比较——兼评中国商事贸易仲裁员责任制度》，《世界贸易组织动态与研究》2012年第3期。

47. 刘京莲：《国际投资仲裁正当性危机之仲裁员独立性研究》，《河北法学》2011年第29卷第9期。

48. 范铭超、李超：《商事仲裁员职业责任保险：制度思考、方式选择与现实困境》，《企业经济》2011年第7期。

49. 石现明：《略论我国仲裁员与仲裁机构民事责任制度的构建》，《理论与改革》2011年第4期。

50. 马占军：《国际商事仲裁员披露义务规则研究》，《法学论坛》2011年第4期。

51. 韩平：《论仲裁员的民事责任》，《武汉大学学报（哲学社会科学版）》2011年第3期。

52. 韩平：《“枉法仲裁罪”的学理质疑》，《深圳大学学报（人文社会科学版）》2011年第3期。

53. 李凤琴：《我国仲裁机构民事责任制度探析》，《法治研究》2011年第11期。

54. 王凌：《英国仲裁员制度研究》，《仲裁研究》2011年第4期。

55. 文芳：《论仲裁员民事责任——试构建我国仲裁员责任体系》，《黑龙江省政法管理干部学院学报》2010年第6期。

56. 黄晖：《论枉法仲裁罪之“枉法”性》，《四川大学学报（哲学社会科学版）》2010年第4期。
57. 石现明：《论商事仲裁的性质与仲裁员的权力义务》，《政法论丛》2010年第5期。
58. 李学尧：《非道德性：现代法律职业伦理的困境》，《中国法学》2010年第1期。
59. 范铭超：《商事仲裁视野下的枉法裁决罪》，《河北法学》2009年第12期。
60. 张圣翠、张心泉：《我国仲裁员独立性和公正性及其保障制度的完善》，《法学》2009年第7期。
61. 徐立：《枉法仲裁罪的立法正当性探讨》，《法学杂志》2009年第5期。
62. 李继霞：《关于仲裁员法律责任制度的若干问题》，《山东社会科学》2009年第6期。
63. 张圣翠：《仲裁民事责任制度探析》，《上海财经大学学报》2009年第1期。
64. 罗国强：《枉法仲裁罪思辨——仲裁性质两分法与比较法下的考量》，《中国刑事法杂志》2009年第1期。
65. 姜昕：《比例原则释义学结构构建及反思》，《法律科学（西北政法大学学报）》2008年第5期。
66. 肖志明：《关于成立仲裁协会的意见和建议》，《北京仲裁》2008年第4期。
67. 王勇：《论仲裁的保密性原则及其应对策略》，《政治与法律》2008年第12期。
68. 林一飞：《中国仲裁协会与仲裁机构的改革》，《北京仲裁》2007年第2期。

69. 石现明：《仲裁员民事责任及其豁免之学理探析》，《理论与改革》2007年第2期。
70. 翟小波：《“软法”及其概念之证成——以公共治理为背景》，《法律科学》2007年第2期。
71. 刘晓红：《确定仲裁员责任制度的法理思考——兼评述中国仲裁员责任制度》，《华东政法大学学报》2007年第5期。
72. 徐前权：《仲裁员法律责任之检讨（下）——兼评“枉法仲裁罪”》，《仲裁研究》2007年第1期。
73. 张圣翠：《论国际商事仲裁员披露义务规则》，《上海财经大学学报》2007年第9卷第3期。
74. 范愉：《当代中国法律职业化路径选择——一个比较法社会学的研究》，《北方法学》2007年第2期。
75. 陈聪：《赴美国仲裁协会考察报告——对仲裁机构管理的思考》，《北京仲裁》2007年第2期。
76. 徐前权：《仲裁员法律责任之检讨（上）——兼评“枉法仲裁罪”》，《仲裁研究》2006年第3期。
77. 萧凯：《从富士施乐仲裁案看仲裁员的操守与责任》，《法学》2006年第10期。
78. 张立平：《论首席仲裁员之职业道德》，《北京仲裁》2006年第4期。
79. 陈忠谦：《论枉法仲裁罪的设立当缓》，《仲裁研究》2006年第1期。
80. 宋连斌：《中国仲裁的国际化、本土化与民间化——基于2004年〈北京仲裁委员会仲裁规则〉的个案研究》，《暨南学报（哲学社会科学版）》2006年第5期。
81. 张小建：《中国仲裁协会基本问题研究——兼论我国〈仲裁法〉有

关条款的修改》，《仲裁研究》2006年第2期。
82. 李学尧：《法律职业主义》，《法学研究》2005年第6期。
83. 邓瑞平、易艳：《商事仲裁责任制度简论》，《重庆大学学报（社会科学版）》2005年第1期。
84. 周佑勇：《行政法的正当程序原则》，《中国社会科学》2004年第4期。
85. 郭玉军、梅秋玲：《仲裁的保密性问题研究》，《法学评论》2004年第2期。
86. 孙笑侠、李学尧：《论法律职业共同体自治的条件》，《法学》2004年第4期。
87. 唐永春：《法律职业伦理的几个基本问题》，《求是学刊》2003年第5期。
88. 张文显、卢学英：《法律职业共同体引论》，《法制与社会发展》2002年第6期。
89. 张泽平：《国际商事仲裁中的责任制度探析》，《当代法学》2001年第8期。
90. 杨大明、李民、傅容：《英国法下仲裁员独立与公正行事的责任——最新发展（节选）》，《中国海商法年刊》2001年第12卷。
91. 陈炳水：《道德立法：社会转型期道德建设的法律保障》，《江西社会科学》2001年第1期。
92. 李燕：《论比例原则》，《行政法学研究》2001年第2期。

（三）学位论文

1. 李诗慧：《国际投资仲裁中仲裁员的独立性危机及其应对》，硕士学位论文，华南理工大学，2021。
2. 袁铭蔚：《互联网时代国际商事仲裁保密性研究》，硕士学位论文，华东政法大学，2021。

3. 刘善美：《软法在国际商事仲裁中的应用》，硕士学位论文，中国青年政治学院，2017。
4. 彭丽明：《仲裁员责任制度比较研究》，博士学位论文，武汉大学，2016。
5. 强蔷：《国际商事仲裁员民事责任问题研究》，硕士学位论文，安徽财经大学，2015。
6. 马占军：《商事仲裁员独立性问题研究》，博士学位论文，西南政法大学，2015。
7. 刘威：《仲裁员法律责任制度问题研究》，硕士学位论文，兰州大学，2015。
8. 张行肖：《仲裁员刑事责任问题研究》，硕士学位论文，云南财经大学，2015。
9. 孙洁：《论国际商事仲裁中仲裁员的独立性和公正性》，硕士学位论文，中国青年政治学院，2015。
10. 胡荻：《国际商事仲裁权研究》，博士学位论文，华东政法大学，2014。
11. 范铭超：《仲裁员责任法律制度研究——兼及我国仲裁员责任法律制度的反思与构建》，博士学位论文，华东政法大学，2012。
12. 胡琼：《国际商事仲裁员披露义务研究》，硕士学位论文，湖南师范大学，2012。
13. 王燕红：《论中国仲裁员民事责任制度》，硕士学位论文，山西大学，2012。
14. 罗艳：《论我国商事仲裁员的法律责任》，硕士学位论文，山东大学，2012。
15. 宁玲：《论仲裁员责任制度》，硕士学位论文，华东政法大学，2012。

16. 苗蕾：《论仲裁员的责任》，硕士学位论文，苏州大学，2012。
17. 李超：《国际视野下商事仲裁员法律责任比较研究》，硕士学位论文，上海社会科学院，2012。
18. 赵海燕：《仲裁员民事责任制度研究》，硕士学位论文，复旦大学，2012。
19. 贺梅花：《国际商事仲裁员责任问题研究》，硕士学位论文，贵州大学，2009。
20. 李玉婷：《论仲裁员的法律责任》，硕士学位论文，中国政法大学，2011。
21. 陈楚阳：《仲裁员民事责任之探析》，硕士学位论文，中国政法大学，2011。
22. 袁芳：《论中国特色的仲裁员法律责任制度》，硕士学位论文，北京邮电大学，2010。
23. 黎藜：《仲裁员法律责任制度初探》，硕士学位论文，湘潭大学，2008。
24. 包文捷：《仲裁员责任制度探析》，硕士学位论文，华东政法大学，2008。
25. 王秀春：《论仲裁员制度的完善——以仲裁员的权利、义务为视角》，硕士学位论文，中国政法大学，2008。
26. 王芳：《国际商事仲裁中仲裁员的法律责任研究》，硕士学位论文，大连海事大学，2007。
27. 向琼芳：《完善我国仲裁员的民事责任制度》，硕士学位论文，华东政法大学，2007。
28. 尹灿：《论仲裁员责任》，硕士学位论文，华东政法大学，2007。
29. 王小红：《论我国商事仲裁责任制度》，硕士学位论文，中国政法大学，2007。

30. 郭楠：《论仲裁员的权力和责任》，硕士学位论文，中国政法大学，2007。
31. 陈建：《论仲裁员在市场经济中的地位》，博士学位论文，对外经济贸易大学，2007。

二、外文文献

（一）著作

1. Mikaël Schinazi, *The Three Ages of International Commercial Arbitration* (Cambridge: Cambridge University Press, 2022).
2. Gary B. Born, *International Arbitration and Forum Selection Agreements: Drafting and Enforcing* (6th ed., Alphen aan den Rijn: Kluwer Law International, 2021).
3. José R. Mata Dona and Nikos Lavranos eds., *International Arbitration and EU Law* (Cheltenham: Edward Elgar Publishing Limited, 2021).
4. Felix Dasser, "*Soft Law*" *in International Commercial Arbitration* (Leiden: Brill | Nijhoff, 2021).
5. Franco Ferrari & Friedrich Jakob Rosenfeld eds., *Autonomous Versus Domestic Concepts under the New York Convention* (Alphen aan den Rijn: Kluwer Law International, 2021).
6. Leonardo V.P. de Oliveira & Sara Hourani eds., *Access to Justice in Arbitration: Concept, Context and Practice* (Alphen aan den Rijn: Kluwer Law International, 2021).
7. Carlo de Stefano, *Attribution in International Law and Arbitration* (Oxford: Oxford University Press, 2020).
8. Maxi Scherer, Niuscha Bassiri & Mohamed S. Abdel Wahab, *International Arbitration and the COVID-19 Revolution* (Alphen aan den Rijn: Kluwer

Law International, 2020).

9. Nobumichi Teramura, *Ex Aequo et Bono as a Response to the "Over-Judicialisation" of International Commercial Arbitration* (Alphen aan den Rijn: Kluwer Law International, 2020).

10. Tony Cole & Pietro Ortolani, *Understanding International Arbitration* (Abingdon: Routledge, 2020).

11. Elza Reymond-Eniaeva, *Towards a Uniform Approach to Confidentiality of International Commercial Arbitration* (Basel: Springer Nature Switzerland AG, 2019).

12. Katia Fach Gómez, *Key Duties of International Investment Arbitrators: A Transnational Study of Legal and Ethical Dilemmas* (Basel: Springer *Nature Switzerland* AG, 2019).

13. Anselmo Reyes, *The Practice of International Commercial Arbitration: a Handbook for Hong Kong Arbitrators* (Abingdon: Routledge, 2018).

14. Maud Piers & Christian Aschauer, *Arbitration in the Digital Age: The Brave New World of Arbitration* (Cambridge: Cambridge University Press, 2018).

15. Vesna Lazić & Steven Stuij eds., *International Dispute Resolution: Selected Issues in International Litigation and Arbitration* (Hague: T.M.C. ASSER PRESS, 2018).

16. Alec S. Sweet & Florian Grisel, *The Evolution of International Arbitration: Judicialization, Governance, Legitimacy* (Oxford: Oxford University Press, 2017).

17. Patrick Capps & Shaun D. Pattinson eds., *Ethical Rationalism and the Law* (Oxford: Hart Publishing, 2017).

18. Margaret L. Moses, *The Principles and Practice of International*

Commercial Arbitration (3rd edn., Cambridge: Cambridge University Press, 2017).

19. Monroe H. Freedman, Abbe Smith & Alice Woolley eds., *Lawyers' Ethics*, (Abingdon: Routledge 2017).

20. Marianne Roth, Michael Geistlinger, Tobias Kunz eds., *Yearbook on International Arbitration and ADR (Volume V)* (Zürich: Dike Verlag AG, 2017).

21. Maria N. Cleis, *The Independence and Impartiality of ICSID Arbitrators: Current Case Law, Alternative Approaches, and Improvement Suggestions* (Leiden: Brill | Nijhoff, 2017).

22. Larry A. DiMatteo, *International Business Law and the Legal Environment: A Transactional Approach* (3rd edn., Abingdon: Routledge, 2017).

23. Julio C. Betancourt, *Defining Issues in International Arbitration: Celebrating 100 Years of the Chartered Institute of Arbitrators* (Oxford: Oxford University Press, 2016).

24. Stavros L. Brekoulakis, Julian D.M. Lew & Loukas A. Mistelis eds., *The Evolution and Future of International Arbitration* (Alphen aan den Rijn: Kluwer Law International, 2016).

25. Gary B. Born, *International Arbitration: Law and Practice* (Alphen aan den Rijn: Kluwer Law International, 2016).

26. Fan Yang, *Foreign-related Arbitration in China: Commentary and Cases* (Cambridge: Cambridge University Press, 2016).

27. Stephan Balthasar ed., *International Commercial Arbitration: International Conventions, Country Reports and Comparative Analysis* (Munich: Beck C. H., 2016).

28. Herman Verbist, Erik Schäfer & Christophe Imhoos, *ICC Arbitration in*

Practice, 2nd Revised Edition, ICC Arbitration in Practice (Alphen aan den Rijn: Kluwer Law International, 2016).

29. Stephen Jagusch QC, Philippe Pinsolle & Timothy L Foden eds., *The Guide to Advocacy* (London: Law Business Research Ltd, 2016).

30. John A. Trenor (ed.), *The Guide to Damages in International Arbitration* (London: Law Business Research Ltd, 2016).

31. Daniel Girsberger & Nathalie Voser, *International Arbitration: Comparative and Swiss Perspectives* (3rd edn., Zürich: Schulthess Juristische Medien AG, 2016).

32. Qiao Liu & Wenhua Shan eds., *China and International Commercial Dispute Resolution* (Leiden: Brill | Nijhoff, 2016).

33. Christoph Müller, Sébastien Besson & Antonio Rigozzi (eds.), *New Developments in International Commercial Arbitration 2016* (Zürich: Schulthess Juristische Medien AG, 2016).

34. Elliott Geisinger ed., *Confidential and Restricted Access Information in International Arbitration* (Huntington: Juris Publishing, 2016).

35. Domitille Baizeau & Frank Spoorenberg eds., *The Arbitrator's Initiative: When, Why and How Should It Be Used?* (Huntington: Juris Publishing, 2016).

36. Stavros Brekoulakis, Julian D.M. Lew & Loukas Mistelis, *The Evolution and Future of International Arbitration* (Alphen aan den Rijn: Kluwer Law International, 2016).

37. Gabrielle Kaufmann-Kohler & Antonio Rigozzi, *International Arbitration: Law and Practice in Switzerland* (Oxford: Oxford University Press, 2015).

38. Shaheeza Lalani & Rodrigo Polanco Lazo eds., *The Role of the State in Investor-State Arbitration* (Leiden: Brill | Nijhoff, 2015).

39. Daniele Favalli (ed.), *The Sense and Non-sense of Guidelines, Rules and other Para-regulatory Texts in International Arbitration* (Huntington: Juris Publishing, 2015).

40. Nigel Blackaby, Constantine Partasides, Alan Redfern & Martin Hunter, *Redfern and Hunter on International Arbitration* (6th edn., Oxford: Oxford University Press, 2015).

41. Michael Ostrove, Claudia T. Salomon & Bette Shifman eds., *Choice of Venue in International Arbitration* (Oxford: Oxford University Press, 2014).

42. Walter Mattli & Thomas Dietz, *International Arbitration and Global Governance: Contending Theories and Evidence* (Oxford: Oxford University Press, 2014).

43. Lawrence W. Newman & Richard D. Hill eds., *The Leading Arbitrators' Guide to International Arbitration* (3rd edn., Huntington: Juris Publishing, 2014).

44. Catherine A. Rogers, *Ethics in International Arbitration* (Oxford: Oxford University Press, 2014).

45. Gary B. Born, *International Commercial Arbitration* (2nd edn., Alphen aan den Rijn: Kluwer Law International, 2014).

46. Nathalie Voser (eds.), *10 Years of Swiss Rules of International Arbitration* (Huntington: Juris Publishing, 2014).

47. Philippe Bärtsch & Dorothee Schramm, *Arbitration Law of Switzerland: Practice and Procedure* (Huntington: Juris Publishing, 2014).

48. Colin Y.C. Ong & Michael P. O'Reilly, *Costs in International Arbitration* (New York: LexisNexis, 2013).

49. Günther J. Horvath & Stephan Wilske eds., *Guerrilla Tactics in*

International Arbitration (Alphen aan den Rijn: Kluwer Law International, 2013).

50. Tobias Zuberbuhler, Christoph Muller & Philipp Habegger eds., *Swiss Rules of International Arbitration: Commentary* (2nd edn., Zürich: Schulthess Juristische Medien AG, 2013).

51. Elliott Geisinger & Nathalie Voser eds., *International Arbitration in Switzerland: A Handbook for Practitioners* (2nd edn., Alphen aan den Rijn: Kluwer Law International, 2013).

52. Jacob Grierson & Annet van Hooft, *Arbitrating under the 2012 ICC Rules* (Alphen aan den Rijn: Kluwer Law International, 2012).

53. Karel Daele eds., *Challenge and Disqualification of Arbitrators in International Arbitration* (Alphen aan den Rijn: Kluwer Law International, 2012).

54. Karl Pörnbacher & Inken Knief, *Liability of Arbitrators—Judicial Immunity versus Contractual Liability* (Huntington: Juris Publishing, 2012).

55. Stuart Dutson, Andy Moody & Neil Newing, *Inernational Arbitration: A Practical Guide* (London: Globe Business Publishing, 2012).

56. Yves Dezalay & Bryant G. Garth, *Lawyers and the Construction of Transnational Justice* (Abingdon: Routledge 2012).

57. Duncan French, Matthew Saul & Nigel D. White, *International Law and Dispute Settlement: New Problems and Techniques* (Oxford: Hart Publishing, 2012).

58. Ileana M. Smeureanu, *Confidentiality in International Commercial Arbitration* (Alphen aan den Rijn:Kluwer Law International, 2011).

59. Simon Greenberg, Christopher Kee & J. Romesh Weeramantry, *International Commercial Arbitration: an Asia-Pacific Perspective*

(Cambridge: Cambridge University Press, 2011).

60. Christinana Fountoulakis, *Set-off Defences in International Commercial Arbitration: A Comparative Analysis* (Oxford: Hart Publishing, 2011).

61. Jonathan Hill & Adeline Chong, *International Commercial Disputes: Commercial Conflict of Laws in English Courts* (4th edn., Oxford: Hart Publishing, 2010).

62. Emilia Onyema, *International Commercial Arbitration and the Arbitrator's Contract* (Abingdon: Routledge, 2010).

63. Peter Binder, *International Commercial Arbitration and Conciliation in UNCITRAL Model Law Jurisdictions* (London: Sweet & Maxwell, 2010).

64. International Arbitration Congress, *50 Years of the New York Convention* (Alphen aan den Rijn: Kluwer Law International, 2009).

65. Conrad D. Johnson, *Moral Legislation: A Legal-political Model for Indirect Consequentialist Reasoning* (Cambridge: Cambridge University Press, 2009).

66. Pedro J. Martinez-Fraga, *The American Influence on International Commercial Arbitration: Doctrinal Developments and Discovery Methods* (Cambridge: Cambridge University Press, 2009).

67. Stacie Strong, *Research and Practice in International Commercial Arbitration* (Oxford: Oxford University Press, 2009).

68. Pedro J. Martinez-Fraga, *The American Influence on International Commercial Arbitration: Doctrinal Developments and Discovery Methods* (Cambridge: Cambridge University Press, 2009).

69. Tibor Várady, John J. Barceló & T. von Mehren, *International Commercial Arbitration: A Transnational Perspective* (Eagan: West, 2009).

70. Margaret Moses, *The Principles and Practice of International Commercial*

Arbitration (Cambridge: Cambridge University Press, 2008).

71. Roy Goode, Herbert Kronke & Ewan Mckendrick, *Transnational Commercial Law: Text, Cases, and Materials* (Oxford: Oxford University Press, 2007).

72. William Park, *Arbitration of International Business Disputes: Studies in Law and Practice* (Oxford: Oxford University Press, 2006).

73. John Merrills, *International Dispute Settlement* (4th edn., Cambridge: Cambridge University Press, 2005).

74. Jonathan Hill, *International Commercial Disputes in English Courts* (3rd edn., Oxford: Hart Publishing, 2005).

75. Andrew Tweeddale & Keren Tweeddale, *Arbitration of Commercial Disputes: International and English Law and Practice* (Oxford: Oxford University Press, 2005).

76. Richard Swedberg & Ola Agevall, *The Max Weber Dictionary: Key Words and Central Concepts 200* (1st edn., Redwood City: Stanford University Press, 2005).

77. Anne Véronique Schlaepfer, Philippe Pinsolle & Louis Degos eds., *IAI Series on International Arbitration No. 3, Towards a Uniform International Arbitration Law?* (Huntington: Juris Publishing, Inc. & Staempfli Publishers Ltd., 2005).

78. Julian D. M. Lew, Loukas A. Mistelis & Stefan Michael Kröll, *Comparative International Commercial Arbitration* (Alphen aan den Rijn: Kluwer Law International, 2003).

79. Maya G. Bolocan ed., *Professional Legal Ethics: A Comparative Perspective* (Chicago: American Bar Association, 2002).

80. Emmanuel Gaillard & John Savage, *Fouchard Gaillard Goldman on*

International Commercial Arbitration (1st edn., Alphen aan den Rijn: Kluwer Law International, 1999).

81. Stephen Martin ed., *The Construction of Europe* (Berlin: Springer Dordrecht B.V., 1994).

82. David Luban, *Lawyers and Justice: An Ethical Study* (Princeton: Princeton University Press, 1994).

83. Jean F. Lalive, *Mélanges en l'honneur de Nicolas Valticos: Droit et Justice* (Paris: Editions Pédone, 1989).

84. Kent Greenawalt, *Conflicts of Law and Morality* (Oxford: Oxford University Press, 1987).

85. Thomas S. Kuhn, *The Structure of Scientific Revolutions* (2nd edn., Chicago: The University of Chicago Press, 1970).

86. Adam Smith, *The Theory of Moral Sentiments* (Oxford: Oxford University Press, 1976).

87. Lon L. Fuller, *The Morality of Law* (2nd edn., New Haven: Yale University Press, 1969).

（二）论文

1. Caroline Henckels, "Arbitration Under Government Contracts and Government Accountability", 50(3) *Federal Law Review* (2022).

2. Jacomijn J. van Haersolte-van Hof, "Impartiality and Independence: Fundamental and Fluid", 37(3) *Arbitration International* (2021).

3. Michael Konen, "A New (Deepwater) Horizon for Arbitrator Bias", 13(11) *Arbitration Law Review* (2021).

4. Samuel Yee Ching Leung & Alex Chun Hei Chan, "The Duties of Impartiality, Disclosure, and Confidentiality: Lessons from a London-

seated Arbitration", 37(3) *Arbitration International* (2021).

5. Mohamed Sweify, "Arbitrator Disclosure: In Defense of the Second Circuit Approach", 44 *Fordham International Law Journal* (2020).

6. Ronán Feehily, "Neutrality, Independence and Impartiality in International Commercial Arbitration, a Fine Balance in the Quest for Arbitral Justice", 7(1) *Penn State Journal of Law & International Affairs* (2019).

7. Stavroula Angoura, "Arbitrator's Impartiality Under Article V(1)(D) Of The New York Convention", 15(1) *Asian International Arbitration Journal* (2019).

8. Abimbola Akeredolu & Chinedum Ikenna Umeche, "Arbitrators' impartiality and independence: commentary on Gobowen v AXXIS", 34(1) *Arbitration International* (2018).

9. Ahmed Mohammad Al-Hawamdeh, Noor Akief Dabbas & Qais Enaizan Al-Sharariri, "The Effects of Arbitrator's Lack of Impartiality and Independence on the Arbitration Proceedings and the Task of Arbitrators under the UNCITRAL Model Law", 11(3) *Journal of Politics and Law* (2018).

10. Karsten Nowrot & Emily Sipiorski, "Approaches to Arbitrator Intimidation in Investor-State Dispute Settlement: Impartiality, Independence, and the Challenge of Regulating Behaviour", 17(1) *The Law & Practice of International Courts and Tribunals* (2018).

11. Catherine A. Rogers, "Arbitrator Intelligence: From Intuition to Data in Arbitrator Appointments", 11 (2) *New York Dispute Resolution Lawyer* (2018).

12. Peter Halprin & Stephen Wah, "Ethics in International Arbitration", 1 *Journal of Dispute Resolution* (2018).

13. William W. Park, "Rules and Reliability: How Arbitrators Decide Cases, in The Roles of Psychology in International Arbitration", 3 *Kluwer Arbitration Series* (2017).

14. William W. Park, "Soft Law and Transnational Standards in Arbitration: The Challenge of Res Judicata", 52 *Contemporary Issues in International Arbitration* (2017).

15. Avinash Poorooye & Ron′an Feehily, "Confidentiality and Transparency in International Commercial Arbitration: Finding the Right Balance", 22 (3) *Harvard Negotiation Law Review* (2017).

16. Stephan Wilske, "The Duty of Arbitral Institutions to Preserve the Integrity of Arbitral Proceedings", 10 (2) *Contemporary Asia Arbitration Journal* (2017).

17. Alexis Mourre, "Soft Law as a Condition for the Development of Trust in International Arbitration", 13 (51) *Revista Brasileira de Arbitragem* (2016).

18. James Ng, "When the Arbitrator Creates the Conflict: Understanding Arbitrator Ethics through the IBA Guidelines on Conflict of Interest and Published Challenges", 2 (1) *McGill Journal of Dispute Resolution* (2016).

19. Michael Hwang & Jennifer Hon, "A New Approach to Regulating Counsel Conduct in International Arbitration", 33 (3) *ASA Bulletin* (2015).

20. Marwan Sakr & Jennifer Keyrouz, "Disqualifying Counsel for Conflict of Interest in International Arbitration: Tribunals' Powers and Limits", 12 (46) *Revista Brasileira de Arbitragem* (2015).

21. Mark R. Joelson, "A Critique of the 2014 International Bar Association Guidelines on Conflicts of Interest in International Arbitration", 26 (3) *The American Review of International Arbitration 4* (2015).

22. Benedict Tomkins, "The Duty to Participate in International Commercial

Arbitration", 14 (1) *International Arbitration Law Review* (2015).

23. Jane Wessel & Gordon McAllister, "Towards a Workable Approach to Ethical Regulation in International Arbitration", 10 (2) *Canadian International Lawyer* (2015).

24. Nathalie Voser & Angelina M Petti, "The Revised IBA Guidelines on Conflicts of Interest in International Arbitration", 33 (1) *ASA Bulletin* (2015).

25. Caroline C. Klamas, "Finding a Balance between Different Standards of Privilege to Enable Predictability, Fairness and Equality in International Arbitration", 12 (45) *Revista Brasileira de Arbitragem* (2015).

26. Marwan Sakr & Jennifer Keyrouz, "Disqualifying Counselfor Conflict of Interest in International Arbitration: Tribunals' Powers and Limits", 12 (46) *Revista Brasileira de Arbitragem* (2015).

27. Emmanuel Gaillard, "Sociology of international arbitration", 31 (1) *Arbitration International* (2015).

28. Christina P. Skinner, "RICO and International Legal Ethics", 40 (20) *The Yale Journal of International Law Online* (2014).

29. Dario Alessi, "Enforcing Arbitrator's Obligations: Rethinking International Commercial Arbitrators' Liability", 31 (6) *Journal of International Arbitration* (2014).

30. Deng Ruiping & Duan Xiaosong, "Promoting Impartiality of International Commercial Arbitrators through Chinese Criminal Law: Arbitration by 'Perversion of Law' ", 10 (2) *Brigham Young University International Law & Management Review* (2014).

31. Martin Rauber, "The Impact of Ethical Rules For Counsel in International Commercial Arbitration - Is There a Need For Developing International

Ethical Rules", 17 (1) *International Arbitration Law Review* (2014).

32. Antonio Crivellaro, "Does the Arbitrators' Failure to Disclose Conflicts of Interest Fatally Lead to Annulment of the Award? The Approach of the European State Courts", 4 (1) *The Arbitration Brief* (2014).

33. Ignacio Madalena, "Ethics in International Arbitration", 15(6) *International Arbitration Law Review* (2014).

34. Charles N. Brower & Charles B. Rosenberg, "The Death of the Two - Headed Nightingale: Why the Paulsson - van den Berg Presumption that Party - Appointed Arbitrators Are Untrustworthy Is Wrongheaded", 29 (1) *Arbitration International* 14 (2013).

35. Franz T. Schwarz & Christian W. Konrad, "The Revised Vienna Rules - An Overview of Some Significant Changes and a Preview of the New Austrian Arbitration Law", 31 (4) *ASA Bulletin* (2013).

36. Matthew Bricker, "The Arbitral Judgment Rule: Using the Business Judgment Rule to Redefine Arbitral Immunity", 92 (1) *Texas Law Review* (2013).

37. Ben Giaretta, "Duties of Arbitrators and Emergency Arbitrators under the SIAC Rules 8", (2) *Asian International Arbitration Journal* (2012).

38. James H. Carter, "Reaching Consensus on Arbitrator Conflicts: The Way Forward", 6 (1) *Dispute Resolution International* (2012).

39. Dominique Hascher, "Independence and Impartiality of Arbitrators: 3 Issues", 27 (4) *American University International Law Review* (2012).

40. Susan Saab Fortney, "Law as a Profession: Examining the Role of Accountability", 40 (4) *Fordham Urban Law Journal* (2012).

41. Karin Calvo Goller, "The 2012 ICC Rules of Arbitration – An Accelerated Procedure and Substantial Changes", 29 (1) *Journal of International*

Arbitration (2012).

42. Sara Roitman, "Beyond Reproach: Has the Doctrine of Arbitral Immunity been Extended too Far for Arbitration Sponsoring Firms?", 51 (2) *Boston College Law Review* (2010).

43. Jeffrey Waincymer, "Reconciling Conflicting Rights in International Arbitration: The right to Choice of Counsel and the Right to an Independent and Impartial Tribunal", 26 (4) *Arbitration International* (2010).

44. Gabrielle Kaufmann-Kohler, "Soft Law in International Arbitration: Codification and Normativity", 1 (2) *Journal of International Dispute Settlement* (2010).

45. Ramon Mullerat, "Arbitrators' Conflicts of Interest Revisited: A Contribution to the Revision of the Excellent IBA Guidelines on Conflicts of Interest in International Arbitration", 4 (2) *Dispute Resolution International* (2010).

46. Fatima-Zahra Slaoui, "The Rising Issue of Repeat Arbitrators: A Call for Clarification", 25 (1) *Arbitration International* (2009).

47. Pietro Ferrario, "Challenge to Arbitrators: Where a Counsel and an Arbitrator Share the Same Office–The Italian Perspective", 27 (4) *Journal of International Arbitration* (2009).

48. Jenny Brown, "The Expansion of Arbitral Immunity: Is Absolute Immunity a Foregone Conclusion?", 1 (10) *Journal of Dispute Resolution* (2009).

49. Anthony Sinclair & Matthew Gearing, "Partiality and Issue Conflicts", 5 (4) *Transnational Dispute Management* (2008).

50. Caline Mouawad, "Issue Conflicts in Investment Treaty Arbitration", 5 (4) *Transnational Dispute Management* (2008).

51. Judith Levine, "Dealing with Arbitrator 'Issue Conflicts' in International

Arbitration", 5(4) *Transnational Dispute Management* (2008).

52. Emmanuela Truli, "Liability v. Quasi-Judicial Immunity of the Arbitrator: the Case Against Absolute Arbitral Immunity", 17 (3) *American Review of International Arbitration* (2006).
53. John O. Haley, "The Civil, Criminal and Disciplinary Liability of Judges", 54(1) *American Journal of Comparative Law* (2006).
54. Stephen Gillers, "Twenty Years of Legal Ethics: Past, Present and, Future", 20 *Georgetown Journal of Legal Ethics* (2006).
55. Anne K. Hoffmann, "Duty of Disclosure and Challenge of Arbitrators: The Standard Applicable Under the New IBA Guidelines on Conflicts of Interest and the German Approach", 21 (3) *Transnational Dispute Management* (2005).
56. Linda Senden, "Soft Law, Self-regulation and Co-regulation in European Law: Where do they Meet?", 9 (1) *Electronic Journal of Comparative Law* (2005).
57. Gu Weixia, "Confidentiality Revisited: Blessing or Curse in International Commercial Arbitration?", 15 (1) *American Review Of International Arbitration* (2005).
58. Catherine A. Rogers, "The Vocation of the International Arbitrator", 20 (5) *American University International Law Review* (2005).
59. Piero Bernardini, "The Role of the International Arbitrator", 20 (2) *Arbitration International* (2004).
60. John M. Townsend, "Clash and Convergence on Ethical Issues in International Arbitration", 36 (1) *The University of Miami Inter-American Law Review* (2004).
61. Catherine A. Rogers, "International Arbitration Needs Enforceable

Conduct Rules", 21 (5) *Alternatives to the High Cost of Litigation* (2003).

62. Matthew Rasmussen, "Overextending Immunity: Arbitral Institutional Liability in the United States, England, and France", 26 (6) *Fordham International Law Journal* (2003).

63. Hong-Lin Yu, Laurence Shore & Herbert Smith, "Independence, Impartiality, and Immunity of Arbitrators-Us and English Perspectives", 52 (4) *International and Comparative Law Quarterly* (2003).

64. Alvin C. Yeo & Andre Maniam, "Singapore: Removal of Arbitrators–Arbitrator Removed for Misconduct in Domestic Arbitration", 6 (1) *International Arbitration Law Review* (2003).

65. Carrie Menkel-Meadow, "Ethics Issues in Arbitration and Related Dispute Resolution Processes: What's Happening and What's Not", 56 (4) *University of Miami Law Review* (2002).

66. Christoph Liebscher, "Reform of Austrian Arbitration Law", 18 (2) *Journal of International Arbitration* (2001).

67. Alasdair MacIntyre, "What Has Ethics To Learn From Medical Ethics?", 9 (1) *Philosophic Exchange* (1978).

68. Lon L. Fuller, "The Philosophy of Codes of Ethics", 74 (5) *Electrical Engineering* (1955).

附 录

73份申请撤销仲裁裁决的裁判文书关键信息汇总表

编号及备注	案号	申请人或被申请人诉称的利害关系或对公正裁决的质疑	法官是否认定存在利害关系或是否存在不公正的情况等	法官认定或否定存在利害关系的理由	法官引用法条情况	判决结果
1	（2019）鄂08民特2号	申请人诉称，首席仲裁员与被申请人住同一栋楼房、同一单元。	不存在利害关系	近邻关系并非法定需要回避的事由，且无证据证实仲裁员与被申请人之间存在法律上的利害关系。	《中华人民共和国仲裁法》（以下简称《仲裁法》）第58条第1款、《最高人民法院关于适用〈中华人民共和国仲裁法〉若干问题的解释》（以下简称《仲裁法司法解释》）第17条	驳回申请人要求撤销仲裁裁决的申请
2	（2018）浙03民特15号	申请人诉称，首席仲裁员作为本案仲裁审理人员，却明确告知专业的鉴定人员如何进行鉴定，在鉴定人未作出鉴定结论时，心中已有鉴定结论，其公正性令人怀疑。	不属于回避理由	申请人关于首席仲裁员的回避理由不属于法律规定的情形。	《仲裁法》第34条	驳回申请人要求撤销仲裁裁决的申请

续表

编号及备注	案号	申请人或被申请人诉称的利害关系或对公正裁决的质疑	法官是否认定存在利害关系或是否存在不公正的情况等	法官认定或否定存在利害关系的理由	法官引用法条情况	判决结果
3	（2018）云01民特50号	申请人诉称：1．仲裁员为某律师事务所主任律师，与被申请人的代理人同在一家律所；2．仲裁员在双方签订合作协议时为被申请人一方的法律顾问，参与了协议的拟定。	1．不存在利害关系；2．存在利害关系，但并未举证。	1．参与本案仲裁时，仲裁员已经不再与被申请人的代理人任职于同一律师事务所，不存在利害关系。2．仲裁员参与双方合作协议拟定，存在利害关系，应回避，但申请人并未举证证实。且仲裁员已签署《仲裁员接受指定声明书》，表明其与本案任何一方当事人及其代理人无亲戚或密切的工作或职业关系，与本案的结果无私人、职业上的利害关系。	《仲裁法》第58条	驳回申请人要求撤销仲裁裁决的申请
4	（2018）粤01民特1008号	申请人（仲裁被申请人）诉称，首席仲裁员与被申请人指定的仲裁员系同一机关的上下级关系，对仲裁公正审理明显存在应当回避的情形。	不存在利害关系，未举证	仲裁员之间在同一单位工作或是存在上下级关系不能直接证明与涉案仲裁案件之间有利害关系，且申请人未提交证据证明该上下级关系影响到涉案仲裁的正确裁决。	《仲裁法司法解释》第20条	驳回申请人要求撤销仲裁裁决的申请

续表

编号及备注	案号	申请人或被申请人诉称的利害关系或对公正裁决的质疑	法官是否认定存在利害关系或是否存在不公正的情况等	法官认定或否定存在利害关系的理由	法官引用法条情况	判决结果
5	（2018）粤01民特234号	申请人诉称，仲裁委指定首席仲裁员系广州某在线争端法律服务有限公司的法人代表，与被申请人同为网络平台，两单位具有同种网络传播的性质，其立场使首席仲裁员对网络平台有天生的偏爱，他们之间存在密切关系，足以影响公正裁决。	未举证	申请人并未举证证明仲裁员具有法律规定应予回避的情形。	《仲裁法》第34条	驳回申请人要求撤销仲裁裁决的申请
6	（2018）豫07民特3号	申请人诉称，首席仲裁员与一名边裁分别为市人民政府、区人民政府等政府部门的法律顾问，而被申请人（保障房中心）系替市人民政府行使权力，这两位仲裁员与被申请人有利益关系和可能影响公正裁决的其他关系，应当回避。	不存在可能影响案件公正仲裁的利害关系	被申请人（保障房中心）系独立承担民事责任的主体，市政府和区政府均非仲裁案件当事人，申请人的理由不足以证明仲裁员与被申请人之间存在可能影响案件公正仲裁的利害关系，仲裁庭不存在违反有关回避程序性规定的情形。	未引用法条	驳回申请人要求撤销仲裁裁决的申请

续表

编号及备注	案号	申请人或被申请人诉称的利害关系或对公正裁决的质疑	法官是否认定存在利害关系或是否存在不公正的情况等	法官认定或否定存在利害关系的理由	法官引用法条情况	判决结果
7（引用仲裁规则）	（2018）渝01民特212号	申请人诉称，仲裁员是仲裁委员会副主任的同学，仲裁员与被申请人的代理律师是同学关系，仲裁委员会的副主任和被申请人的代理律师是夫妻关系，仲裁员应当主动申请回避而未申请。	不存在利害关系	同学关系不属于法律或仲裁规则规定的应当回避的理由，无论仲裁员与本申请人的代理律师是否是同学关系，申请人认为仲裁员应当回避的理由，法院均不予支持。	《仲裁法》第34条、《重庆仲裁委员会仲裁规则》第34条	驳回申请人要求撤销仲裁裁决的申请
8（引用仲裁规则）	（2018）渝01民特169号	申请人诉称，首席仲裁员毕业于西南政法大学（被申请人），在本案中应予回避而未回避。	不存在利害关系	申请人以首席仲裁员毕业于西南政法大学（被申请人）为由，认为此种关系影响了案件的公正裁决。申请人的此种说法仅为主观臆断，并没有事实依据，申请人提出的回避事由不成立，法院不予支持。	《仲裁法》第34条、《重庆仲裁委员会仲裁规则》第34条	驳回申请人要求撤销仲裁裁决的申请

续表

编号及备注	案号	申请人或被申请人诉称的利害关系或对公正裁决的质疑	法官是否认定存在利害关系或是否存在不公正的情况等	法官认定或否定存在利害关系的理由	法官引用法条情况	判决结果
9	（2018）湘01民特35号	申请人诉称，某仲裁委与涉案公司的上级公司同属于百年金融官网的合作指导机构，存在利害关系，不宜对本案进行仲裁。	不存在利害关系	明显缺乏事实依据	未引用法条	驳回申请人要求撤销仲裁裁决的申请
10	（2018）苏09民特3号	申请人诉称，仲裁员系某咨询房地产估价有限公司法定代表人，该公司曾数次为被申请人的工程造价进行审计，与被申请人有利害关系，该仲裁员应当自行回避，极有可能影响案件工作审理。	不存在可能影响案件公正仲裁的利害关系	某工程咨询房地产估价有限公司经营范围包含工程造价咨询、房地产价格评估等多项内容，即使其为被申请人提供工程造价咨询，但本案申请人与被申请人对工程结算总价款并无争议，不能由此推定该公司法定代表人即仲裁员与被申请人具有利害关系并可能影响公正仲裁，故申请人提出仲裁程序违法的理由不能成立。	《仲裁法》第34条	驳回申请人要求撤销仲裁裁决的申请

续表

编号及备注	案号	申请人或被申请人诉称的利害关系或对公正裁决的质疑	法官是否认定存在利害关系或是否存在不公正的情况等	法官认定或否定存在利害关系的理由	法官引用法条情况	判决结果
11	（2018）陕01民特322号	申请人诉称，本案首席仲裁员应当回避却未予回避。	缺乏证据	仲裁程序中申请人缺乏证据证明，首席仲裁员存在法定回避理由。	《仲裁法》第34条	驳回申请人要求撤销仲裁裁决的申请
12	（2018）陕01民特264号	申请人诉称，仲裁员以陕西A律师事务所律师身份作为陕西某精密材料有限公司代理人，而与其共同代理被申请人的还有陕西B律师事务所律师。因此，可以看出陕西A律师事务所律师与陕西B律师事务所在2017年曾因共同代理同一个案件的原告，系合作关系，二者存在利害关系。另外，仲裁员还是陕西A律师事务所负责人。同一时间段，	申请人提交的证据不足以证明仲裁员徇私舞弊、枉法裁决。	仲裁员系陕西A律师事务所的律师，虽然仲裁员与被申请人委托代理人所在的陕西B律师事务所的其他律师共同作为另案中申请人的委托诉讼代理人参加诉讼，但是该仲裁员作为仲裁案件的仲裁员，法律并无禁止性规定。和利时公司提交的证据也不足以证明该仲裁员在仲裁该案时徇私舞弊，枉法裁决。	未引用法条	驳回申请人要求撤销仲裁裁决的申请

续表

编号及备注	案号	申请人或被申请人诉称的利害关系或对公正裁决的质疑	法官是否认定存在利害关系或是否存在不公正的情况等	法官认定或否定存在利害关系的理由	法官引用法条情况	判决结果
		其在审理仲裁案件过程中，被申请人委托陕西B律师事务所代理案件，仲裁员作为独任仲裁员并没有向申请人披露上述足以影响案件公正裁判的信息，申请人有理由相信仲裁员有徇私舞弊、枉法裁决行为。				
13	（2018）陕01民特98号	申请人诉称：1．被申请人的代理人A没有按照规定进行信息披露，A是西安仲裁委员会的仲裁员，A参与仲裁，违背了法律规定。2．仲裁员没有按照规定进行信息披露，被申	1．法律依据不充分。2．不存在利害关系。	1．被申请人仲裁委托的代理人A确系西安仲裁委员会仲裁员，同时也是陕西某律师事务所的律师，在双方建设工程施工合同纠纷的仲裁案件中，A接受被申请人委托作为代理人参与仲裁活动，并未违反《中	《律师和律师事务所违法行为处罚办法》《中华人民共和国立法法》	驳回申请人要求撤销仲裁裁决的申请

续表

编号及备注	案号	申请人或被申请人诉称的利害关系或对公正裁决的质疑	法官是否认定存在利害关系或是否存在不公正的情况等	法官认定或否定存在利害关系的理由	法官引用法条情况	判决结果
		请人的代理人A是西安仲裁委员会的仲裁员，本案仲裁员与本案存在利害关系。		华人民共和国律师法》的规定。且在仲裁庭审中，申请人已明确表示对对方出庭人员身份无异议，故申请人现仅以《律师及律师事务所违法行为处罚办法》为据主张本案仲裁程序违法，法律依据不充分，不能得到本院支持。2．仲裁委托代理人与该案仲裁员属于同一个仲裁委员会并非仲裁法及仲裁规则中规定的“存在利害关系”的情形。且申请人仲裁委托代理人B亦为西安仲裁委员会在册仲裁员，申请人所谓仲裁员与本案“存在利害关系”之主张，不能成立，故本案仲裁员不存在需要披露信息而未予披露的情形。		

续表

编号及备注	案号	申请人或被申请人诉称的利害关系或对公正裁决的质疑	法官是否认定存在利害关系或是否存在不公正的情况等	法官认定或否定存在利害关系的理由	法官引用法条情况	判决结果
14	（2018）鲁05民特2号	申请人诉称，被申请人选定的仲裁员与被申请人的代理人在2009年至2012年期间，在同一律师事务所执业，系亲密的同事关系，根据《仲裁法》第34条第2项，应当回避。	不存在利害关系	《仲裁法》第34条第2项规定的仲裁员与案件有利害关系而必须回避，是指案件处理结果与仲裁员有法律上的利害关系。本案中，被申请人选定的仲裁员与其代理人在仲裁庭开庭五年前曾在同一律师事务所执业，不属于《仲裁法》第34条第2项规定的情形，申请人以仲裁员应当回避为由申请撤销仲裁裁决，不符合法律规定，本院不予支持。	《仲裁法》第34条第2项	驳回申请人要求撤销仲裁裁决的申请
15（撤销仲裁裁决，引用	（2018）辽04民初76号	申请人诉称，首席仲裁员A在没有被指定为首席仲裁员之前，私自会见当事人，可能提前对案件作出预判。	仲裁员提前介入案件，可能影响公正仲裁。	首席仲裁员A是专职律师，并非抚顺仲裁委员会职员，在2017年7月21日参与仲裁委员会，向申请人、被申请人及第三人送达仲裁申请书、答辩书等法律文书，之后又被指定为	《仲裁法》第58条；《抚顺仲裁委员会仲裁暂行规则》第29条	撤销抚顺市仲裁委员会抚仲字（2017）第100号裁决书

续表

编号及备注	案号	申请人或被申请人诉称的利害关系或对公正裁决的质疑	法官是否认定存在利害关系或是否存在不公正的情况等	法官认定或否定存在利害关系的理由	法官引用法条情况	判决结果
仲裁规则）				该案首席仲裁员。申请人认为A提前介入案件，接触被申请人提交的案件相关证据，影响对案件事实的认定，属于《抚顺仲裁委员会仲裁暂行规则》第29条第7项“其他可能影响公证仲裁的事由”，应予支持。		
16	（2018）京04民特463号	A是首席仲裁员，本次仲裁中，北京仲裁委员会再次指定A为本次仲裁庭的首席仲裁员，同一仲裁员会尽力维持前一次仲裁的观点、理由，明显存在利害关系。	事实和法律依据	仲裁的程序违反法定程序或仲裁员在仲裁该案时有索贿受贿、徇私舞弊、枉法裁决行为的证据，其理由系其主观推测，缺乏事实和法律依据。	《仲裁法》第34条	驳回申请人要求撤销仲裁裁决的申请
17（说理充分，	（2018）京04民特502号	申请人诉称，仲裁员所属律师事务所与被申请人所属中国太平洋财产保险股份有限公司及其	没有证据证明其存在因不依法披露信息而导致	1．申请人未能在仲裁庭首次开庭前甚至整个仲裁程序依法提出回避申请，系基于其自身原因怠于行使权利。2．仲裁	《仲裁法》第35条、第58条；《中国国际经济贸易仲裁委员会仲裁规则》第31条	驳回申请人要求撤销仲裁裁决的申请

续表

编号及备注	案号	申请人或被申请人诉称的利害关系或对公正裁决的质疑	法官是否认定存在利害关系或是否存在不公正的情况等	法官认定或否定存在利害关系的理由	法官引用法条情况	判决结果
引用仲裁规则）		在各地的分公司之间具有长期的法律事务（包括诉讼案件）的委托代理关系，存在长期的经济利益往来，属于《仲裁法》第34条第3项规定的须回避的情形。仲裁员隐瞒事实，未按规定予以披露，违反仲裁规则的规定，阻碍和剥夺了申请人在知悉仲裁员应披露而未披露的事实时申请回避的法定权利。	影响公正裁决	员应当披露的事项，应为仲裁员知悉存在可能导致当事人对其公正性、独立性产生合理怀疑的事项，如果不主动披露，当事人就可能无法及时知晓。对于是否属于应当披露的事项，以及是否可能导致当事人产生合理怀疑，人民法院在对仲裁案件进行司法审查时，应当把握合理的判断标准。 3．申请人提出的仲裁员为某律所的律师，曾经代理过被申请人分公司的案件，且某律所的多名律师曾经代理被申请人多家分公司的诉讼案件，上述情况不构成回避规则中规定的利害关系或其他影响公正仲裁的关系，亦不属于仲裁员需要披露的事项。在没有证据证明其存在因不依法披露信息而导		

续表

编号及备注	案号	申请人或被申请人诉称的利害关系或对公正裁决的质疑	法官是否认定存在利害关系或是否存在不公正的情况等	法官认定或否定存在利害关系的理由	法官引用法条情况	判决结果
				致影响公正裁决的情形时，本院认为仲裁庭的组成程序以及本案仲裁程序符合《仲裁法》和仲裁规则的规定。		
18（涉外仲裁案件，引用仲裁规则）	（2018）京04民特459号	申请人诉称，仲裁员存在私下违规与当事人联系的情形，并因此徇私舞弊、枉法裁决。	证据不足以证明存在利害关系	申请人在本案中所提交的证据并不足以证明仲裁员与其存在利害关系。	《中国国际经济贸易仲裁委员会仲裁规则》（2015年版）第32条第2、6、7款。	驳回申请人要求撤销仲裁裁决的申请
19（说理充分）	（2018）京04民特409号	申请人诉称，仲裁员与被申请人（北京某律所）的负责人、代理人律师所在律师团队负责人（直属领导）系同学、同事关系，仲裁员	不存在利害关系	1．仲裁员应当披露的事项，应为仲裁员知悉存在可能导致当事人对其独立性、公正性产生合理怀疑的事项，如果不主动披露，当事人就可能无法及时知晓。对于是否属于应当披	《仲裁法》第34条	驳回申请人要求撤销仲裁裁决的申请

续表

编号及备注	案号	申请人或被申请人诉称的利害关系或对公正裁决的质疑	法官是否认定存在利害关系或是否存在不公正的情况等	法官认定或否定存在利害关系的理由	法官引用法条情况	判决结果
		没有按照规定依法主动披露、依法回避，仲裁程序违反法律规定，本案存在可能影响公正裁决之情形。		露的事项，以及是否可能导致当事人产生合理怀疑，人民法院在对仲裁案件进行司法审查时，应当把握合理的判断标准。因工作、生活、学习等社会活动需要，人与人之间的交往不可避免，仲裁员在工作、生活、学习中都会与人接触、交往，也会与人产生同单位、同校的关系，上述情况的存在并不一定构成回避规则中规定的利害关系或其他影响公正仲裁的关系。在仲裁司法审查中，对于利害关系认定的关键在于仲裁员是否知悉可能导致当事人对其独立性、公正性产生合理怀疑，以及仲裁员是否有意不主动披露上述相关情况。2. 仲裁员已就其与被申		

续表

编号及备注	案号	申请人或被申请人诉称的利害关系或对公正裁决的质疑	法官是否认定存在利害关系或是否存在不公正的情况等	法官认定或否定存在利害关系的理由	法官引用法条情况	判决结果
				请人（律师事务所）的负责人（A律师）曾经共事于北京市某律师事务所的相关情况以及接受作为本案仲裁员选任的相关情况作出了说明，表示并不知悉存在需要披露的情形，并且承诺客观公正、尊重事实、严守法律，没有任何不公允的行为。仲裁员与A律师系同校不同级的学生，在同一律师事务所共事时间久远，A律师系涉仲裁律师事务所主任而非当事人。 3．本院基于对仲裁员所作出的说明与承诺内容的确信，在没有证据证明其存在因不依法披露信息而导致影响公正仲裁的情形时，本院认为仲裁庭组成程序以及本案仲裁程序符合《仲裁法》和仲裁规则的规定。		

续表

编号及备注	案号	申请人或被申请人诉称的利害关系或对公正裁决的质疑	法官是否认定存在利害关系或是否存在不公正的情况等	法官认定或否定存在利害关系的理由	法官引用法条情况	判决结果
20	（2018）京04民特234号	申请人诉称，本案仲裁员系申请人与被申请人其他案件的仲裁员，这些案件与本案当事人、涉案工程、法律关系等基本一致，仲裁员应当回避。	不属于法定回避事由	法院认为申请人的理由不属于法定回避事由，同时，仲裁规则也没有对这种情形属于应当回避的事由进行规定。	《仲裁法》第34条	驳回申请人要求撤销仲裁裁决的申请
21	（2018）黑01民特54号	申请人诉称，首席仲裁员不公正、不中立、偏袒被申请人，请求其回避。	不属于法定回避事由	申请人诉称，申请回避的理由是首席仲裁员不公正、不中立、偏袒被申请人，不是仲裁员回避的法定事由。	《仲裁法》第34条	驳回申请人要求撤销仲裁裁决的申请
22	（2018）黑01民特38号	申请人诉称，被申请人全权授权委托A与申请人办理收取房屋租金、解除租赁合同、通过诉讼追缴租金、热费、物业费等。A是哈尔滨仲裁委员会的仲裁员，A	不属于法定回避事由	涉案仲裁裁决的仲裁庭组成成员、记录员均不是A，申请人也未举示证据证明A系哈尔滨仲裁委员会的仲裁员。且申请人申请A回避的理由不是仲裁员回避的法定事由。	《仲裁法》第34条	驳回申请人要求撤销仲裁裁决的申请

续表

编号及备注	案号	申请人或被申请人诉称的利害关系或对公正裁决的质疑	法官是否认定存在利害关系或是否存在不公正的情况等	法官认定或否定存在利害关系的理由	法官引用法条情况	判决结果
		应回避而没有回避，而是参与此仲裁。				
23（仲裁秘书）	（2018）川15民特17号	申请人诉称，本案仲裁秘书系被申请人（某学院）的学生，被申请人的代理人与其系师生关系，有徇私舞弊的倾向，对本案裁决有影响，依法应主动申请回避，但其不仅未申请回避，更严重影响案件的走向。	不属于法定回避事由	仲裁秘书与被申请人的代理人曾系师生关系，但在仲裁裁决时，仲裁秘书已经毕业参加工作，且该事实也不足以影响本案的公正裁决，不应当属于必须回避的情形。	《仲裁法》第34条	驳回申请人要求撤销仲裁裁决的申请
24	（2017）粤07民特14号	申请人于仲裁时提出首席仲裁员存在利害关系应予回避的申请，仲裁委经请示主任驳回其申请。	申请人未提交证据	申请人未提交证据证明担任本案的仲裁员在仲裁该案时有索贿受贿，徇私舞弊，故意违背事实和法律作枉法裁决的情形或行为。	《仲裁法》第34条	驳回申请人要求撤销仲裁裁决的申请

续表

编号及备注	案号	申请人或被申请人诉称的利害关系或对公正裁决的质疑	法官是否认定存在利害关系或是否存在不公正的情况等	法官认定或否定存在利害关系的理由	法官引用法条情况	判决结果
25（引用仲裁规则）	（2017）粤01民特1075号	申请人诉称，作出该裁决的首席仲裁员是被申请人的配偶A、被申请人团队成员B的配偶C在华南师范大学的同事，根据《中国广州仲裁委员会仲裁规则》的相关规定，该首席仲裁员并没有披露该信息，对此应当回避的情形也并没有主动回避，因此导致仲裁庭作出的裁决严重错误且完全偏袒被申请人一方。	主张首席仲裁员应当回避依据不足	被申请人配偶A并非本案当事人，也并非本案当事人的代理人，其医保证记载其单位为广东省食品药品职业技术学校，并非华南师范大学，且其退休证记载其已于2015年12月21日退休，即使本案首席仲裁员确实任职华南师范大学，但申请人的上述情况不符合《中国广州仲裁委员会仲裁规则》第33条规定的仲裁员应予回避的情形。同时，B也并非涉案仲裁案件的当事人或者当事人的代理人，即使其配偶C与案涉首席仲裁员在同一单位工作，也不符合《中国广州仲裁委员会仲裁规则》第33条规定的仲裁员应当回避的情形。鉴此，申请人主张首席仲裁员应当回避依据不足，本院对其该主张不予支持。	《中国广州仲裁委员会仲裁规则》第33条	驳回申请人要求撤销仲裁裁决的申请

续表

编号及备注	案号	申请人或被申请人诉称的利害关系或对公正裁决的质疑	法官是否认定存在利害关系或是否存在不公正的情况等	法官认定或否定存在利害关系的理由	法官引用法条情况	判决结果
26	（2017）豫04民特4号	申请人诉称，由于申请人在仲裁时没有到庭，在仲裁裁决作出后才发现A是仲裁员，而仲裁员A在仲裁审理期间是申请人的一起民事案件的委托诉讼代理人，所以仲裁员必须回避而没有回避，仲裁庭的组成严重违法。	仲裁庭的组成并不违反法定程序	仲裁员A曾在仲裁案件之前担任过申请人的民事案件委托代理人，申请人并未提供证据证明仲裁员A参加仲裁庭审理案件，可能影响公正裁决。且在仲裁开庭时，被申请人并不知悉仲裁员A担任过申请人民事案件代理人，申请人未申请仲裁员A回避，亦是对仲裁员A能够公正仲裁的确认。	《仲裁法》第34条	驳回申请人要求撤销仲裁裁决的申请
27（引用仲裁规则）	（2017）渝01民特557号	申请人诉称，经查实本案首席仲裁员A系重庆某律师事务所律师。诚信档案中显示：因向法官行贿，重庆市渝中区司法局曾给予过A停止执业的行政处罚。A说话的方式和语气明显透	1．仲裁员曾经是否受过处分不影响本案的公正裁决。 2．申请人亦无证据证明仲裁员与	1．仲裁员本人曾经是否受过处分，或者曾经有过不当的行为，也不影响本案的公正裁决，也无相关法律法规对“有诚信问题人不能作为仲裁员”进行规定，因此申请人的理由不能成为仲裁员选任违反法定程序的理由；2．根据	《仲裁法》第34条、《重庆仲裁委员会仲裁规则》第34条	驳回申请人要求撤销仲裁裁决的申请

续表

编号及备注	案号	申请人或被申请人诉称的利害关系或对公正裁决的质疑	法官是否认定存在利害关系或是否存在不公正的情况等	法官认定或否定存在利害关系的理由	法官引用法条情况	判决结果
		露出其之前已经审理过被申请人的类似仲裁案件。A偏袒被申请人之心如此明显且应当回避而不回避，足以证明其在之前的案件中就已经和被申请人有过私下接触，很可能会影响对本案的公正裁决，损害申请人的合法权益。	被申请人有回避的情形	《仲裁法》第34条及《重庆仲裁委员会仲裁规则》第34条规定，申请人亦无证据证明仲裁员与被申请人有以上应当回避的情形，因此，仲裁员不回避并不违反法定程序。		
28	（2017）湘13民特11号	申请人诉称，本案委托鉴定人与独任仲裁员的执业场所同系湖南某律师事务所，申请人在开庭后才知道该情况，仲裁人员应当回避而没有回避。	案件事实不符合法律意义上规定的必须回避的情形，申请人申请撤销仲裁裁决的理由不足	本案独任仲裁员为湖南某律师事务所的执业律师，损失鉴定的委托人亦系该所，主动回避可以避免当事人产生合理怀疑。但这种情形的存在，根据法律规定，并不符合法律意义上规定的必须回避的情形，故申请人申请撤销仲裁裁决的理由不足。	《仲裁法》第34条	驳回申请人要求撤销仲裁裁决的申请

续表

编号及备注	案号	申请人或被申请人诉称的利害关系或对公正裁决的质疑	法官是否认定存在利害关系或是否存在不公正的情况等	法官认定或否定存在利害关系的理由	法官引用法条情况	判决结果
29	（2017）湘13民特11号	申请人诉称，本案委托鉴定人与独任仲裁员的执业场所同系湖南某律师事务所，申请人在开庭后才知道该情况，仲裁人员应当回避而没有回避。	案件事实不符合法律意义上规定的必须回避的情形，申请人申请撤销仲裁裁决的理由不足。	本案独任仲裁员为湖南某律师事务所的执业律师，损失鉴定的委托人亦系该所，主动回避可以避免当事人产生合理怀疑。但这种情形的存在，根据法律规定，并不符合法律意义上规定的必须回避的情形，故申请人申请撤销仲裁裁决的理由不足。	《仲裁法》第34条	驳回申请人要求撤销仲裁裁决的申请
30	（2017）苏11民特49号	申请人诉称，首席仲裁员所在律所系被申请人股东之一——某集团的长期法律顾问，主张其与案件有利害关系，并与案件当事人、代理人有其他关系，应当依法自行回避。	1．不存在利害关系。2．申请人在仲裁期间第一次开庭时明确表示对仲裁庭组成无异议，不申请回避	1．申请人提供的证据仅能证明首席仲裁员所在的江苏某律师事务所曾经为某城建集团（为被申请人的股东）提供过诉讼服务及专项法律服务，并不能证明其主张的该所担任某城建集团长期法律顾问的事实。2．即使江苏某律师事务所是某城建集团的法律顾问，某城建集团也仅仅是被申请人	《仲裁法》第34条	驳回申请人要求撤销仲裁裁决的申请

续表

编号及备注	案号	申请人或被申请人诉称的利害关系或对公正裁决的质疑	法官是否认定存在利害关系或是否存在不公正的情况等	法官认定或否定存在利害关系的理由	法官引用法条情况	判决结果
				的股东之一，其与被申请人是两个完全独立的法人，该律所的利益与被申请人并无关联，更无须说与案件有利害关系。3．本案仲裁时被申请人的委托代理人所在律师事务所的其他律师曾经担任过某城建集团的委托诉讼代理人的事实，也不能说明仲裁员与本案当事人或其代理人存在可能影响公正裁决的其他关系。4．申请人在仲裁期间第一次开庭时明确表示对仲裁庭组成无异议，不申请回避。		
31	（2017）辽08民特21号	申请人诉称，仲裁员与申请人之间存在利害关系，其在作为本案仲裁员期间，代理了申请人的一起诉讼案件的对方当事人，其应自行回避	不存在利害关系	申请人主张仲裁员存在利害关系未回避，仲裁员作为另案的代理人，只能在另案相关问题上存在利害关系，不应扩大理解，且申请人明知该情况，也未提出回避申请，现又未能指	未引用法条	驳回申请人要求撤销仲裁裁决的申请

续表

编号及备注	案号	申请人或被申请人诉称的利害关系或对公正裁决的质疑	法官是否认定存在利害关系或是否存在不公正的情况等	法官认定或否定存在利害关系的理由	法官引用法条情况	判决结果
		而不回避，导致该案有关程序及实体处理意见不能得到全面反映，裁判不公。		出仲裁结果存在何种不公正的情况。		
32（涉港仲裁案件，引用仲裁规则，说理充分）	（2017）京04民特40号	申请人诉称，首席仲裁员A和仲裁员B（被申请人选定的仲裁员）是中国人民大学法学院几乎同期的本科毕业生、硕士研究生和博士研究生，两人是同学关系。首席仲裁员A在涉案仲裁中既未遵循仲裁规则主动披露他与仲裁员B是同学关系这一足以引起对其公正性和独立性产生合理怀疑的情况，	1．三位仲裁员均签署了声明书，表明本案不存在可能引起当事人对本人的独立性或公正性产生合理怀疑的任何事实或情况。	1．因双方未共同指定首席仲裁员，仲裁委员会主任根据《中国国际经济贸易仲裁委员会仲裁规则》指定叶林先生担任本案的首席仲裁员。三位仲裁员均签署了声明书，表明本案不存在可能引起当事人对本人的独立性或公正性产生合理怀疑的任何事实或情况。 2．申请人主张首席仲裁员A和仲裁员B是中国人民大学的同学，这并不符合事实，A和B并不是同班同学，本科、硕士、博士毕业都相差好几年，只能	《仲裁法》第34、35条；《中国国际经济贸易仲裁委员会仲裁规则》（2015年版）第31条	驳回申请人要求撤销仲裁裁决的申请

续表

编号及备注	案号	申请人或被申请人诉称的利害关系或对公正裁决的质疑	法官是否认定存在利害关系或是否存在不公正的情况等	法官认定或否定存在利害关系的理由	法官引用法条情况	判决结果
		也未依照《仲裁法》的规定主动提出回避，本案仲裁庭的组成已实质影响到仲裁裁决的公正和独立。	2．同学关系不属于仲裁庭应予回避的法定情形，更不影响仲裁员的公正独立性。	说明是毕业于一个学校，并不能影响案件独立、公正审理。更重要的是，即便两位仲裁员均毕业于中国人民大学，也不属于仲裁庭应予回避的法定情形，更不影响仲裁员的公正独立性。		
33	（2017）京03民特525号	申请人诉称，三名仲裁员曾经参与类似案件的审理，具有利害关系，可能影响本案的公正仲裁。	1. 未举证。 2. 不属于法定回避理由。	1．申请人主张仲裁员与本案有利害关系、与北京某律所（被申请人）具有利害关系，可能影响本案的公正仲裁，但其并未就此举证，故对其该项主张本院不予采信。2．仲裁员曾经参与过与本案类似案情案件的审理，不属于仲裁员应予回避的法定理由，故对申请人关于仲裁裁决严重违反法定程序的主张，本院不予采信。	《仲裁法》第34条	驳回申请人要求撤销仲裁裁决的申请

续表

编号及备注	案号	申请人或被申请人诉称的利害关系或对公正裁决的质疑	法官是否认定存在利害关系或是否存在不公正的情况等	法官认定或否定存在利害关系的理由	法官引用法条情况	判决结果
34	（2017）京03民特524号	申请人诉称，三名仲裁员曾经参与类似案件的审理，具有利害关系，可能影响本案的公正仲裁。	1. 未举证。 2. 不属于法定回避理由。	1. 申请人主张仲裁员与本案有利害关系、与北京某律所（被申请人）具有利害关系，可能影响本案的公正仲裁，但其并未就此举证，故对其该项主张，本院不予采信。2. 仲裁员曾经参与过与本案类似案情案件的审理，不属于仲裁员应予回避的法定理由，故对申请人关于仲裁裁决严重违反法定程序的主张，本院不予采信。	《仲裁法》第34条	驳回申请人要求撤销仲裁裁决的申请
35	（2017）京03民特522号	申请人诉称，三名仲裁员曾经参与类似案件的审理，具有利害关系，可能影响本案的公正仲裁。	1. 未举证。 2. 不属于法定回避理由。	1. 申请人主张仲裁员与本案有利害关系、与北京某律所（被申请人）具有利害关系，可能影响本案的公正仲裁，但其并未就此举证，故对其该项主张，本院不予采信。2. 仲裁员曾经参与过与本案类似案情案件的审理，不属于仲裁员应予回避的法定理由，故对申请人关于仲裁裁决严重违反法定程序的主张，本院不予采信。	《仲裁法》第34条	驳回申请人要求撤销仲裁裁决的申请

续表

编号及备注	案号	申请人或被申请人诉称的利害关系或对公正裁决的质疑	法官是否认定存在利害关系或是否存在不公正的情况等	法官认定或否定存在利害关系的理由	法官引用法条情况	判决结果
36	（2017）京03民特521号	申请人诉称，三名仲裁员曾经参与类似案件的审理，具有利害关系，可能影响本案的公正仲裁。	1. 未举证。 2. 不属于法定回避理由。	1. 申请人主张仲裁员与本案有利害关系、与北京某律所（被申请人）具有利害关系，可能影响本案的公正仲裁，但其并未就此举证，故对其该项主张，本院不予采信。2. 仲裁员曾经参与过与本案类似案情案件的审理，不属于仲裁员应予回避的法定理由，故对申请人关于仲裁裁决严重违反法定程序的主张，本院不予采信。	《仲裁法》第34条	驳回申请人要求撤销仲裁裁决的申请
37	（2017）京03民特520号	申请人诉称，三名仲裁员曾经参与类似案件的审理，具有利害关系，可能影响本案的公正仲裁。	1. 未举证。 2. 不属于法定回避理由。	1. 申请人主张仲裁员与本案有利害关系、与北京某律所（被申请人）具有利害关系，可能影响本案的公正仲裁，但其并未就此举证，故对其该项主张，本院不予采信。2. 仲裁员曾经参与过与本案类似案情案件的审理，不属于仲裁员应予回避的法定理由，故对申请人关于仲裁裁决严重违反法定程序的主张，本院不予采信。	《仲裁法》第34条	驳回申请人要求撤销仲裁裁决的申请

续表

编号及备注	案号	申请人或被申请人诉称的利害关系或对公正裁决的质疑	法官是否认定存在利害关系或是否存在不公正的情况等	法官认定或否定存在利害关系的理由	法官引用法条情况	判决结果
38	（2017）京03民特287号	申请人诉称，首席仲裁员曾在被申请人聘请的律师事务所工作过多年，存在应当回避而未回避的情形，违反了关于回避的规定。北京仲裁委员会在指定首席仲裁员时，未告知上述情形，属于程序违法。	未举证	申请人虽主张仲裁员存在应当回避而未回避的情形，但其并未提交证据就应当回避的情形予以证实且未在法律规定的期限内提出关于回避的申请，故对其关于仲裁程序违法的主张，本院依法不予采信。	《仲裁法》第34条	驳回申请人要求撤销仲裁裁决的申请
39	（2017）京03民特162号	申请人诉称，本裁决的首席仲裁员A为北京市律师协会成员，曾经与被申请人代理律师所在的律师事务所首席合伙人B为北京市律师协会的同事，相互熟悉。根据《北京仲裁委员会仲	非法定回避事由	1．被申请人代理律师所在的律师事务所合伙人B和仲裁员A虽然在10年前曾均在北京市律师协会任职，但属于不同的部门，且B并不是被申请人的委托代理人，此次诉讼与B没有任何关系，不属于应当回避的事由。2．被申请人的委托代	未引用法条	驳回申请人要求撤销仲裁裁决的申请

续表

编号及备注	案号	申请人或被申请人诉称的利害关系或对公正裁决的质疑	法官是否认定存在利害关系或是否存在不公正的情况等	法官认定或否定存在利害关系的理由	法官引用法条情况	判决结果
		裁规则》第21条第2款之规定，首席仲裁员A应当披露该信息，因其未披露导致申请人未及时提出回避申请。		理人是C、D，首席仲裁员A与C、D之间并不存在应当回避或应当主动披露的关系。		
40（引用仲裁规则）	（2017）京02民特155号	申请人诉称，仲裁员X曾经是被申请人代理人A所在律师事务所主任B的同事。同时，仲裁员与被申请人代理人A所在律师事务所的多位合伙人还都曾在中国法律事务中心工作。另外，仲裁员X仅仅是一名普通律师，并非知名专家、学者或教授等。仲裁委仅中国籍仲裁员就多达约900	难以确认仲裁员与被申请人代理人之间存在可能影响公正裁决的关系	申请人以仲裁员X与被申请人代理人所在的律师事务所的主任曾经是同事、仲裁员X与被申请人代理人所在律师事务所的多名合伙人曾经均在中国法律事务中心工作、仲裁员X在865号仲裁案出具了明显有利于被申请人的保留意见等为由，主张仲裁员X必须回避。即使申请人所述真实，仅以上述事实，本院难以确认仲裁员X与被申请人代理人之间存在可能影响公正裁决的关系，故对其该项主张，本院不予支持。	《仲裁法》第34条	驳回申请人要求撤销仲裁裁决的申请

续表

编号及备注	案号	申请人或被申请人诉称的利害关系或对公正裁决的质疑	法官是否认定存在利害关系或是否存在不公正的情况等	法官认定或否定存在利害关系的理由	法官引用法条情况	判决结果
		名，被申请人代理人在如此众多的仲裁员中偏偏一再选定X作为仲裁员，显然不是随意选定的。由此可见，仲裁员X与被申请人的代理人之间存在非常密切的私人关系，足以影响其在该案中的公正性和独立性。				
41	（2017）京02民特89号	申请人诉称，中国“贸仲”几乎不披露仲裁员的任何个人信息，比如仲裁员近亲属的信息，实质上造成当事人无从获知仲裁庭组成是否存在法定回避情形。实际上本案仲裁员与中建装饰公司存在诸多利害关系。	1．仲裁庭询问双方当事人对仲裁员有无异议时，申请人表示并无异议。 2．未举证证明存在利害关系。	本案仲裁过程中，仲裁庭询问双方当事人对仲裁员有无异议时，申请人表示并无异议。申请人亦未举证证明本案仲裁员存在《仲裁法》所规定的需要回避的情形。	《仲裁法》第34条	驳回申请人要求撤销仲裁裁决的申请

续表

编号及备注	案号	申请人或被申请人诉称的利害关系或对公正裁决的质疑	法官是否认定存在利害关系或是否存在不公正的情况等	法官认定或否定存在利害关系的理由	法官引用法条情况	判决结果
42	（2017）京02民特79号	申请人诉称，仲裁员为深圳某律师事务所的合伙人。被申请人作为深圳某律所的常年顾问单位和优质客户，仲裁员又作为该所的合伙人，与仲裁案件有利害关系，会影响裁决的公正性。	未举证证明存在利害关系	申请人未提供有效证据证明仲裁员及深圳某律所为被申请人提供法律服务，与被申请人存在利害关系，且被申请人、某集团、某财险公司、某银行等均系独立的法人，即使如申请所述，该事实不足以证明仲裁员与仲裁案件及被申请人存在利害关系，可能影响公正裁决，故对申请人的该项主张，本院难以采信。	《仲裁法》第34条	驳回申请人要求撤销仲裁裁决的申请
43	（2017）京02民特78号	申请人诉称，仲裁员为深圳某律师事务所的合伙人。被申请人作为深圳某律所的常年顾问单位和优质客户，仲裁员又作为该所的合伙人，与仲裁案件有利害关系，会影响裁决的公正性。	未举证证明存在利害关系	申请人未提供有效证据证明仲裁员及深圳某律所为被申请人提供法律服务，与被申请人存在利害关系；且被申请人、某集团、某财险公司、某银行等均系独立的法人，即使如申请所述，该事实不足以证明仲裁员与仲裁案件及被申请人存在利害关系，可能影响公正裁决。故对申请人的该项主张，本院难以采信。	《仲裁法》第34条	驳回申请人要求撤销仲裁裁决的申请

续表

编号及备注	案号	申请人或被申请人诉称的利害关系或对公正裁决的质疑	法官是否认定存在利害关系或是否存在不公正的情况等	法官认定或否定存在利害关系的理由	法官引用法条情况	判决结果
44	（2017）京02民特9号	申请人诉称，仲裁员颐指气使，完全充当了对方当事人的代理人的角色，丧失了作为一名仲裁员应有的独立公正的立场和最基本的职业素养。	1．贸仲委主任已作出了《中国国际经济贸易仲裁委员会关于叶林仲裁员不予回避的决定》。 2．申请人没有提供证据证明本案仲裁员存在法定的回避事由。	本案仲裁过程中，申请人提出了仲裁员回避的申请，现根据《中国国际经济贸易仲裁委员会关于叶林仲裁员不予回避的决定》的内容，贸仲委主任已作出了相应决定，申请人主张决定作出主体的问题，缺乏事实依据，且并无应就当事人提出回避复议申请作决定的法定仲裁程序，申请人又没有提供证据证明本案仲裁员存在法定的回避事由。因此，本院对申请人提出的贸仲委处理当事人申请仲裁员回避的程序不当导致仲裁裁决应予撤销的主张，不予支持	《仲裁法》第34条	驳回申请人要求撤销仲裁裁决的申请
45（引用仲裁规则）	（2017）津72民初876号	申请人诉称，首席仲裁员A、仲裁员B和C未如实披露和主动回避，其选任违反法定程序以及涉案仲裁所适用的仲裁	申请人所称事实尚不足以证明仲裁员存在《仲裁法》第34	1．申请人虽然提供了证据证明首席仲裁员A所在的环球律师事务所律师X、Y于2015年2月5日出具了《关于中国外运股份有限公司2015年度第一期	《仲裁法》第34条；《中国海事仲裁委员会仲裁规则》第35、36条	驳回申请人要求撤销仲裁裁决的申请

续表

编号及备注	案号	申请人或被申请人诉称的利害关系或对公正裁决的质疑	法官是否认定存在利害关系或是否存在不公正的情况等	法官认定或否定存在利害关系的理由	法官引用法条情况	判决结果
		规则及"海仲"有关规定。	条所规定的仲裁员必须回避的情形	超短期融资券发行事宜法律意见书》、首席仲裁员A所在的环球律师事务所主任合伙人Z担任中国海商法协会第十二届（2011年）副秘书长和第十三届（2014年）常务理事等；提供了仲裁员B从2008年至今在中国海商法协会担任副主席职务等；提供了仲裁员C所在的上海四维乐马律师事务所在（2015）鲁商终字第151号、（2016）最高法民申381号和（2014）沪海法商初字第759号三案中分别担任被申请人三家下属公司的诉讼代理人。但上述事实尚不足以证明首席仲裁员A、仲裁员B和C存在《仲裁法》第34条所规定的仲裁员必须回避的情形。2．查明事实可以认定，中国海事仲裁委员会没有违反仲裁规则的规定。		

续表

编号及备注	案号	申请人或被申请人诉称的利害关系或对公正裁决的质疑	法官是否认定存在利害关系或是否存在不公正的情况等	法官认定或否定存在利害关系的理由	法官引用法条情况	判决结果
46（引用仲裁规则）	（2017）吉02民特20号	申请人诉称，（2017)吉仲裁字第0018号裁决与（2015）吉仲裁字第140号裁决书是基于同一合同、同一事实的案件。《吉林仲裁委员会仲裁规则》第40条第5项规定，仲裁员因担任过（2015）吉仲裁字第140号案件的独任仲裁员，应自行回避，而仲裁员无视该规定，未自行回避。	1．不存在仲裁员必须回避的法定情形。2．因仲裁员审理过与本案相关联案件，可视为对于承办的案件事实提供过咨询的主张，缺少法律依据。	本案仲裁庭独任仲裁员并不存在《仲裁法》第34条规定的仲裁员必须回避的相关情形，且当事人也未提出回避申请，其未自行回避并不违反法律规定。关于申请人提出的本案仲裁员违反《吉林仲裁委员会仲裁规则》第40条第5项规定，因其审理过与本案相关联案件，可视为对于承办的案件事实提供过咨询的主张，缺少法律依据。	《仲裁法》第34条；《吉林仲裁委员会仲裁规则》第40条第5项	驳回申请人要求撤销仲裁裁决的申请
47	（2017）鄂11民特26号	申请人诉称，仲裁员系被申请人的法律顾问、湖北某律师事务所的律师，与本案有利害关系，应当回避而未回避。黄冈仲裁委员会对	1．不能证实仲裁员具有《仲裁法》第34条规定的应	本案中申请人提供的证据只能证明仲裁员A是赤东建设公司法律顾问单位的工作人员，并不能证实仲裁员A具有《仲裁法》第34条规定的应当回避的	《仲裁法》第34条	驳回申请人要求撤销仲裁裁决的申请

续表

编号及备注	案号	申请人或被申请人诉称的利害关系或对公正裁决的质疑	法官是否认定存在利害关系或是否存在不公正的情况等	法官认定或否定存在利害关系的理由	法官引用法条情况	判决结果
		仲裁员身份未进行严格审查，与《仲裁法》第34条及《黄冈仲裁委员会仲裁暂行规则》第24条规定相悖。	当回避的情形。2. 无事实依据。	情形，且申请人明知仲裁员A系湖北某律师事务所的律师，在第一次选定湖北某律师事务所的B主动回避后，仍自愿选定A为其仲裁员，且在仲裁庭审理时告知回避权利时明确表示不申请回避，系申请人对自己权利的处分，表明申请人认可A担任仲裁员。故申请人在本案中提出A应回避而未回避，无事实依据。		
48	（2017）鄂01民特597号	申请人诉称，仲裁员在仲裁该案时徇私舞弊，枉法裁决且该裁决违背社会公共利益。	申请人没有提交相应的证据	仲裁员在仲裁该案时徇私舞弊，枉法裁决且该裁决违背社会公共利益，但没有提交相应的证据。	《仲裁法》第34条	驳回申请人要求撤销仲裁裁决的申请
49	（2017）川07民特62号	申请人诉称，本案首席仲裁员曾是申请人的法律顾问，按《仲裁法》的相关规定，其应当主	1. 未举证证实本案首席仲裁员因与其存在其	本案中即使本案首席仲裁员曾是申请人的法律顾问，但申请人并未举证证实本案首席仲裁员因与其存在其他关系，有影	《仲裁法》第34条	驳回申请人要求撤销仲裁裁决的申请

续表

编号及备注	案号	申请人或被申请人诉称的利害关系或对公正裁决的质疑	法官是否认定存在利害关系或是否存在不公正的情况等	法官认定或否定存在利害关系的理由	法官引用法条情况	判决结果
		动申请回避,而本案中其未回避。	他关系，有影响公正仲裁的情形。 2. 申请人并未主动提出回避申请。	响公正仲裁的情形。且在本案仲裁过程中，申请人自始至终清楚自己与首席仲裁员的关系，但其并未主动提出回避申请，现再以此提出程序问题，则是对被申请人的实质不公。因此，申请人于此的申请理由不能成立，对其相应请求不予支持。		
50（说理充分，引用仲裁规则）	（2016）粤19民特319号	申请人诉称，在本仲裁纠纷案件仲裁过程中，中国广州仲裁委员会指定曾任东莞市中级人民法院院长和法官的A仲裁员为本仲裁纠纷案首席仲裁员。《广州仲裁委员会仲裁规则》第32条规定，仲裁员应向当	没有证据证明案涉仲裁庭的组成人员中存在仲裁规则规定的回避情形	《中国广州仲裁委员会仲裁规则》第33条第3项所指“其他关系”主要指：为当事人事先提供过咨询的、现任或曾任当事人法律顾问或者其他顾问或者代理人的，以及与任何一方当事人、代理人在同一单位工作，或者曾在同一单位工作等情形。现申请人并没有证据证明案涉仲裁庭的组成人员中存	《中国广州仲裁委员会仲裁规则》第32、33条	驳回申请人要求撤销仲裁裁决的申请

续表

编号及备注	案号	申请人或被申请人诉称的利害关系或对公正裁决的质疑	法官是否认定存在利害关系或是否存在不公正的情况等	法官认定或否定存在利害关系的理由	法官引用法条情况	判决结果
		事人披露对其公正性和独立性产生合理怀疑的情形。但在本案的仲裁过程中，A仲裁员未以任何形式向当事人披露其曾任东莞市中级人民法院院长的信息，使得申请人未能获悉A仲裁员任职经历信息。A仲裁员的任职信息是影响仲裁庭公正性与独立性的关键。应当认定为仲裁庭违反法定程序。		在前述规定的情形，仅以仲裁庭的首席仲裁员A原为东莞市中级人民法院院长为由主观认为仲裁庭组成违反规定，其依据不充分，应予以驳回。		
51	（2016）湘07民特4号	申请人诉称，仲裁员存在法定的必须回避的情形，但经申请人书面申请，仍未回避，属于程序违法。	1．无证据证明仲裁员与被申请人的代理律师在仲裁期间	无证据证明仲裁员与被申请人的代理律师在仲裁期间有私自会见的情形，亦无证据证明仲裁员与被申请人的代理律师之间存在共同利益关系。申请人	《仲裁法》第34条	驳回申请人要求撤销仲裁裁决的申请

续表

编号及备注	案号	申请人或被申请人诉称的利害关系或对公正裁决的质疑	法官是否认定存在利害关系或是否存在不公正的情况等	法官认定或否定存在利害关系的理由	法官引用法条情况	判决结果
			有私自会见的情形。 2. 未在首次开庭前提出回避申请。	在首次开庭前未提出回避申请，而是于仲裁庭已经作出了仲裁裁决才提出回避申请，仲裁庭作出了不同意回避申请的决定，并无不当。		
52（撤销仲裁裁决，引用仲裁规则）	（2016）湘02民特4号	申请人诉称，仲裁员A在2011年4月20日前为湖南某律师事务所的合伙人，与被申请人的委托代理人B有特殊关系。	不属于必须回避的情形	《株洲仲裁委的仲裁规则》第25条第3项中的“其他关系”包括但不限于下列几项：（1）现任当事人法律顾问或其他顾问，或曾经担任过当事人法律顾问或其他顾问解除关系不满一年的；（2）曾担任当事人的代理人结案未满一年的；（3）与任何一方当事人、代理人在同一单位工作的；（4）与本会同时审理的案件，互为案件的代理人或仲裁员的。被申请人选定的仲裁员A与被申请人的代理人B和申请人的代理人C在2011年4月20日前曾在同一律师事务所工作，至本案仲裁时已经超过一年，不属于必须回避的情形。	《株洲仲裁委的仲裁规则》第25条第3项	撤销仲裁裁决（鉴定机构无权出具鉴定意见而出具鉴定结论，并被仲裁庭采信，均不当，导致仲裁程序违法）

续表

编号及备注	案号	申请人或被申请人诉称的利害关系或对公正裁决的质疑	法官是否认定存在利害关系或是否存在不公正的情况等	法官认定或否定存在利害关系的理由	法官引用法条情况	判决结果
53（撤销仲裁裁决，引用仲裁规则）	（2016）苏01民特127号之一	申请人诉称，首席仲裁员A是江苏亿诚律师事务所兼职律师，而江苏亿诚律师事务所是牧羊集团及其高管的诉讼代理人和法律顾问；被申请人是牧羊集团一个小股东，其多次强调为牧羊集团代持股份。根据各仲裁委员会采纳的国际仲裁“关联统一规则”，本案首席仲裁员A与当事人以及当事人的关联机构具有利益关联性，已经产生了利益冲突。仲裁庭始终在仲裁申请人与牧羊集团之间的事实和法律关系，	事实尚不足以证明首席仲裁员存在法律或仲裁规则所规定的仲裁员必须回避的情形	申请人虽然提供了证据证明在牧羊集团与申请人股权转让纠纷案件、申请人与牧羊集团股东会召集权纠纷案件中，牧羊集团的代理人均系江苏亿诚律师事务所负责人X律师，而涉案仲裁庭首席仲裁员A亦系江苏亿诚律师事务所兼职律师，但上述事实尚不足以证明首席仲裁员A存在《仲裁法》第34条、《扬州仲裁规则》第24条所规定的仲裁员必须回避的情形。	《仲裁法》第34条；《扬州仲裁规则》第24条	撤销仲裁裁决（本案的仲裁庭在无正当合法事由及正当理由的情况下，长期不审不裁，仲裁时间长达6年8个月，导致当事人之间的法律关系长期处于不稳定状态，且无法获得及时有

续表

编号及备注	案号	申请人或被申请人诉称的利害关系或对公正裁决的质疑	法官是否认定存在利害关系或是否存在不公正的情况等	法官认定或否定存在利害关系的理由	法官引用法条情况	判决结果
		超出了仲裁范围，这种利益关联性可以为这种超越提供一个原因解释。				效的救济，严重损害了当事人的合法权益）
54	（2016）京02民特287号	申请人诉称，申请人A、B认为本案的首席仲裁员所在律师事务所（北京君合律师事务所）与被申请人公司存在长期的业务合作关系，且北京君合律师事务所已实际介入了目标公司上市的法律事务中，与本案的双方当事人均存在一定的利害关系，进而导致首席仲裁员与案件双方当事人均	1．现有证据并不能直接证明仲裁庭首席仲裁员与本案有利害关系。 2．申请人未在仲裁过程中提出过书面回避申请。	本案系双方当事人之间的有关股权回购的纠纷，在目标公司自身经营未能满足上市条件的情况下，现有证据并不能直接证明仲裁庭首席仲裁员与本案有利害关系，或与某一方当事人存在利害关系，且申请人A、B并未在仲裁过程中提出过书面回避申请。	《仲裁法》第34、35条；《中国国际经济贸易仲裁委员会仲裁规则》（2015年版）	驳回申请人要求撤销仲裁裁决的申请

续表

编号及备注	案号	申请人或被申请人诉称的利害关系或对公正裁决的质疑	法官是否认定存在利害关系或是否存在不公正的情况等	法官认定或否定存在利害关系的理由	法官引用法条情况	判决结果
		存在一定的利害关系，不应参与本案的审理。故本案仲裁庭的组成严重违反法定程序。				
55（引用仲裁规则，说理充分）	（2016）京02民特240号	申请人诉称，被申请人和德杰律所存在广泛的合作，申请人有合理理由怀疑仲裁员A（德杰律所亚洲合伙人）和被申请人之间的关系将影响仲裁的公正性。	1．证据不足。2．不属于《仲裁法》第34条、仲裁规则及《中国国际经济贸易仲裁委员会仲裁员行为考察规定》中应予回避的情形。	1．申请人提交的证据不能证明仲裁员A是德杰律所的权益合伙人。2．仲裁员A就担任德杰律所北京办事处的合伙人问题已经进行了披露，并承诺在仲裁过程中不会参与或不会通过任何方式为代表被申请人负责。3．仲裁员A曾与被申请人高级法律副主任一同作为特邀嘉宾参加商业&法律论坛的问题，此种关系不属于《仲裁法》第34条、仲裁规则及《中国国际经济贸易仲裁委员会仲裁员行为考察规定》中应予回避的情形。	《仲裁法》第34条；《中国国际经济贸易仲裁委员会仲裁员行为考察规定》第8条	驳回申请人要求撤销仲裁裁决的申请

续表

编号及备注	案号	申请人或被申请人诉称的利害关系或对公正裁决的质疑	法官是否认定存在利害关系或是否存在不公正的情况等	法官认定或否定存在利害关系的理由	法官引用法条情况	判决结果
56（撤销仲裁裁决，引用仲裁规则）	（2016）吉01民特27号	申请人诉称，无法定理由原首席仲裁员不得辞职或被更换。	辞去仲裁员职务的原因系工作繁忙，不属于仲裁员回避的情形。	从仲裁员A辞去仲裁员职务的申请来看，仲裁员A辞去仲裁员职务的原因系工作繁忙，不属于仲裁员回避的情形，仲裁委以原首席仲裁员自行回避为由更换仲裁员违反了《仲裁法》第34条与《长春仲裁委员会仲裁规则》第28条关于仲裁员回避的规定。	《仲裁法》第34条；《长春仲裁委员会仲裁规则》第28条	撤销仲裁裁决
57（引用仲裁规则	（2016）沪72民特277号	申请人诉称，1. 仲裁员A系上海瀛泰律师事务所高级合伙人，该律所其他律师在其他案件中担任B公司的代理人，仲裁裁决支持被申请人的请求将为B公司实现债权提供保障。2. 仲裁庭审过程中，仲裁员A多次打断申请人代理律师的发言。	证据不足	当事人对其主张的事实有责任提供证据加以证明，申请人现有的证据不足以证明仲裁员A本人在仲裁过程中存在足以影响公正裁决的回避事由，亦不足以证明仲裁庭的组成或者仲裁程序违反法定程序。	《仲裁法》第36条；《中国海事仲裁委员会仲裁规则》第36条第2款	驳回申请人要求撤销仲裁裁决的申请

续表

编号及备注	案号	申请人或被申请人诉称的利害关系或对公正裁决的质疑	法官是否认定存在利害关系或是否存在不公正的情况等	法官认定或否定存在利害关系的理由	法官引用法条情况	判决结果
58（引用仲裁规则，裁定书引用法条错误）	（2015）永中法民二初字第35号	申请人诉称，本仲裁案件与永州市人民政府有着莫大的利害关系（被申请人为湖南省永州市国土资源局、湖南省永州市公共资源交易中心、湖南省永州市城市建设投资发展有限责任公司），因本案社会影响大、标的额巨大，时任永州市人民政府法制办副主任的首席仲裁员A，很大程度上会受到永州市政府的行政指示和干预，在本案仲裁中很难做到公正裁决。	1．仲裁员同时担任人民政府法制办工作人员与其任首席仲裁员不相冲突。 2．未举证。 3．不存在法定回避情形。	仲裁员A系永州市人民政府法制办工作人员与其任首席仲裁员不相冲突，申请人亦未举证证实仲裁员A本人与本案有利害关系及与三被申请人有其他关系，故仲裁员A任首席仲裁员不违反法律规定，不存在回避的法定情形。	《仲裁法》第13条（裁定书引用法条错误，应当为第34条）、第14条；《永州市仲裁委员会仲裁规则》第28条	驳回申请人要求撤销仲裁裁决的申请

续表

编号及备注	案号	申请人或被申请人诉称的利害关系或对公正裁决的质疑	法官是否认定存在利害关系或是否存在不公正的情况等	法官认定或否定存在利害关系的理由	法官引用法条情况	判决结果
59	（2015）益法民二仲撤字第4号	申请人诉称，本案3名仲裁员均是律师，且担任益阳律师协会的副会长、常任理事等职务，而被申请人A系律师，且是律师协会会员，同时，A于2015年1月被选聘为益阳仲裁委员会第四届仲裁员。3名仲裁员与A的这些共同身份关系足以认定为影响公正仲裁的其他关系，故3名仲裁员应自行回避。	1．主张无法律依据。2．申请人已经明确表示不申请回避。	1．律协只是律师的自治性组织，取得律师执业证书的律师均为律协会员。益阳仲裁委员会与仲裁员也未建立劳动合同关系，仲裁员之间不属于同一单位工作人员情形，故申请人关于3名仲裁员以及益阳仲裁委员会与李文之间的此种关系属于可能影响公正仲裁的其他关系的主张并无明确法律依据。2．第四届仲裁员名册中有多名仲裁员为律师，实践中，律师在仲裁案件中作为代理人出庭也较为常见。此外，本案申请人在仲裁时的代理人为律师，申请人选定的仲裁员亦是律师，仲裁庭在开庭时已充分告知申请人有回避申请权，但申请人明确表示不申请回避。	《仲裁法》第34条	驳回申请人要求撤销仲裁裁决的申请

续表

编号及备注	案号	申请人或被申请人诉称的利害关系或对公正裁决的质疑	法官是否认定存在利害关系或是否存在不公正的情况等	法官认定或否定存在利害关系的理由	法官引用法条情况	判决结果
60	（2015）西中民四仲字第00078号	申请人诉称，被申请人的代理人A系商洛分会的仲裁员，其在商洛分会以律师身份代理案件，严重违反法定程序。	无证据证明	被申请人的委托代理人A虽是商洛分会聘任的仲裁员，但并非仲裁本案纠纷的仲裁庭组成人员，申请人并无证据证明本案仲裁庭的组成人员与被申请人委托代理人A之间存在法律规定的利害关系或者可能影响公正仲裁的情形。	《仲裁法》第34条	驳回申请人要求撤销仲裁裁决的申请
61	（2015）宁商仲审撤字第4号	申请人诉称，本案首席仲裁员A曾是南京仲裁委员会（2013）宁裁字第239-09号案件的首席仲裁员，该案申请人为C，被申请人为B，案由及基本事实与本案有关联。由于仲裁庭的态度偏向于B，导致C不得不撤诉。这些情况都可能导致A产生	无证据证明	未提供证据证明首席仲裁员A存在是被申请人、被申请人代理人的近亲属，或与本案有利害关系，或与被申请人、被申请人代理人有其他关系，可能影响案件公正仲裁的任一情形。A以首席仲裁员之前审理过关联案件为由怀疑仲裁员的公正性与独立性，但并无相应证据予以支持，故对A的该项申请撤销事由，本院不予采纳。	未引用法条	驳回申请人要求撤销仲裁裁决的申请

续表

编号及备注	案号	申请人或被申请人诉称的利害关系或对公正裁决的质疑	法官是否认定存在利害关系或是否存在不公正的情况等	法官认定或否定存在利害关系的理由	法官引用法条情况	判决结果
		主观偏见，从而不公平地看待本案申请人的主张。A本应当在本案仲裁程序开始前向当事人披露此事，以让申请人行使申请回避的程序性权利。				
62	（2015）宁商仲审撤字第3号	申请人诉称，本案首席仲裁员A曾是南京仲裁委员会（2013）宁裁字第239-09号案件的首席仲裁员，该案申请人为C，被申请人为B，案由及基本事实与本案有关联。由于仲裁庭的态度偏向于B，导致C不得不撤诉。这些情况都可能导致A产生主观偏见，从而不公平地看待	无证据证明	未提供证据证明首席仲裁员A存在是被申请人、被申请人代理人的近亲属，或与本案有利害关系，或与被申请人、被申请人代理人有其他关系，可能影响案件公正仲裁的任一情形。A以首席仲裁员之前审理过关联案件为由怀疑仲裁员的公正性与独立性，但并无相应证据予以支持，故对A的该项申请撤销事由，本院不予采纳。	未引用法条	驳回申请人要求撤销仲裁裁决的申请

续表

编号及备注	案号	申请人或被申请人诉称的利害关系或对公正裁决的质疑	法官是否认定存在利害关系或是否存在不公正的情况等	法官认定或否定存在利害关系的理由	法官引用法条情况	判决结果
		本案申请人的主张。A本应当在本案仲裁程序开始前向当事人披露此事，以让申请人行使申请回避的程序性权利。				
63	（2015）海中法仲字第44号	申请人诉称，仲裁员A乃被申请人所选定，其与被申请人或被申请人代理人必然具有一定的关系，同时申请人在仲裁庭开庭审理时，发现仲裁员A发表具有明显倾向被申请人的意见，且其提问问题及方式也明显倾向于被申请人，即其未能平等对待双方当事人，（未能）客观中立仲裁。	无证据证明	申请人认为仲裁员具有应当回避的情形，但没有提出证据加以证明，而且，申请人认为仲裁员提问问题及方式明显倾向被申请人，未能平等对待双方当事人，亦没有证据加以证明。	《仲裁法》第34条	驳回申请人要求撤销仲裁裁决的申请

续表

编号及备注	案号	申请人或被申请人诉称的利害关系或对公正裁决的质疑	法官是否认定存在利害关系或是否存在不公正的情况等	法官认定或否定存在利害关系的理由	法官引用法条情况	判决结果
		申请人有充分合理理由认为仲裁员A与被申请人或其代理人具有其他关系并足以影响本案公平、公正仲裁。				
64	（2015）哈民一民初字第88号	申请人诉称，被申请人的代理人A与本案仲裁庭成员均是哈尔滨仲裁委员会的仲裁员的事实，已属于法律规定中的“有其他关系”，该关系已对本案仲裁的结果产生不公正影响。	不存在法定回避情形	因被申请人的委托代理人A虽是哈尔滨仲裁委员会的仲裁员，但其系职业律师，而A作为被申请人的委托代理人，并不存在《仲裁法》第34条规定的法定回避情形。	未引用法条	驳回申请人要求撤销仲裁裁决的申请
65（引用仲裁规则）	（2015）昭中仲撤字第11号	申请人诉称，昭通仲裁委员会副主任、秘书长A是申请人公司的常年法律顾问、云南滇东北律师事务所	1．情形不是法律或仲裁规则规定的应当回避的情形。	1．A不是本案的仲裁员，不属本案仲裁时需要回避的人员，且申请人也没有提供合法、有效的证据证明A存在影响本案公正仲裁的行为。2．本	《仲裁法》第34条；《昭通仲裁委员会仲裁规则》第24条	驳回申请人要求撤销仲裁裁决的申请

续表

编号及备注	案号	申请人或被申请人诉称的利害关系或对公正裁决的质疑	法官是否认定存在利害关系或是否存在不公正的情况等	法官认定或否定存在利害关系的理由	法官引用法条情况	判决结果
		律师，本案首席仲裁员B于2012年12月份前与被申请人选定的仲裁员C以及被申请人的第二委托代理人D同属云南滇东北律师事务所律师（D所在的云南红云律师事务所系云南滇东北律师事务所昆明分所）。根据《仲裁法》与《昭通仲裁委员会仲裁规则》的规定，上述四人存在与本案当事人、代理人有其他关系，可能影响公正仲裁以及仲裁员与代理人之间现在或两年内曾在同一单位工作等应当主动回避而没有回避的情形，影响了对本案的公正仲裁。	2．事实不成立。	案首席仲裁员B系云南言广律师事务所律师，2012年12月前与被申请人选定的仲裁员C同属云南滇东北律师事务所律师，但该情形不是法律或仲裁规则规定的应当回避的情形。 3．被申请人的第二委托代理人D系云南红云律师事务所律师。审查了云南红云律师事务所与云南滇东北律师事务所昆明分所的工商注册资料及执照，两者之间没有隶属关系，申请人认为D系云南红云律师事务所律师就等同于是云南滇东北律师事务所律师的理由不能成立，昭通仲裁委员会仲裁本案纠纷时不存在仲裁员C与被申请人的代理人D在同一单位工作的情形。		

续表

编号及备注	案号	申请人或被申请人诉称的利害关系或对公正裁决的质疑	法官是否认定存在利害关系或是否存在不公正的情况等	法官认定或否定存在利害关系的理由	法官引用法条情况	判决结果
66	（2014）西中民四仲字第00089号	申请人诉称，1. 仲裁庭组成人员中，有应当回避而没有回避的情况。2. 现任的仲裁员不能在本委员会担任诉讼代理人，A是西安仲裁委员会的仲裁员，不能作为被申请人的代理人。	1. 无证据证明。 2. 回避申请缺乏法律依据。	1. 本案仲裁程序中仲裁员是否存在上述应当回避的情形，负有举证责任的申请人未提供证据加以证明，并且在仲裁程序中申请人也未提出过回避申请。2.《仲裁法》第34条规定回避的适用对象是仲裁员，并不适用于在仲裁程序中担任当事人代理人的律师。申请人认为A律师不能担任被申请人在仲裁程序中的代理人的理由缺乏法律依据，本院不予支持。	《仲裁法》第34条	驳回申请人要求撤销仲裁裁决的申请
67	（2014）潍仲撤字第19号	申请人诉称，仲裁员A同时是某律师事务所高级合伙人、管理委员会成员、民事业务部主任，而本案被申请人又是某律师事务所荣誉客户，仲裁员A与被申请	1. 对申请人提交证据的真实性不予认可。	1. 申请人提交的证据系网站打印件，被告对该证据的真实性不予认可，即使该证据的内容系真实的，该证据仅能证明仲裁员A是某律师事务所的高级合伙人并在该所担任重要职务，被申请人是某律师事务所	《仲裁法》第34条	驳回申请人要求撤销仲裁裁决的申请

续表

编号及备注	案号	申请人或被申请人诉称的利害关系或对公正裁决的质疑	法官是否认定存在利害关系或是否存在不公正的情况等	法官认定或否定存在利害关系的理由	法官引用法条情况	判决结果
		人之间明显存在利害关系，可能影响公正仲裁，仲裁员A依法必须回避，而其并没有回避。	2. 不足以证明存在利害关系。	的荣誉客户，但是申请人的证据不足以证明仲裁员A与本案有利害关系，也不足以证明在本案仲裁过程中，被申请人与某律师事务所存在关系，以致作为该律师事务所合伙人的A会因其所在律师事务所与被申请人的关系而可能影响案件公正裁决。2. 在我国的仲裁委员会担任仲裁员必须是从事法律相关工作并具有一定的从业经历的人员，具有一定从业经历的律师是我国仲裁员的重要组成部分，仅因为仲裁员所在律师事务所与当事人之间可能存在的业务联系即否定其在某一具体案件中的仲裁员资格和公正裁决的能力，缺少充分的依据，也不符合《仲裁法》关于仲裁员资格、回避规定的立法原意，更不利于仲裁制度的发展。		

续表

编号及备注	案号	申请人或被申请人诉称的利害关系或对公正裁决的质疑	法官是否认定存在利害关系或是否存在不公正的情况等	法官认定或否定存在利害关系的理由	法官引用法条情况	判决结果
68（引用仲裁规则）	（2014）穗中法仲审字第98号	申请人诉称，首席仲裁员A系中山大学副教授（硕士生导师）、广州仲裁委员会仲裁员、广东凯通律师事务所律师，而仲裁员B在中山大学读硕士期间与A存在师生关系，并极可能存在直接的指导关系。此外，B于2007年创办广东凯通律师事务所，至2011年转投大成广州律师事务所，A作为广东凯通律师事务所兼职律师，与B一直是同事关系，更可能存在共办业务等直接利益关系。二人存在直接的利害关	无证据证明	申请人并未举证证明该案首席仲裁员A、仲裁员B与任何一方当事人或其代理律师之间存在可能影响案件公正处理的利害关系，申请人也未举证证明该案仲裁庭组成人员存在我国《仲裁法》第34条、《广州仲裁委员会仲裁规则》第25条规定的应当回避的情形，故广州仲裁委员会依照相关法律规定作出回避决定书，驳回申请人的回避申请并无不当，不存在程序违法的情形。	《仲裁法》第34条；《广州仲裁委员会仲裁规则》第25条	驳回申请人要求撤销仲裁裁决的申请

续表

编号及备注	案号	申请人或被申请人诉称的利害关系或对公正裁决的质疑	法官是否认定存在利害关系或是否存在不公正的情况等	法官认定或否定存在利害关系的理由	法官引用法条情况	判决结果
		系，违反披露义务未予披露，有法定应予回避的情形却未回避。				
69	（2014）三中民（商）特字第15586号	申请人诉称，1．本案仲裁员之一A律师，系被申请人选定，A律师现任北京市朝阳区律师协会会长。本案仲裁审理中，被申请人的代理人B、C律师系北京市中银律师事务所律师，而北京市中银律师事务所主任D现任北京市朝阳区律师协会副会长。A律师与D律师具有工作关系。众所周知，目前我国律师行业不允许	1．无证据证明。 2．未提出回避申请。	申请人并不能举证证明仲裁员A、E与被申请人或被申请人的委托代理人之间存在利害关系或其他关系，可能影响公正仲裁的相应证据，且仲裁庭审中，申请人从未对仲裁员A、E提出回避申请，故申请人提出仲裁庭组成违法的撤销理由，无事实和法律依据，本院不予采信。	《仲裁法》第34条	驳回申请人要求撤销仲裁裁决的申请

续表

编号及备注	案号	申请人或被申请人诉称的利害关系或对公正裁决的质疑	法官是否认定存在利害关系或是否存在不公正的情况等	法官认定或否定存在利害关系的理由	法官引用法条情况	判决结果
		律师自行接案，必须与律师事务所签订委托协议。因此，被申请人的代理律师所在的律师事务所主任与仲裁员A存在工作关系，符合《仲裁法》第34条“仲裁员有下列情形之一的，必须回避，仲裁程序中，仲裁员A没有明示上述关系，没有回避，故仲裁庭组成不符合法律规定，仲裁裁决应予撤销”。 2．根据被申请人的代理律师所在的律师事务所公开资料，北京市中银律师事务所在其宣传资料中明示，该所与中				

续表

编号及备注	案号	申请人或被申请人诉称的利害关系或对公正裁决的质疑	法官是否认定存在利害关系或是否存在不公正的情况等	法官认定或否定存在利害关系的理由	法官引用法条情况	判决结果
		国证券监督管理委员会（以下简称“证监会”）具有很好的工作关系。而本案仲裁员之一E系证监会工作人员。				
70（涉外仲裁案件，说理充分，引用仲裁规则）	（2014）二中民特字第09403号	申请人诉称，本案仲裁庭成员未全面向申请人披露可能引起对其公正性和独立性产生合理怀疑的任何事实或情况，严重违反贸仲仲裁规则。	不存在必须进行披露或需要回避的情形	1．被申请人的代理人A律师曾在贸仲秘书局工作，但其已经离开贸仲秘书局多年。虽然A律师现为贸仲聘任的在册仲裁员，但其并不在贸仲从事专职工作。本案的3名仲裁员也系贸仲聘请的仲裁员，均有各自的工作单位，不是贸仲的专职工作人员。本案中不存在A律师与本案的3名仲裁员在同一单位从事专职工作，或在同一社会组织担任专职工作，有经常性的工作接触	《中国国际经济贸易仲裁委员会仲裁规则》第29条；《中国国际经济贸易仲裁委员会仲裁员行为考察规范》第7、8条	驳回申请人要求撤销仲裁裁决的申请

续表

编号及备注	案号	申请人或被申请人诉称的利害关系或对公正裁决的质疑	法官是否认定存在利害关系或是否存在不公正的情况等	法官认定或否定存在利害关系的理由	法官引用法条情况	判决结果
				的情形。2．申请人也没有证据证明A律师与本案的仲裁员有密切的私人关系，故本案仲裁员不存在前述规定中必须进行披露或者需要回避的情形。3．尽管在上述有关仲裁员披露及回避的规范中，均以“其他”的形式设置了兜底条款，对于该事项应否披露或回避，仲裁庭和仲裁机构可根据相关的情况自行决定，即便该案仲裁庭成员由于曾经的工作关系认识A，在其认定该种相识不会影响公正裁决的前提下，有权选择不披露或不回避相关事项，本院亦认为该事项不属于必须披露或回避的事项。		
71	（2014）西民四仲字第00111号	申请人诉称，仲裁庭开庭审理结束后，申请人于2013年5月了解到，仲裁庭首席仲	1．翁婿关系不属于民法通则中规定的近亲属。	虽然仲裁庭首席仲裁员A与B系翁婿关系，但不属于民法通则中规定的近亲属。申请人称B是西安半坡湖地产有限公司的	《仲裁法》第34条；《最高人民法院关于贯彻执行〈中华人民共和国民法通则〉若干问题的意见（试	驳回申请人要求撤销仲裁裁决的申请

续表

编号及备注	案号	申请人或被申请人诉称的利害关系或对公正裁决的质疑	法官是否认定存在利害关系或是否存在不公正的情况等	法官认定或否定存在利害关系的理由	法官引用法条情况	判决结果
		裁员A的女婿B是被申请人的控股人——西安半坡湖地产有限公司的法律顾问，被申请人的法定代表人与西安半坡湖地产有限公司的法定代表人为同一人。并且，A的女婿B和被申请人的仲裁代理人C为同一律师事务所——陕西德伦律师事务所律师。因此，申请人认为仲裁庭首席仲裁员A与仲裁案件有利害关系。申请人遂向仲裁委递交了请求仲裁员A回避的申请书。但是，在确认了申请人了解的事实后，仲裁委于2013年	2．无证据证明。 3．非法定回避情形。	法律顾问，被申请人对此不予认可，申请人提交的证据不足以证明其该项主张。被申请人的法定代表人与西安半坡湖地产有限公司的法定代表人均为E，B与华海公司在本案仲裁程序中的委托代理人C均为陕西德伦律师事务所律师，但与仲裁员A应当回避、当事人有权提出回避申请的法律规定的情形无关。申请人认为仲裁庭首席仲裁员A与仲裁案件有利害关系的理由依法不能成立，仲裁庭的组成并未违反法律的规定。	行）》第12条	

续表

编号及备注	案号	申请人或被申请人诉称的利害关系或对公正裁决的质疑	法官是否认定存在利害关系或是否存在不公正的情况等	法官认定或否定存在利害关系的理由	法官引用法条情况	判决结果
		7月8日驳回了申请人的申请。首席仲裁员对前述情形应当向仲裁当事人予以披露，但直到申请人2013年5月了解到这一情形时，仲裁员和仲裁委均未予披露。				
72（引用仲裁规则）	（2014）渝一中法民初字第00501号	申请人诉称，申请人未收到或被告知仲裁员声明书内容，仅当庭询问是否申请回避，并未被给予提出书面意见的权利。	1. 仲裁员签署了保证独立、公正仲裁的声明书。2. 当庭表示不申请仲裁员回避。3. 仲裁员声明书未以书面或口头方式告	《重庆仲裁委员会仲裁规则》第34条规定，仲裁员接受选定或指定的，应签署保证独立、公正仲裁的声明书。仲裁员应当就其是否知悉案件或者与案件当事人、代理人是否存在可能导致对其独立性、公正性产生怀疑的情形在声明书中如实披露。声明书及其他随后书面披露的事项由本会告知双方当事人。仲裁员声明书作用在于	《重庆仲裁委员会仲裁规则》第34条；《重庆仲裁委员会仲裁员守则》	驳回申请人要求撤销仲裁裁决的申请

续表

编号及备注	案号	申请人或被申请人诉称的利害关系或对公正裁决的质疑	法官是否认定存在利害关系或是否存在不公正的情况等	法官认定或否定存在利害关系的理由	法官引用法条情况	判决结果
			知当事人，亦不足以影响案件正确裁决。	仲裁员对独立、公正地进行仲裁的承诺，其自行披露相关事项后，以便于当事人行使回避申请权。在本院向重庆仲裁委员会调取的存入该案副卷中的仲裁员声明书中，仲裁庭组成人员A、B、C均作出声明：保证忠于事实，忠于法律，忠于仲裁事业，自觉维护仲裁的声誉和权威；在收到仲裁员选定或指定通知前，未向本案的任何一方当事人或代理人提供过咨询或其他法律帮助，不是本案当事人或代理人的近亲属，与本案无任何利害关系，没有《仲裁法》《重庆仲裁委员会仲裁规则》以及《重庆仲裁委员会仲裁员守则》规定的其他应当回避的情形等内容。同时，双方当事人均确认在开庭		

续表

编号及备注	案号	申请人或被申请人诉称的利害关系或对公正裁决的质疑	法官是否认定存在利害关系或是否存在不公正的情况等	法官认定或否定存在利害关系的理由	法官引用法条情况	判决结果
				5日前收到了组庭通知书，并当庭表示不申请仲裁员回避，直至仲裁庭作出裁决也未提出回避理由及申请。由此可见，双方当事人对仲裁庭的组成人员是清楚的且明确表达了不申请回避的意愿，即使仲裁员声明书未以书面或口头方式告知当事人，亦不足以影响案件正确裁决。		
73（引用仲裁规则）	（2015）渝一中法民初字第00500号	申请人诉称，申请人未收到或被告知仲裁员声明书内容，仅当庭询问是否申请回避，并未被给予提出书面意见的权利。	1．仲裁员签署了保证独立、公正仲裁的声明书。2．当庭表示不申请仲裁员回避。3．仲裁员声明书未以书面或	《重庆仲裁委员会仲裁规则》第34条规定，仲裁员接受选定或指定的，应签署保证独立、公正仲裁的声明书。仲裁员应当就其是否知悉案件或者与案件当事人、代理人是否存在可能导致对其独立性、公正性产生怀疑的情形在声明书中如实披露。声明书及其他随后书面披露的事项由本会告知双方当	《重庆仲裁委员会仲裁规则》第34条；《重庆仲裁委员会仲裁员守则》	驳回申请人要求撤销仲裁裁决的申请

续表

编号及备注	案号	申请人或被申请人诉称的利害关系或对公正裁决的质疑	法官是否认定存在利害关系或是否存在不公正的情况等	法官认定或否定存在利害关系的理由	法官引用法条情况	判决结果
			口头方式告知当事人，亦不足以影响案件正确裁决。	事人。仲裁员声明书作用在于仲裁员对独立、公正地进行仲裁的承诺，其自行披露相关事项后，以便于当事人行使回避申请权。在本院向重庆仲裁委员会调取的存入该案副卷中的仲裁员声明书中，仲裁庭组成人员A、B、C均作出声明：保证忠于事实，忠于法律，忠于仲裁事业，自觉维护仲裁的声誉和权威；在收到仲裁员选定或指定通知前，未向本案的任何一方当事人或代理人提供过咨询或其他法律帮助，不是本案当事人或代理人的近亲属，与本案无任何利害关系，没有《仲裁法》《重庆仲裁委员会仲裁规则》以及《重庆仲裁委员会仲裁员守则》规定的其他应当回避的情形等内容。同		

续表

编号及备注	案号	申请人或被申请人诉称的利害关系或对公正裁决的质疑	法官是否认定存在利害关系或是否存在不公正的情况等	法官认定或否定存在利害关系的理由	法官引用法条情况	判决结果
				时，双方当事人均确认在开庭5日前收到了组庭通知书，并当庭表示不申请仲裁员回避，直至仲裁庭作出裁决也未提出回避理由及申请。由此可见，双方当事人对仲裁庭的组成人员是清楚的且明确表达了不申请回避的意愿，即使仲裁员声明书未以书面或口头方式告知当事人，亦不足以影响案件正确裁决。		

注：笔者在中国裁判文书网中，以“案由：申请撤销仲裁裁决；案件类型：民事案件，关键词：利害关系”为检索条件，剔除了不具有直接相关性的文书，如劳动争议仲裁等，收集整理了从2011年至2019年共73份申请撤销仲裁裁决的裁判文书。

后　记

本书是在我博士论文的基础上修订而成的，对文中的语句、引文和注释重新审读、查证及校对。博士毕业至今，我持续关注国际争端解决领域，对于仲裁员职业道德及国际仲裁制度相关问题仍然充满研究热情，这得益于恩师肖永平教授的指导和教诲。

在我第一次参加武汉大学国际法研究所举办的讲座时，恩师肖永平教授说道，年轻时遇到的许多苦难会成为一辈子的财富。坦率地说，当时撰写博士论文确实感觉有点苦——兜过圈子，也走过弯路。但恩师的警句一直铭记心中。我也曾问恩师，他攻读博士学位时有何感受。导师答，虽然生活条件不太好，但写起论文来还是很愉快的。苦中作乐，又何尝不是奋斗者最好的状态呢。

在读博期间，恩师总会在关键时刻给予我指导和帮助：入学时叮嘱我夯实国际法和法律英语基础，开读书会时强调要提升思辨能力，申请公派留学时不辞辛劳为我推荐，修改论文时给予认真严谨的批评指导，异国他乡相见时给予真切关怀，等等。在恩师身上，我感受到满满的关爱与栽培之情。虽然恩师做学问时严肃认真，但平日里妙语金句常出，让弟子们的生活充满了乐趣。师母喻术红教授如同家人一般，平日里时常关心我们的生活学习情况，我也乐于与师母分享家长里短，在论文进行到最艰难的时候，师母给予我坚持的毅力。博士毕业后，恩师与师母的关心教导依然是我前进道路上的明灯，在本书完成之际，谨向我尊敬的恩师肖永平教授和师母喻术红教授致以最诚挚的谢意！

感谢国家留学基金委为我提供了前往瑞士日内瓦大学交流学习的机会，我有幸成为Gabrielle Kaufmann-Kohler教授的学生。她不仅具有渊博的学识和丰富的实践经验，而且待人温良谦和，为我开展仲裁领域的研究及论文写作提供了极大的帮助，她的严谨学风和敏捷思维使我受益匪浅。优雅知性的她是全球女性仲裁专家的优秀典范，也是国际仲裁界的标杆楷模。另外，我还要感谢Elena Flauhaut Rusconi女士，身为日内瓦州前检察总长的她怀有一颗博爱善良的心，在我几经寻找住处无果的情况下，她接收我加入日内瓦大学的帮扶长者住家计划，待我如同亲人一般，这份情谊我将铭记一生。我在日内瓦的一年开阔了研究视野，丰富了精神世界。勒芒湖畔的微风、托内乡间的麦田令我久久怀念。在读博期间还有幸结识了许多优秀善良的老师、前辈、同学和校友，是他们给我的博士生涯带来了精彩，他们为我战胜困难提供了帮助和动力，感谢他们！

还要感谢我的家人，是他们给予我强大的精神支持和充足的后勤保障。谢谢我的妻子，她时刻给予我鼓励和温暖，让我安心教学科研，在我陷入困境时为我加油鼓劲，在我取得成绩时让我保持清醒，她既是我奋进路上的得力助手，也是我生活中的贴心爱人。谢谢我的女儿，她不仅让我深刻体会到为人父母的责任与担当，而且给全家带来了无与伦比的快乐。还要感谢家中的长辈，是他们的殷切期望鼓励着我披荆斩棘，是他们的无私付出支持着我砥砺前行。

本书的出版，得到了广东省哲学社会科学规划“习近平法治思想研究”委托项目、广东省法学会涉外法治人才培养项目及广东外语外贸大学法学学科出版经费的大力资助，也离不开单位领导与同事的支持鼓励和热心帮助。书稿交稿后的审读与编辑加工，得到了广东人民出版社黄少刚总编辑、卢雪华副总编辑、李敏编辑和罗丹编辑的指导与帮助，在此表示诚挚的感谢！

殷 峻

二〇二三年一月于广州